TEACH YOURSELF BOOKS

Polish

D0257351

Polish

Nigel Gotteri and
Joanna Michalak-Gray

TEACH YOURSELF BOOKS

For UK orders: please contact Bookpoint Ltd, 39 Milton Park, Abingdon, Oxon OX14 4TD. Telephone: (44) 01235 400414, Fax: (44) 01235 400454. Lines are open from 9.00 – 6.00, Monday to Saturday, with a 24 hour message answering service. Email address: orders@bookpoint.co.uk

For U.S.A. & Canada orders: please contact NTC/Contemporary Publishing, 4255 West Touhy Avenue, Lincolnwood, Illinois 60646 – 1975 U.S.A. Telephone: (847) 679 5500, Fax: (847) 679 2494.

Long-renowned as the authoritative source for self-guided learning – with more than 30 million copies sold worldwide – the *Teach Yourself* series includes over 200 titles in the fields of languages, crafts, hobbies, sports, and other leisure activities.

British Library Cataloguing in Publication Data
A catalogue record for this title is available from The British Library.

Library of Congress Catalog Card Number: 95–68432

First published in UK 1997 by Hodder Headline Plc, 338 Euston Road, London NW1 3BH

First published in US 1997 by NTC/CVontemporary Publishing, 4255 West Touhy Avenue, Lincolnwood (Chicago), Illinois 60646-1975 U.S.A.

The 'Teach Yourself' name and logo are registered trade marks of Hodder & Stoughton Ltd.

Typeset by Transet Limited, Coventry, England.
Printed in Great Britain for Hodder & Stoughton Educational, a division of Hodder Headline Plc, 338 Euston Road, London NW1 3BH by Cox & Wyman Ltd, Reading, Berkshire.

Impression number	10	9	8	7	6	5	4	3	2	
Year			2004	2003	2002	2001	2000	1999	1998	

CONTENTS

Dedication

Moim ukochanym Rodzicom i mężowi Ianowi poświęcam.

Joanna

Pamięci Donalda Pirie poświęcam.

Nigel

Acknowledgements

The authors would like to thank Helen Coward, Helen Green, Kate Jarrett, Sarah Mitchell, and Steve Taviner for their patience and help in producing this book. They would also like to thank their colleagues, friends and students in England, Poland and Scotland for encouragement and many direct and indirect suggestions. As usual, any flak should nevertheless be directed straight at the authors.

—— INTRODUCTION ——

Teach Yourself Polish is a complete course for beginners in spoken and written Polish. It is designed for self-tuition, but can also be used with a teacher. The course is organized around situations and dialogues, and explains grammar gradually as points arise.

About Polish

Polish is the state language of the Polish Republic. It is a member, with Czech, Slovak and Sorbian, of the western sub-group of the Slavonic languages, a family which includes Bulgarian, Russian, Ukrainian and other languages. As well as nearly forty million speakers in Poland itself, Polish is spoken by an estimated ten million Poles abroad.

About the book

Grammar, in the form of endings on words, communicates a lot in Polish, so it is not realistic to draw a distinction between 'grammar' and 'communication'. This course is planned, however, not on the basis of which grammar points are easiest in the abstract, but on the basis of the situations in which you, like the characters in the book, will find yourself. This means that points which might be thought 'advanced' from a purely grammatical point of view, begin to be explained quite early on, because they have arisen naturally.

How to use the book

Each of the 20 units follows the same pattern, but not all are the same length. You are in charge of your own learning and your own pace. There is no hurry. Give yourself time to absorb things, and revise regularly. A lot of points, examples, and words, come around repeatedly to help you grow accustomed to them gradually. Outline explanations come first, and more details are filled in to the picture later, when you have seen patterns in action.

Introduction. An introduction in English that explains what you will learn in the unit.

Dialog (*Dialogue*). 💬 There are some dialogues at the beginning of each unit. Using the cassette, listen to them first to see how much you understand. Then read them carefully with the aid of the vocabulary.

Vocabulary. 🔑 The vocabularies give you first the forms of words as they occur in the dialogues and then the form of the word that you would expect to look up in a dictionary (the citation form). You may or may not know the reason why a word occurs in a particular form at that stage. Learn the word in context, pronouncing its ending to yourself clearly, even if the reason for the ending is not yet clear. In Polish ends of words are not 'swallowed', so it is perfectly realistic to pronounce endings clearly.

Komentarz (*Commentary*). The commentaries explain aspects of the language and of Polish life relevant to the dialogue.

Language patterns. 📱 Further explanations of grammatical structures and how to create your own sentences.

Ćwiczenia (*Exercises*). ✅ In these you practice the new words and information you have learn.

How to. A re-cap and reminder of the things you can now do in Polish.

In addition, the symbol 📼 indicates material included on the accompanying cassette.

The best way to make progress is to work a little every day. When you have understood the dialogue, move on to the explanations and commentaries, then go back to the dialogues. Each time you go back to a dialogue you will find you have more idea how the language is working in it. Some of the exercises are easier than others. They will probably make you re-read the dialogues and explanations once more – which is what they are supposed to do.

—— PRONUNCIATION ——

The Polish alphabet has the following letters:

a ą b c ć d e ę f g h i j k l ł m n ń
o ó p r s ś t u w y z ź ż

This is the order of the alphabet, so for example, **żaba** (*frog*), **źródło** (*stream, source*) and **zza** (*from behind*) will appear in your dictionary in the order **zza**, then **źródło**, then **żaba**. In other words, **ł** (barred l), **ż** (dotted z) and letters with ´ (**kreska**) or ̨ (**ogonek**, *tail*) count as separate letters in their own right in Polish.

The following combinations of letters, as you will see shortly, represent single sounds:

ch cz dz dź dż rz sz

You will learn how to spell out loud (A for Adam, B for Barbara, etc.) in unit 2.

The letters a e i o ó u *and* y

a represents a sound midway between the **a** in *father* and the **a** in *bat*

e represents a sound like **e** in *bet*

y represents a sound like **i** in *bid* (but further away from the **ee** in *bleed*)

i represents an exaggeratedly clear version of the **ee** in *keen*

o is like the **o** in *box*

ó and **u** are both pronounced like the **oo** in *boot* (i.e. **Bóg**, *God*, and **Bug**, *the River Bug*, are pronounced the same).

ą and ę tend to represent sounds like o as in *box* and e as in *bed*, but lengthened by a cross between ł and n or m (a nasalized w roughly as in *When will they ever learn?*) Sometimes this is closer to an n, ń, m or ng (as in *the wrong kind of snow*). Sometimes, especially before ł or at the end of words ending in -ę it seems to disappear altogether in all but the most careful speech. Put another way, -ę at the end of a word is normally pronounced like a plain -e.

The following letters are pronounced roughly as in English:

b   d   f   g   k   l   m   n   p   s   t   z

But note that p, t and k are pronounced without the puff of air that usually follows them in English. The letter l represents a sound closer to a French or German l than to an English one.

The letter r represents a rolled (trilled) r, as in Russian or Spanish or old-fashioned stereotypical Scots English.

The letter ł now normally represents a sound like English w. You may hear older speakers, actors, or people from the East who pronounce it like a Russian l, something like the second l in the English word *little*.

The letter w is pronounced like English v.

The letter c normally represents ts as in *cats*, unless it is followed by i (see below).

The letter j is pronounced like the English y in *yes*.

Try these Polish words.

kawa	*coffee*	matka	*mother*
herbata	*tea*	chleb	*bread*
kiełbasa	*sausage*	sałata	*lettuce*
kotlet	*cutlet*	bcfsztyk	*stcak*
wysoki	*high*	cudzy	*someone else's*
prom	*ferry*	statek	*liner*
kac	*hangover*	Jacek	*Jacek* (man's name)
cukier	*sugar*	łyk	*a gulp*
spory	*good-sized*	rumsztyk	*rump steak*
Robert	*Robert*	lody	*ice-cream*
Polska	*Poland*	Francja	*France*
Turcja	*Turkey*	Rosja	*Russia*
Rumunia	*Romania*	Włochy	*Italy*

Pronouncing sounds represented by letters with ´

ć, dź, ń, ś, ź all represent sounds that seem to include an attempt to pronounce j (y in *yes*) at the same time. ć is like **ch** in *cheap*, dź is like j in *jinks*, ń is like the first **n**(i) in *union*, ś is like **sh** in *sheepshearing*, ź is like s in *pleasure*. All of these will sound best if you remember to try and pronounce j (y in *yes*) at the same time. If the sound represented by these letters is followed by a vowel (**a, e, o, u/ó**), then the accent ´ on the letter is replaced by a letter **i** after it. If the sound represented by these letters is followed by the vowel **i**, then the ´ is left off the letter.

Try these words:

ciało	*body*	dzień	*day*
niebo	*sky*	ziarno	*a grain*
dziki	*wild*	łokieć	*elbow*
cierpieć	*suffer*	widzieć	*see*
sień	*hallway*	cień	*shadow*

Consonant letters followed by the letter **i** represent sounds which, again, seem to be combined with a [j] sound like the **y** in English *yes*.

Try these words:

miska	*bowl*	list	*letter*
pisklę	*chick*	biały	*white*
dni	*days*	wiotki	*limp*

'Hardened' or 'pseudosoft' consonant sounds

cz, dż, rz (=ż in pronunciation), sz and ż represent sounds pronounced with the tongue in a similar position to an English 'postalveolar' (not rolled) r; the tongue is held not tight against the ridge behind the upper front teeth, and the lips are slightly rounded. Imagine you are curling your tongue round some very cold food to keep the extreme coldness away from your teeth. Bearing this in mind, try:

cz like **ch** in *choose*, dż like j in *job*, rz or ż like s in *pleasure*, or *please your self* (*pleezher self*), sz like s in *sure*.

Try these words:

czas	*time*	szkoła	*school*

deszcz	*rain*	szczur	*rat*
dżokej	*jockey*	rzeka	*river*
żona	*wife*	ryż	*rice*

dz together represent a single sound rather like the **ds** in *beds*, unless **dz** is followed by **i** (see below).

Try these words:

kukurydza	*maize*	sadza	*soot*

Remember, before **i**, the letters **c**, **n**, **s**, and **(d)z** represent the same sounds as **ć**, **ń**, **ś**, and **(d)ź**. The letters **ć**, **ń**, **ś**, and **(d)ź** are not used before **i**.

In Polish, many sounds lose their voicing at the end of a word:

b	is pronounced like *p*	**d**	is pronounced like *t*
g	is pronounced like *k*	**w**	is pronounced like *f*
z	is pronounced like *s*	**ź**	is pronounced like *ś*
dź	is pronounced like *ć*	**dz**	is pronounced like *c*
rz/ż	is pronounced like *sz*		

So, in fact, **Bóg** (*God*), **Bug** (*the River Bug*) and **buk** (*beech (tree)*) are all pronounced the same. This is a good illustration of an important fact about the relationship between spelling and pronunciation in Polish. If you see a word written in Polish, you can be at least 99% sure how to pronounce it. If you hear a Polish word you do not know, you may be able to think of several ways it might be written.

Try these words:

dąb	*oak*	ogród	*garden*
róg	*corner*	paw	*peacock*
raz	*one time*	weź	*take it*
powiedz	*say*	odpowiedź	*answer*
twarz	*face*	staż	*training*

Where two consonants occur in succession, the second one usually decides whether the combination is voiced or not, but **w** and **rz** are pronounced like **f** and **sz** when they follow a voiceless consonant. In some kinds of Polish, this tendency even extends across the boundary between words.

Try these:

stwórca	*creator*	wódka	*vodka*
także	*also*	dwóch dni	*of two days*

Stress

Stress (emphasis, accent) almost always falls on the last syllable but one of a word. Exceptions will be noted as they occur.

Try these, taking them slowly and putting a gentle accent on the last syllable but one.

wystawa	*display*	cytryna	*lemon*
pomarańcza	*orange*	herbata	*tea*
kawiarnia	*coffee shop*	relaks	*relaxation*

Remember that the ´ on the **ó** indicates that the pronunciation is the same as the pronunciation of **u**. It does not indicate stress or emphasis.

Try these words:

ogród	*garden*	pokój	*room, peace*

Practice these words containing the letters **ę** and **ą**. In square brackets you will find non-existent Polish words that would be pronounced the same if they existed.

ząb	*tooth* [zomp]	głęboki	*deep* [głemboki]
pętla	*loop* [pentla]	kąt	*angle* [kont]

Note that the letter **i** written before **a, ą, e, ę, o, ó** or **u**, does not represent a separate syllable, but just indicates that the sound represented by the preceding letter has a **j** (**y** as in **yes**) built into it.

Polish sounds harder to pronounce than it is. Here are some tips.

- Polish stress (emphasis on a particular part of a word) is quite light.
- Unstressed syllables are pronounced as clearly as stressed ones.
- If a word gives you trouble, try building it up gradually from the end.

Here is an example of the third tip. Imagine you have trouble with **przypuszczam** (*I suppose*). Build it up like this:

czam   uszczam   puszczam   szypuszczam   przypuszczam

Note that it is **szypuszczam** in the last stage but one, rather than **rzypuszczam**, because **rz** is pronounced like **sz** after **p**.

Intonation, the tune of a sentence

The most important thing to remember about Polish intonation is that statements, in which your voice falls towards the end of a sentence, can be turned into questions just by raising the pitch of your voice at the end.

Jest Polakiem. (voice falling)   *He's a Pole.*
Jest Polakiem? (voice rising)   *Is he a Pole?*

You are now ready to embark on unit one.

Zaczynamy?   (voice rising)   *Are we starting?*
Zaczynamy.   (voice falling)   *Yes.*

1
JESTEM NA
WAKACJACH
I'm on holiday

In this unit you will learn how to

- greet people and answer greetings
- introduce yourself
- ask for help and thank people for it

There is a lot of material in this first unit. Take it steadily. We introduce a lot of words which have several uses, so you will get good mileage from what you learn first. We also introduce, in a general way, some points about the way Polish works. These points are developed more fully in later units.

Dialog (*Dialogue*)

James has just arrived in Okęcie, the international airport in Warsaw. He approaches passport control (**kontrola paszportowa**). He accidentally bumps into a fellow passenger. He apologizes.

James   Bardzo pana przepraszam.
Mężczyzna   Nic nie szkodzi.

---

bardzo *very (much)*
przepraszam (pana) (przepraszać, pan) *I'm sorry, I apologize (to you)*

Nic nie szkodzi (szkodzić) *It's all right*

Reminder: in vocabularies the forms of words which occur in the text are followed by the dictionary forms in brackets (forms you would look up in a dictionary or in the vocabulary at the back of this book).

There is a queue at the passport control. A young woman is ahead of James in the queue, and he can hear her conversation with the passport officer.

Oficer Paszport proszę.
Sally Proszę.
Oficer Dziękuję. W porządku.

The officer gives Sally her passport.

Oficer Proszę.
Sally Dziękuję. Do widzenia.

oficer *officer*	**dziękuję** *thank you*
paszport *passport*	**w porządku** (porządek) *in order, all*
proszę *please; here you are; you're*	*right, OK*
welcome	**do widzenia** *goodbye*

Then it is James' turn.

Oficer Dzień dobry panu. Paszport proszę.
James Dzień dobry. Proszę.
Oficer Dziękuję. Jest pan w Polsce jako turysta?
James Tak, jestem na wakacjach, na miesiąc.
Oficer Dobrze. Wszystko w porządku. Życzę miłego pobytu w Polsce. Do widzenia panu.
James Dziękuję bardzo. Do widzenia.

dzień dobry *good morning / afternoon*	**na wakacjach** (wakacje) *on (my) holidays*
panu (pan) *to you* (said to a man)	**na miesiąc** *for a month*
paszport proszę *(your) passport please*	**dobrze** *well, right, OK, fine, good, all right*
proszę *here you are*	**wszystko** *everything*
dziękuję *thank you*	**w porządku** (porządek) *in order*
jest pan . . .? *are you . . . ?* (to a man)	**jest** (być) *is*
w Polsce (Polska) *in Poland*	**życzę** (życzyć) *I wish (you)*
jako *as*	**miłego pobytu** (miły pobyt) *(a) pleasant stay*
turysta *tourist*	
tak *yes*	**do widzenia** *goodbye*
jestem (być) *I am*	

Meanwhile, Sally, the young Englishwoman who was in front of James at the passport control, has a problem. She can't find Basia, her Polish friend who was supposed to be waiting for her at the airport. She decides to try the information desk. She approaches the girl sitting there.

Sally   Dzień dobry. Potrzebuję pomocy.
Dziewczyna   Tak, słucham panią.
Sally   Nazywam się Sally Johnson. Jestem z Anglii. Nie mogę znaleźć mojej przyjaciółki.
Dziewczyna   Jak nazywa się pani przyjaciółka?
Sally   Barbara Jakubowska.
Dziewczyna   Proszę chwileczkę zaczekać.

potrzebuję pomocy (potrzebować, pomoc) *I need help*
dziewczyna *girl*
słucham panią (słuchać) *I am listening to you* (to a woman)
pani *Mrs, Miss, Ms*
nazywam się (nazywać się) *my (sur)name is*
jestem (być) *I am*
z Anglii (Anglia) *from England*
pani przyjaciółka *your (female) friend*

mogę (móc) *I can*
nie mogę znaleźć mojej przyjaciółki (mój, przyjaciółka) *I can't find my friend*
jak nazywa się . . .? *what is . . .'s name?*
proszę chwileczkę (chwileczka) *please . . . a moment*
zaczekać chwilę (chwila) *wait a moment*

The girl speaks into the microphone:

Dziewczyna   Pani Barbara Jakubowska proszona jest do Informacji.

After a short while Barbara appears at the information desk.

Barbara   Jestem.
Sally (do dziewczyny)   Dziękuję pani bardzo za pomoc.
Dziewczyna   Nie ma za co. Do widzenia.

proszona jest do Informacji (informacja) *is requested to report to the Information Desk*
jestem (być) *I'm here*
do dziewczyny (dziewczyna) *to the girl*

dziękuję za pomoc (dziękować) *thank you for (your) help*
nie ma za co *don't mention it*
proszona (prosić) *requested (to come)*

——— **Komentarz (*Commentary*)** ———

czy, tak, nie

Czy may introduce a question, to which the answer expected is *yes* or *no*:

Ten pan jest bardzo miły.	*That man is very kind.*
Czy ten pan jest bardzo miły?	*Is that man very kind?*

Alternatively, a question mark in writing, or a question tune in speech (intonation up at the end) is enough:

Ta pani jest z Polski?	*Is that woman from Poland?*

The usual word for *yes* is **tak**. (Another word is **owszem**. In informal speech, you will also hear the word **no** for *yes*, which is confusing for English speakers.)

The Polish word for *no* is **nie**, which also means *not*. You have to be careful with commas in writing and pauses in speech, or you may cause a misunderstanding.

Nie jestem z Ameryki.	*I am not from America.*
Nie, jestem z Ameryki.	*No, I'm from America.*

pan, pani

The polite word for *you* in Polish is **pan** to a man and **pani** to a woman. You will have noticed various forms of these two words.

	to a man	*to a woman*	
Dzień dobry	pan**u**	pan**i**	*Hello / good morning*
Do widzenia	pan**u**	pan**i**	*Goodbye*
Dziękuję	pan**u**	pan**i**	*Thank you*
	Jest pan w Polsce . . . ?	Jest pani w Polsce . . . ?	*Are you in Poland . . . ?*
Słucham	pan**a**	pan**ią**	*I'm listening to you*
	pan**a** paszport	pan**i** paszport	*your passport*
	pan**a** nazwisko	pan**i** nazwisko	*your surname*
	pan**a** przyjaciółka	pan**i** przyjaciółka	*your (girl) friend*

Pan and **pani** can also mean *Mr* and *Ms*, or *(gentle)man* and *lady/woman*, e.g. **ten pan** (*that man*), **ta pani** (*that woman*). As you can imagine, this makes them very common words. Their variety of meaning can make them confusing to begin with, but you soon become used to them.

There are other words for *you*. For example, **państwo** (which also has the forms **państwa** and **państwu**) is used to a mixed group of men and women. If you are on familiar terms with someone, **ty** is used; if you are speaking familiarly to more than one person, you use **wy**. As you will see later, **ty** and **wy** are often left out.

Imię i nazwisko

Nazwisko is a person's surname. **Imię** is a fore-name. Official forms usually ask for **imię i nazwisko** (*first name and surname*).

Two phrases to say what your name is:

Nazywam się . . .	*My name is . . .*
Mam na imię . . .	*My first name is . . .*

A simpler alternative when introducing yourself is to use **jestem** (*I am*), usually followed by whatever name you would like the other person to use, e.g.

Jestem Jurek.	*I'm Jurek / Call me Jurek.*
	(Jurek is an informal version of **Jerzy**, or George.)

You can also reverse the order and say: **Jurek jestem**. You will soon notice that word order is more flexible in Polish than it is in English.

Dzień dobry

Polish does not distinguish between *hello*, *good day*, *good morning*, and *good afternoon*. **Dzień dobry** is used for all of these. In the evening you greet people with **Dobry wieczór** (*good evening*). **Dobranoc** (*goodnight*) is not a greeting but a goodbye. You may add *to you*:

Dzień dobry pani.	*Good morning* (to a woman).
Dobranoc panu.	*Goodnight* (to a man).

Proszę

Proszę is another common and versatile expression. It can mean:

- please

Proszę uważać.	*Please take care / notice.*
Proszę mówić wolniej.	*Please speak more slowly.*

- please may I have

Paszport proszę. / Proszę o paszport. / Poproszę o paszport.
(**Poproszę** is extra polite.)

- don't mention it

Dziękuję bardzo za życzenia.	*Thank you for your good wishes.*
Proszę.	*You're welcome.*

- here you are (as you hand someone something)

Mój paszport. Proszę.	*This is my passport. Here you are.*

- come in (when someone is knocking at the door)

(Ktoś puka do drzwi.	*Someone knocks at the door.)*
Proszę.	*Come in!*

As a question, **Proszę?** can mean *Pardon?* or *What can I do for you?*

Language patterns

endings

Notice words ending in **–ę**, meaning *I . . .* : **mogę** (*I can*), **życzę** (*I wish*), **proszę** (*I ask*), **dziękuję** (*I thank*). Some words meaning *I . . .* end in **–m**: **jestem** (*I am, here I am*), **słucham** (*I'm listening*), **mam** (*I have*) and **mam na imię** (*my name is . . .* : lit. *I have for name . . .*).

Polish words often change their endings according to how they fit into what is being said. You will look closely at endings as the book progresses. In order to help you, the vocabulary sections generally also give the form of a word that you would expect to find as a dictionary headword, if that is different from the form that occurs in the dialogue.

gender

You will also see that 'gender' is important. For now, just a couple of illustrations:

(a) Pani Barbara Jakubowska proszona jest do Informacji.
(b) Pan Marek Jakubowski proszony jest do Informacji.
(**Marek** corresponds to the English name *Mark*.)

(a) Czy mogłaby pani   *Could you help?* (to a woman)
    pomóc?
(b) Czy mógłby pan pomóc?   (to a man)

articles

Finally, you will have noticed the lack of Polish words for *the* and *a(n)*. For example, **turysta** means *the tourist* or *a tourist*, depending on the circumstances in which it is used.

Małgosia to miła dziewczyna.   *Małgosia is **a** nice girl.*
Dziewczyna z Informacji jest   ***The** girl at the information*
  bardzo miła.   *desk is very nice.*

Ćwiczenia (Exercises)

1 Unscramble the following letters to form words:

(a) pałajzyrócik
(b) mocop
(c) mhacusł
(d) marpszezrap

2 Read the questions and write your answers.

Jak pan/pani się nazywa?
Jak pan/pani ma na imię?
Pan/pani jest w Polsce?
Pan/pani jest z Anglii?

3 Match the responses on the right with the items on the left.

(a) Pani z Polski?   (1) Dobrze.
(b) Proszę.   (2) Nie, jestem z Anglii.
(c) Wszystko w porządku.   (3) Nie ma za co.
(d) Dziękuję.   (4) Dziękuję.

4 Put the short words **na**, **w**, etc. into appropriate gaps.

nie   na   na   w   w   jako   mi   się

(*a*)   Jak nazywa . . . ta pani?
(*b*)   Czy może . . . pan pomóc?
(*c*)   Jestem . . . Anglii . . . turysta.
(*d*)   . . . jak długo (*how long*) pan przyjechał (*have come*) do Ameryki?
(*e*)   . . . jestem Adam. Jestem Jurek.
(*f*)   Pani . . . Polsce . . . wakacjach?

5 What is the difference in meaning between these two sentences?

Nie, mogę pomóc.
Nie mogę pomóc.

6 Respond to the following:

(*a*)   Bardzo pana przepraszam.
(*b*)   Paszport proszę.
(*c*)   Dobranoc państwu.
(*d*)   Dziękuję bardzo za pomoc.

Just to re-cap, here are some reminders and expansions of things you can already do in Polish. How to

● greet someone

Dzień dobry (pani/panu/państwu).
Dobry wieczór (pani/panu/państwu).

● say *please* and *thank you*

Proszę.
Dziękuję (pani/panu/państwu).

● ask someone's surname and give your own

Jak się pan/pani nazywa?
Pana/pani/państwa nazwisko?
Nazywam się Herbert.

● give your first name

Mam na imię Angela.
Angela jestem.

- request something and say *here it is*

  (Po) proszę (o) paszport.
  Proszę.

- ask for help

Potrzebuję pomocy.	*I need help.*
Czy mógłby mi pan pomóc?	*Could you help me?* (to a man)
Czy mogłaby mi pani pomóc?	*Could you help me?* (to a woman)
Czy mogliby mi państwo pomóc?	*Could you (people) help me?*

- thank someone very much for their help

  Dziękuję panu/pani/państwu bardzo za pomoc.

- acknowledge thanks

  Proszę (bardzo).
  Nie ma za co.
  Drobiazg.

- wish someone a pleasant stay

Życzę (panu/pani/państwu) miłego pobytu w Polsce/w Anglii/w Ameryce.	*I wish you a pleasant stay in Poland / in England / in America.*

2
BARDZO MI MIŁO

Pleased to meet you

In this unit you will learn how to

- give further information about yourself
- request information from others
- talk about nationality
- spell out loud

Dialog

Both Sally and James are welcomed by groups of friends. Basia's family is at the airport to greet Sally. Basia introduces them to Sally.

Basia   Sally, to jest moja rodzina. Mój mąż, Tomek.
Tomek   Dzień dobry. Bardzo mi miło.
Basia   Moja córka Ania i syn Jacek.
Sally   Miło mi państwa poznać.

to jest *this is, it is*	**syn** *son*
mój, moja (mój) *my*	**córka** *daughter*
moja rodzina *my family*	**bardzo mi miło** (pana/panią/
mój mąż *my husband*	państwa poznać) *pleased to*
miło *(it is) nice, pleasant, kind,*	*meet you*
welcome	**poznać** *meet, get to know*

POLISH

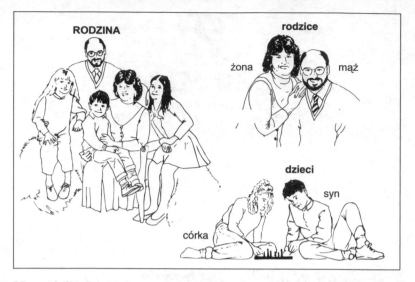

Meanwhile, James is met by a group of students from the Summer School of Polish where he is going to spend a couple of months learning the language. His friend Maciek introduces them to James.

Maciek James, chciałbym ci przedstawić troje przyjaciół: Mark, Grzegorz i Marina. Mark i Marina są cudzoziemcami i uczą się języka polskiego w Letniej Szkole Języka Polskiego.
James Cześć. Jestem James. Jestem Anglikiem.
Mark Witaj. Ja jestem z Kanady. To jest Marina z Włoch.
James Bardzo mi miło.
Maciek A to jest Grzegorz, nasz lektor języka polskiego.
James Jak się pisze Grzegorz?
Maciek G jak Genowefa, R jak Roman, Z jak Zenon, E jak Ewa, G jak Genowefa, O jak Olga, R jak Roman, Z jak Zenon.
James To bardzo trudne słowo.

---

chciałbym (chcieć) *I should like* (said by a man)
ci (ty) *to you*
przedstawić *present, introduce*
troje *three* (used of a mixed group of people)
troje przyjaciół (przyjaciel) *three friends*

są (być) *they (are)*
cudzoziemcami (cudzoziemiec) *foreigners*
uczą się (uczyć się) *they are studying/learning*
język *language*
języka polskiego (język polski) *Polish, of Polish*

Letnia Szkoła (letni, szkoła) *Summer School*
cześć *hello, hi*
witaj *welcome, hi*
witać *greet*
ja *I*
z Kanady (Kanada) *from Canada*
Anglikiem (Anglik) *English(man)*

z Włoch (Włochy) *from Italy*
a *and, but*
lektor *tutor, teacher, lecturer*
jak się pisze... *how do you spell...*
jak *how, like, as in*
trudne (trudny) *difficult, hard*
słowo *word*

Narodowości *(Nationalities)*

country	kraj	obywatel/ mieszkaniec *male citizen / inhabitant*	obywatelka/ mieszkanka *female citizen / inhabitant*
America	Ameryka	Amerykanin	Amerykanka
Australia	Australia	Australijczyk	Australijka
Canada	Kanada	Kanadyjczyk	Kanadyjka
England	Anglia	Anglik	Angielka
France	Francja	Francuz	Francuzka
Germany	Niemcy	Niemiec	Niemka
Great Britain	Wielka Brytania	Brytyjczyk	Brytyjka
Ireland	Irlandia	Irlandczyk	Irlandka
Italy	Włochy	Włoch	Włoszka
Scotland	Szkocja	Szkot	Szkotka
Spain	Hiszpania	Hiszpan	Hiszpanka
Switzerland	Szwajcaria	Szwajcar	Szwajcarka
The States	Stany Zjednoczone		
Wales	Walia	Walijczyk	Walijka

Language patterns

1 Być (to be)

In Polish, as in many other languages, this verb has a slightly unusual set of forms.

jestem	I am
jesteś	you are (familiar, to one person)
pan/pani jest	you are (polite/formal)
jest	he/she/it is
jesteśmy	we are
jesteście	you are (familar, to more than one person)
państwo są	you are (polite/formal, to a mixed group of people)
są	they are

The different forms of verbs are traditionally listed as follows:

	singular		plural	
First person	jestem	I am	jesteśmy	we are
Second person	jesteś	you are	jesteście	you are
Third person	jest	he/she/it is	są	they are

You will see that Poles, when addressing people with whom they are not on familiar terms, use **pan**, **pani** with 'third person' as if they were talking **about** you rather than **to** you.

Similarly, when talking to a group of men and women, **państwo** with 'third person plural'.

You have not yet learned how to address (politely) a group of women or a group of men. Not surprisingly, you use **panie** (*ladies*) or **panowie** (*gentlemen*). You will see examples of these later in the book. The principle is carried even further. For example, a priest is addressed as **ksiądz** (*clergyman*) and a nun or a (female) nurse is addressed as **siostra** (*sister*).

2 Literowanie *(Spelling out loud)*

In Polish, Christian names are traditionally used for spelling out loud (A for Adam, etc). Below you will find typical names used for spelling out loud. The pronunciation of the letter name is given in brackets after each letter.

A (a)	jak Adam
B (be)	jak Barbara
C (ce)	jak Celina (**c** is pronounced **ts** except before **i**)
D (de)	jak Dorota (Danuta)
E (e)	jak Ewa (Elżbieta)
F (ef)	jak Franciszek (Franek, Feliks)
G (gie)	jak Genowefa (Grażyna)
H (cha)	jak Halina ('ch' single sound as in 'loch')
I (i)	jak Irena
J (jot)	jak Jan
K (ka)	jak Karol
L (el)	jak Leon (Lucyna)
Ł (eł)	jak Łukasz (Łucja) (**ł** like an English *w*)
M (em)	jak Maria
N (en)	jak Natalia (Nikodem)
O (o)	jak Olga
P (pe)	jak Piotr (no puff of air after **p**!)
R (er)	jak Robert (Roman)
S (es)	jak Stefan
T (te)	jak Tadeusz (Tomasz)
U (u)	jak Urszula
W (wu)	jak Wanda (**w** like an English *v*)
X (iks)	jak Xantypa (**x** is not really a Polish letter, but is found in words like **fax**)
Y (igrek)	jak Ypsylon
Z (zet)	jak Zbigniew
Ż (żet)	jak Żaneta

Apart from **ł** (barred l), this leaves out most of the letters with extra squiggles. The letters **ą** and **ę** can be described as **a** and **e z ogonkiem** *(with a little tail)*. The final letters of the Polish alphabet are: **ź** (ziet) or **zet z kreską** *(zed with an accent)*; and **ż** (żet) or **z z kropką** *(zed with a dot)*. The acute ´ is known as **kreska** in Polish, so **ć**, etc. can be described as **z kreską** (with an accent). Alternatively, you could find a short word with them in:

ć (cie) jak ćma   *c with an accent, as in (the word for) moth*
ń (eń) jak koń   *n with an accent, as in horse*
ó (u) jak ósemka   *o with an accent, as in number eight*
ś (eś) jak śmiech   *s with an accent, as in laughter*
ź (ziet) jak źródło *z with an accent, as in stream or spring*

If you have a **q** or a **v** in your name, call the letters [ku] and [ve]. Some Poles call **v** [fau]. You probably won't need all these, but it would be worth learning to spell your name out loud using this method. Your Polish friends will be impressed – and they'll spell your name right.

3 Imiona *(Christian names)*

Most Polish Christian names have shortened or pet forms, for example **Adam** becomes **Adaś**, and **Jan** becomes **Janek** or **Jaś** (cf. John, Johnnie, Johnno, Jack in English).

We have already heard of **Basia**. **Basia** is a familiar form of **Barbara**. **Ania** is a familiar form of **Anna**. **Joanna** becomes **Joasia** or **Asia**.

There are several ways of addressing or calling people, depending what level of formality we would like to maintain:

Mr Jan Kowalski can be referred to as:

    Pan Jan Kowalski
    Pan Kowalski
    Pan Jan
    Pan Janek
    Jan
    Janek
    Jaś

The first two are very formal indeed, the next two less formal (often used among colleagues at work), and the last three will be used by family and close friends.

4 Rodzaj gramatyczny *(gender)*

Nationalities illustrate the importance of gender in Polish, e.g. **Polak** *(male Pole)*, **Polka** *(female Pole)*, **Anglik** *(Englishman)* and **Angielka**

(*English woman*). Look at the list of female nationals in the previous Nationalities section. You will see that they all end in **-ka**. In fact, **-a** is the most typical ending of feminine nouns in Polish.

Then look at the list of male nationals. They all end in a consonant (a sound other than **a, e, i, y, o** or **u/ó**). Most Polish masculine nouns end in a consonant.

Some words ending in **-a** refer to male persons and are masculine, e.g. **francuski turysta** (*French tourist*). Compare: **francuska turystka** (*French woman tourist*).

Gender effects the form of adjectives like **dobry, miły, polski**, which have to match the gender of (or agree with) the noun they accompany:

masculine		*feminine*	
język polski	*(the) Polish (language)*	szkoła letnia	*summer school*
polski samochód	*a Polish car*	polska pogoda	*Polish weather*
szkocki student	*a (male) Scottish student*	szkocka studentka	*a Scottish (female) student*
mój przyjaciel	*my (male) friend*	moja przyjaciółka	*my (female) friend*
mój brat	*my brother*	moja siostra	*my sister*

There is also a neuter gender in Polish. You have met the following neuter nouns so far: **słowo, imię, nazwisko**. Neuter nouns most typically end in **-o**, but neuter nouns may also end in **-e, -ę**, or **-um**.

masculine	*feminine*	*neuter*
trudny język *(a difficult language)*	trudna sprawa *(a difficult matter)*	trudne słowo *(a difficult word)*

5 Przypadki *(cases)*

You will have noticed that several words have occured in conversations in different forms from the dictionary forms. Polish nouns (words like **język, matka, słowo**) have different forms for different purposes. These forms are traditionally known as cases. Apart from the dictionary forms (traditionally called nominative), you have seen examples mostly of the genitive case (e.g. **języka polskiego**) and the instrumental (e.g. **studentem**), For example:

język polski (nominative)   *Polish*
letnia szkoła **języka polskiego**   *summer school of Polish*

The form **języka polskiego** is a genitive form.

Masculine nouns usually form their genitive by taking **-a** or **-u** as an ending, e.g.

język   *language*   genitive: **języka**
samochód   *car*   genitive: **samochodu**

Nouns with a dictionary form ending in **-a** change this to **-y** in the genitive. As **y** is not allowed to follow **g**, **k** or **j** in Polish spelling, nouns in **-ga** and **-ka** have genitive forms ending in **-gi** and **-ki**.

turysta   *tourist*   genitive: **turysty**
turystka   *tourist* (fem.) genitive: **turystki**

Countries in **-ia** or **-ja** similarly have genitive forms in **-ii** or **-ji**.

Anglia   *England*   genitive: **Anglii**
Francja *France*   genitive: **Francji**

Genitive forms are used after the prepositions **do** (*to*) and **z** (*from*):

Kanada   *Canada*   Jestem z Kanady. *I'm from Canada.*
Anglia   *England* Wracam z Anglii. *I'm coming back from England.*
Francja *France*   Lecę do Francji. *I'm flying to France.*

Here are some more examples of genitive forms in use:

świat	*world*	to nie jest koniec świata	*it's not the end of the world*
		Miss Świata	*Miss World*
Polska	*Poland*	Miss Polski	*Miss Poland*
czas	*time*	szkoda czasu	*a waste of time*
poeta	*poet*	dom poety	*the poet's house*
Walijka	*Welshwoman*	zdanie Walijki	*the Welshwoman's opinion*
mój brat	*my brother*	dom mojego brata	*my brother's house*

Instrumental forms (so called because one of their uses is for referring to the tool, instrument or means by which an action is carried out) of nouns are used after **jestem**.

Jestem katolikiem. *I'm a Catholic.*

Instrumental forms of masculine (and neuter) nouns normally end in **-em**; instrumental forms of feminine nouns end in **-ą**.

Walijczyk	*Welshman*	Mój ojciec jest Walijczykiem.	*My father is Welsh.*
Niemka	*German girl*	Angela jest Niemką.	*Angela is German.*
autobus	*bus*	Jedzie autobusem.	*(S)he's coming/going by bus.*
samochód	*car*	Jestem samochodem.	*I'm in the car.* (i.e. an excuse for refusing an alcoholic drink.)
ołówek	*pencil*	Pisze ołówkiem.	*He's writing in pencil.*

Instrumental plural forms end in **-ami**.

cudzoziemiec	*foreigner*	**Wszyscy są cudzoziemcami.**	*They are all foreign.*

wszyscy *everybody*

6 Duże i małe litery *(capital and small letters)*

In Polish as in English, names of countries and their nationals are written with a capital letter:

Czech (*Czech person*) Rosja (*Russia*)
Polak (*Polish person*) Australia
Włoch (*Italian person*) Ameryka

However, in contrast to English, adjectives of nationality are written with a small letter, unless they begin a sentence or form part of a Grand Title.

język polski *Polish*
niemiecki samochód *a German car*
amerykańskie słowo *an American word*
but:

Wyspy Brytyjskie *The British Isles*

Ćwiczenia

1 Put the expressions listed into appropriate gaps:

języka polskiego **Hiszpankami** **Język polski**
Polakiem **Polski**

(a) Irena jest z ... .
(b) Wszyscy uczą się ... .
(c) Carmen i Victoria są ... .
(d) Marek Grzebieniowski jest ... .
(e) ... jest trudny.

2 Match the responses to the items on the left.

(a) Czy pani jest Szkotką? (1) Wu jak Witold, A jak Adam ...
(b) Jak to się pisze? (2) To są moi rodzice.
(c) Kto to jest na fotografii? (3) Owszem, jestem z
Edynburga.

3 Fill in the blank spaces with correct forms of the nouns from the list on the right. If you are stuck, look for help in the dialogues in the first two units, rather than in the language patterns section:

(a) Hans i James są ... .   cudzoziemiec
(b) Bardzo mi miło ... poznać.   pan
(c) Grzegorz jest lektorem ... ...   język polski
(d) James, chciałbym ci przedstawić troje ... . przyjaciel
(e) To bardzo ... słowo.   trudny
(f) Proszę ... zaczekać   chwileczka

4 Match the words to the clues.

(a) He lives in the USA.   (1) Włochy
(b) a word   (2) pomoc
(c) a wife   (3) trudny
(d) difficult   (4) Angielka
(e) help   (5) szkoła
(f) family   (6) rodzina
(g) an Englishwoman   (7) Amerykanin
(h) a school   (8) słowo
(i) Bardzo mi ....   (9) Jestem
(j) country shaped like a boot   (10) miło
(k) Here I am   (11) żona

5 Respond appropriately to the following conversational turns.

(a) To jest moja żona, Krystyna.
(*Tell her you are pleased to meet her.*)

(b) Nazywam się Protasiewicz. P jak Piotr, R jak Robert, O jak Olga, T jak Tadeusz, A jak Adam, S jak Stefan, I jak Irena, E jak Elżbieta, W jak Witold, I jak Irena, C jak Celina, Z jak Zenon.
(*Say it's a very difficult word.*)

(c) Czy jest pan(i) Kowalski (-ska)?
(*Say, yes, you're here.*)

(d) Czy są państwo Kowalscy?
(*Say, yes, you're all here.*)

6 What do the following sentences mean?

(a) Mój ojciec jest Czechem.
(b) Wszyscy poeci uczą się języka polskiego.
(c) Wracam z Walii.
(d) Miss Świata to (here: *is*) szkoda czasu.
(e) Lecę do Rosji.

Lets re-cap again; you now know how to

- introduce your family

To jest moja rodzina	*This is my family.*
To jest moja siostra/ mój brat/moja matka/ mój ojciec.	*This is my sister / brother / mother / father.*

- respond to an introduction

Bardzo mi miło.
Miło mi pana/panią/państwa poznać.

- describe your nationality, or say what you are

Jestem Szkotem/Szkotką.
Jestem studentem/studentką.
Jestem turystą/turystką.

- describe what country you are from

Jestem z Anglii/z Wielkiej Brytanii, z Polski

- say that someone or something is here

Jestem.	*Here I am.*
Samochód jest.	*There is a car / The car is here.*
O, państwo są. Dobrze.	*You're here. Good.*

- spell things out loud

— Jak to się pisze?
— E jak Ewa, L jak Leon, V (ve), I jak Irena, S jak Stefan.

- ask people to speak more slowly or loudly

Proszę mówić (jeszcze) wolniej.	*Please speak (even) more slowly.*
Proszę mówić (jeszcze) głośniej.	*Please speak (even) louder.*
Proszę mówić wyraźniej.	*Please speak more clearly.*

3
MÓJ NUMER JEST ...
My number is ...

In this unit you will learn how to

- count from 1 to 199
- ask for information
- give information
- make more use of telephones
- make more use of genitive forms

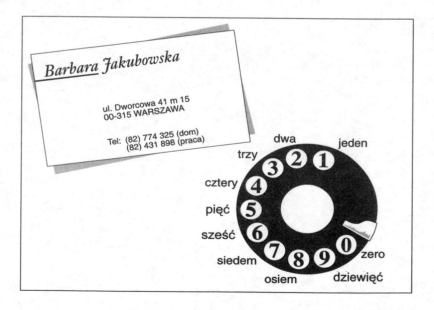

Dialog

Sally is trying to contact Basia by phone. The first time she tries she seems to have the wrong number.

Głos   Halo.
Sally   Dzień dobry. Czy mogę mówić z panią Barbarą Jakubowską?
Głos   Niestety to chyba pomyłka.
Sally   Bardzo przepraszam, czy to 77–44–28 [siedemdziesiąt siedem, czterdzieści cztery, dwadzieścia osiem]?
Głos   Nie, przykro mi.
Sally   Najmocniej przepraszam. Do widzenia.

głos *voice*	**pomyłka** *wrong number, mistake*
halo *hallo* (on the phone)	**przepraszam** (przepraszać) *I'm*
mogę (móc) *I can*	*sorry, I apologize*
mówić z panią Barbarą	**czy** *introduces a yes-no question*
Jakubowską (pani) *speak to* (lit.	**przykro mi** (przykry, ja) *I'm sorry,*
with) *Ms Barbara Jakubowska*	*I regret*
niestety *unfortunately*	**najmocniej przepraszam** *I'm awfully*
to *this, it (is)*	*sorry*
chyba *I think, I suppose*	**do widzenia** *goodbye*

Sally has another try.

Głos   Uniwersytet Warszawski, słucham.
Sally   Dzień dobry, poproszę wewnętrzny 841 [osiemset czterdzieści jeden].
Głos   Łączę.
Basia   Słucham.
Sally   Dzień dobry, czy mogę mówić z panią Barbarą Jakubowską?
Basia   Przy telefonie.
Sally   Mówi Sally.
Basia   Sally! Co za niespodzianka! Wszystko w porządku?
Sally   Tak, chociaż niełatwo się do ciebie dodzwonić. Czy masz ochotę na wspólny obiad?
Basia   Tak, z przyjemnością. Gdzie i kiedy?
Sally   U mnie w domu, o szóstej.
Basia   Dobrze, do zobaczenia.

uniwersytet (*stress*: uniwersytet) *university*	**niełatwo** *it isn't easy*
warszawski adjective from **Warszawa** *(Warsaw)*	**dodzwonić się do** *get through to*
	do ciebie (ty) *to you*
słucham (słuchać) *can I help you?* (*I'm listening*)	**masz ochotę na** (mieć, ochota) *do you feel like, do you fancy*
	wspólny *joint*
poproszę (poprosić) *please* (more polite than **proszę**)	**obiad** *dinner* *(typically 3 p.m.?)*
łączę (łączyć) *trying to connect you* (*I'm connecting*)	**wspólny obiad** *lunch/dinner together*
	tak *yes*
przy telefonie (telefon) *speaking* (*at/by the phone*)	**z przyjemnością** (przyjemność) *with pleasure, that would be lovely*
	gdzie *where*
mówi Sally (mówić) *it's Sally speaking*	**i** *and*
	kiedy *when*
co za *what a ..., what sort of*	**u mnie** *at my place*
niespodzianka *surprise*	**w domu** *at home*
wszystko *everything*	**o szóstej** (szósty) (*sixth*) *at 6 o'clock* (cf. **sześć**)
w porządku (porządek) *in order, all right, OK*	**do zobaczenia** (zobaczyć) *see you then, see you soon*
chociaż *although*	

Komentarz

Ulica, plac, aleja *(street, square, avenue)*

Streets, squares and avenues in Poland take their names from three main sources: names or surnames, historical events, and adjectives. See opposite.

- name or surname

ulica Mickiewicza	*Mickiewicz St*
aleja Sienkiewicza	*Sienkiewicz Avenue*
plac Piłsudskiego	*Piłsudski Square*
ulica Skłodowskiej	*Skłodowska St*
aleja Solidarności	*Solidarność Avenue*
ulica Świętej Anny	*St Ann's St*

- historical events

ulica Rewolucji	*Revolution St*
plac Zwycięstwa	*Victory Square*
ulica Pierwszego Maja	*1st of May St*
plac Konstytucji	*Constitution Square*

- adjectives

plac Zamkowy	*Castle Square*
ulica Długa	*Long Street*
Aleje Jerozolimskie	*Jerusalem Avenue(s)*

Most Polish addresses will have the name of the street first, then the number of the house or block, then finally the number of the flat. If an address has only one number, it is usually an indication that the addressee lives in a house rather than a block of flats.

Improving telecommunications became a priority for the Polish government after 1990. A lot has been achieved, and you do not have to spend a week in a phone box to try to get through to Poland any more. In Poland you can use an ordinary **telefon** (*telephone*), or an **automat telefoniczny** (*payphone*). The future lies perhaps in the **telefon komórkowy** (*mobile phone*) and **telefon bezprzewodowy** (*cordless phone*). If you call someone at work you will probably get through to the **centrala** (*switchboard*) and have to ask for their **numer wewnętrzny** (*extension / internal number*). An area code is called **numer kierunkowy**.

Language patterns

1 Numbers

In terms of practical usefulness, and surviving in Poland, it is never too early to learn to count in Polish.

1	jeden	20	dwadzieścia
2	dwa	30	trzydzieści
3	trzy	40	czterdzieści
4	cztery	50	pięćdziesiąt
5	pięć	60	sześćdziesiąt
6	sześć	70	siedemdziesiąt
7	siedem	80	osiemdziesiąt
8	osiem	90	dziewięćdziesiąt
9	dziewięć	100	sto
10	dziesięć		
11	jedenaście		
12	dwanaście		
13	trzynaście		
14	czternaście		
15	piętnaście		
16	szesnaście		
17	siedemnaście		
18	osiemnaście		
19	dziewiętnaście		

You can see how the basic numbers up to ten, the 'teen numbers, and the tens are related to each other. These words can be combined to describe other numbers (in between, and over 100), as you would expect:

24	dwadzieścia cztery	103	sto trzy
35	trzydzieści pięć	117	sto siedemnaście
78	siedemdziesiąt osiem	155	sto pięćdziesiąt pięć
89	osiemdziesiąt dziewięć	197	sto dziewięćdziesiąt siedem
46	czterdzieści sześć		
82	osiemdziesiąt dwa		
93	dziewięćdziesiąt trzy		

2 Się

Się (*myself, yourself*, etc.) is a very mobile word, as you can see. But it never appears as the first word in a sentence, and it does its best to avoid being the last. For example, **dodzwonić się** (*get through on the phone*):

Nie mogę się do pani   *I can't get through to Basia.*
  Basi dodzwonić.

Ćwiczenia

1 Fill in the gaps in the conversations.

(a) Halo.
(b) .... Czy mogę .... z Basią?
(c) Niestety to ....
(d) Dzień dobry. Poproszę .... 45 (czterdzieści pięć).
(e) Łączę.

2 Write the following numbers in words:

(a)	21	(f)	79
(b)	33	(g)	143
(c)	68	(h)	117
(d)	14	(i)	182
(d)	56	(j)	110

3 Translate into Polish:

(a) It is difficult to get through to you.
(b) Good morning. Can I speak to Tomek (z Tomkiem), please?
(c) It's Jurek speaking.
(d) I'm sorry. It's a wrong number.

Dialog dodatkowy
(additional dialogue)

Meanwhile, elsewhere, Magda is giving Elka, her guest from America, some basic information: emergency telephone numbers, her address, her telephone number, and directions to her flat.

Magda Mam nadzieję, że będzie ci tu wygodnie. Dam ci na wszelki wypadek mój numer telefonu. Zapisz sobie. 35–06–98 [trzydzieści pięć, zero sześć, dziewięćdziesiąt osiem]. Zadzwoń, jak tylko będziesz czegoś potrzebowała.

Elka Już notuję. Trzy pięć, zero ... . Powtórz, proszę.

Magda Trzydzieści pięć, zero sześć, dziewięćdziesiąt osiem.

Elka Dobrze. Sześć, dziewięć, osiem.

Magda A teraz przy okazji możesz zanotować mój adres. Zaraz ci powiem, jak do nas dojechać.

Elka   Świetnie. Tylko, bardzo cię proszę, mów wolniej, bo nie zrozumiem wszystkiego.

Magda   Oto mój adres. Dębnicka szesnaście przez siedem.

Elka   Nie rozumiem. Jak to szesnaście przez siedem?

Magda   Przepraszam. Ulica Dębnicka. Piszę się ul. U jak Urszula, L jak Leon, kropka. Dom szesnasty. Pisze się albo D jak Dorota, kropka, szesnaście, M jak Maria, kropka, siedem, albo prościej 16/7 szesnaście przez siedem.

Elka   Już zrozumiałam.

Magda   Do nas jest bardzo łatwo trafić. Jedź autobusem numer sto dwanaście do ulicy Jarskiej, i skręć na prawo.

mam (mieć) *have*
nadzieję (nadzieja) *hope*
mam nadzieję, że *I hope*
będzie (być) *he/she/it will be*
wygodnie (wygodny) *comfortable/convenient*
ci (ty) *for you, to you* (familiar)
będzie ci wygodnie *you will be comfortable/find it convenient*
tu/tutaj *here*
dam (dać) *I will give*
na wszelki wypadek *just in case*
zapisz (zapisać) *write it down*
sobie *for yourself*
zadzwoń (zadzwonić) *give me a ring*
jak tylko *as soon as, if ever*
będziesz czegoś potrzebowała *you will need anything*
potrzebować *to need*
notuję (notować) *I am making a note of it*
powtórz (powtórzyć) *repeat*
przy okazji (okazja) *while you're at it*
możesz *you can*
zaraz *now, straightaway*
powiem (powiedzieć) *I'll tell you*
do nas (my) *to us, our place*
dojechać *get (by transport)*
świetnie (świetny) *fine, great, excellent*
adres *address*
tylko *only*
proszę cię (prosić, ty) *I ask you*

bardzo cię proszę *please, please, please*
mów (mówić) *speak*
wolniej (wolny) *more slowly*
bo here: *(or else)*
oto *here is*
przez usually: *through, by, via*
nie rozumiem (rozumieć) *I don't understand*
nie zrozumiem (zrozumieć) *I won't understand/catch*
jak to ... *what do you mean ...*
przepraszam (przepraszać) *sorry, I apologize*
ulica *street*
pisze się (pisać) *you write, it is written*
albo *or*
albo ... albo ... *either ... or ...*
kropka *dot, full stop*
prościej (prosty) *more simply*
już *already, now*
zrozumiałam (zrozumieć) *I've got it, I see*
dom *house, home*
mieszkanie *flat, accommodation*
łatwo (łatwy) *eas(il)y*
trafić *find the way*
jedź autobusem ... *take the ... bus*
jedź (jechać) *travel, go*
autobusem (autobus) *by bus*
skręć (skręcić) *turn*
na prawo *(to the) right*
teraz *now*

Komentarz

Mam nadzieję *(I hope)*

In English, you can say either *'I hope that you'll be comfortable'* or just *'I hope you'll be comfortable'*. In Polish, the word że should not be left out. Notice that it is preceded by a comma; this is traditional in Polish writing, and does not represent a pause in speech.

Przez

In speaking addresses out loud it is usual to say **przez** for the / symbol (stroke in British English, slash in American). You might think of block 2, flat 16 as being 2 by 16. Remember that **przez** normally means *across*, *through*, *by* or *via*.

Sobie

Sobie is a so-called dative form, like **mi** and **ci**. It means *to / for myself / yourself / themselves*, etc. Polish often uses **sobie** when talking about doing something which will be useful to you, or doing something because you feel like it or are simply entitled to.

Weź sobie.   *Go on, help yourself.*

Autobusem

Autobusem is the instrumental form of **autobus**, and it means *by bus*. Compare the following:

dictionary form		*instrumental*
pociąg	*train*	**pociągiem** (**i** added after **g**)
samolot	*plane*	**samolotem**
prom	*ferry*	**promem**
trolejbus	*trolleybus*	**trolejbusem**
helikopter	*helicopter*	**helikopterem**
samochód	*car*	**samochodem**
tramwaj	*tram*	**tramwajem**
taksówka	*taxi*	**taksówką** (**taksówka** is feminine, so its instrumental form ends in **-ą**)

These are all examples of instrumental forms that can be used of a means of travel. You have already seen that instrumental forms are also used after **jestem**, e.g.

Robert jest Szkotem.   *Robert is a Scot.*
Jestem studentem.   *I'm a student.*

You may hear a Pole refusing alcohol at a party as follows:

Dziękuję. Jestem samochodem.

Dziękuję in this sort of context means *No, thank you.* **Jestem samochodem** does not mean the person has delusions of being a car and would prefer to drink petrol. The instrumental form **samochodem** here is used in the 'means of travel' sense – *I'm in the car.* In other words, **Dziękuję. Jestem samochodem** here is the equivalent of saying, *Not for me, thanks, I'm driving.* (Incidentally, though, if you did want to say *I'm a car*, for example, in a role-playing game, you would have to say the same thing – **Jestem samochodem.**)

Language patterns

1 Some informal (familiar) imperative forms

You will have noticed a few 'imperative' forms in the additional dialogue. Magda and her American visitor Elka are good friends, so they use familiar forms to each other.

imperative	*verb*	
zapisz	zapisać	*write (it) down*
zadzwoń	zadzwonić	*give (me) a ring*
powtórz	powtórzyć	*repeat*
mów	mówić	*speak*
jedź	jechać	*travel, go*
skręć	skręcić	*turn*

2 Present tense of two common verbs

móc *(be able)*			
singular		**plural**	
1 mogę	*I can, may*	możemy	*we can/may*
2 możesz	*you can, may*	możecie	*you can/may*
3 może	*(s)he/it can, may*	mogą	*they can/may*
mieć *(have)*			
1 mam	*I have*	mamy	*we have*
2 masz	*you have*	macie	*you have*
3 ma	*(s)he/it has*	mają	*they have*

3 Present and future tenses of być *(to be)*

1 jestem	*I am*	jesteśmy	*we are*
2 jesteś	*you are*	jesteście	*you are*
3 jest	*(s)he/it is*	są	*they are*
1 będę	*I'll be*	będziemy	*we'll be*
2 będziesz	*you'll be*	będziecie	*you'll be*
3 będzie	*(s)he/it'll be*	będą	*they'll be*

4 Some more on forms and uses of the genitive

Nie mogę znaleźć mojej przyjaciółki.	*I can't find my friend.*
Nie ma męża.	*My husband isn't here. /* *She hasn't got a husband.*

In unit 2 you met the forms known as the genitive case. These forms indicate possession (understood very broadly), among other things.

Dom mojego brata.	*My brother's house.*
Numer telefonu.	*Telephone number* (lit. number of telephone).

The genitive is an important case in Polish. You need not try to absorb all the following information at once. You will probably prefer to keep coming back to it. As you meet more examples, the patterns will gradually emerge and make sense. Genitive forms are so common that you will get a lot of practice in using them in context. If you are following our advice to pronounce endings particularly clearly as you speak, the sound and feel of genitive forms will stick, whether you can quote the rules or not. Genitives are formed as follows:

Masculine nouns

Masculine nouns ending in a consonant add **-a** or **-u**. It is not usually possible to predict whether the ending will be **-a** or **-u**, so you will be well advised to learn the genitive form when you learn the dictionary form of a masculine noun.

dictionary form (nominative)	genitive	
adres	adres**u**	
album	album**u**	
dom (*house*)	dom**u**	
Berlin	Berlin**a**	
Londyn	Londyn**u**	
Kraków	Krakow**a**	(**-ó-** in dictionary form of this word, but **-o-** when endings are added)
Poznań	Poznani**a**	(**ń = ni** before a vowel letter)
numer	numer**u**	
pokój (*room; peace*)	pokoj**u**	(**-ó-** in dictionary form of this word, but **-o-** when endings are added)
samochód	samochod**u**	(**-ó-/-o-** again)
telefon	telefon**u**	
telewizor (*TV set*)	telewizor**a**	
mąż	męż**a**	(**-ą-** in dictionary form, **-ę-** when endings are added)
ojciec (*father*)	ojc**a**	(**-cie-** disappears when endings are added to this word)
syn	syn**a**	
brat (*brother*)	brat**a**	

Some masculine nouns have a 'hidden **i**', which is absent from the dictionary form, but appears as soon as an ending is added:

gołąb (*pigeon*)	gołębia
Radom	Radomia
Wrocław	Wrocławia

Remember that **i** before another vowel letter (**a, ą, e, ę, o, ó** or **u**) does not represent a separate syllable.

Neuter nouns

Neuter nouns ending in **-o** or **-e** swap these letters for **-a** in the genitive:

morze (*sea*)	morza
okno	okna
radio	radia
lotnisko (*airport*)	lotniska
Okęcie	Okęcia
zero	zera

Neuter nouns ending in **-um** (that's all nouns in **-um** except **album**) keep **-um** the same in all their singular forms.

Neuter nouns in **-ę** also have a genitive ending in **-a**, preceded by a modified stem. (The stem is the part of the word to which endings are added, or to look at it the other way round, the stem is what is left of a word when endings are removed.) The main neuter noun ending in **-ę** that you meet in this book is **imię** (*first name*):

| imię | imienia |

Feminine nouns

Feminine nouns (and masculine nouns ending in **-a**, like **turysta**) change the **-a** to a **-y**:

Barbara	Barbary
Dorota	Doroty
szkoła	szkoły
Warszawa	Warszawy
Kanada	Kanady

There are spelling rules that disallow **y** after **k** or **g**, so nouns in **-ka** and **-ga** have genitive forms in **-ki** and **-gi**:

wódka	wódki
Polka	Polki
księga	księgi

Some feminine nouns ending in **-ia** have genitive forms in **-i**, others in **-ii**:

Anglia	Anglii	
kuchnia (*kitchen*)	kuchni	(the **ń** sound is written as a plain **n** before the vowel **i**)

Note also:

telewizja (*TV*, i.e. *the institution*) telewizj**i**

Some feminine nouns end in consonants in the dictionary form. You will see more of those later. They also add **-y** or **-i** to their stem:

twarz (*face*)	twarz**y**	
sól (*salt*)	sol**i**	(**-ó-/-o-** alternation again)
Łódź	Łodz**i**	(**-ó-/-o-** alternation again)

Adjectives

Adjectives agreeing with masculine and neuter nouns in the genitive singular end in **-ego**. If they agree with a feminine noun in the genitive singular, they end in **-ej**.

Telewizja Polska	Telewizj**i** Polski**ej**
język polski	język**a** polski**ego**

5 The genitive in use

Genitive forms are used:

- with certain prepositions, particularly **do** (*to, to see*), **z** (*from, off*), **od** (*from*), **według** (*according to*), **bez** (*without*)
- with expressions like **nie ma** (*there isn't any* or *isn't (t)here*)
- after verbs like **szukać** (*look for*) and **słuchać** (*listen to*)
- after negated verbs that take the accusative form (which you study later) when they are not negated:

Nie mogę znaleźć **mojej przyjaciółki.**
Nie mam **własnego domu**.   *I haven't got my own house.*

- with quantity words like **dużo** (*a lot (of)*)

Here are some phrases and sentences illustrating the use of genitive forms.

Czy jest trudno trafić do mieszkania Wandy?	*Is Wanda's flat difficult to find?*
Nie ma tu wódki.	*There's no vodka here.*
Idę do szkoły.	*I'm on my way to school.*
Historia Polski.	*The history of Poland.*
Szukam sponsora.	*I'm looking for a sponsor.*
Jestem z Łodzi.	*I'm from Łódź.*
A ja jestem z Wrocławia.	*And I'm from Wrocław.*
Słucham Polskiego Radia.	*I listen to Polish Radio.*
Ta pani nie ma męża.	*This woman has no husband.*
Przepraszam, męża nie ma.	*I'm sorry, my husband isn't here.*
Nie rozumiem mojego przyjaciela.	*I don't understand my (male) friend.*
Nie mogę znaleźć mojej przyjaciółki.	*I can't find my (female) friend*
Szukam Letniej Szkoły Języka Polskiego.	*I'm looking for the Summer School of Polish.*
To nie ma sensu.	*That has no point / doesn't make sense.*

— Jest Jacek?   *Is Jacek here?*
— Nie, Jacka już nie ma.   *No, Jacek isn't here any more.*

— Mamy czas?   *Have we got time?*
— Nie, nie mamy czasu.   *No, we haven't.*

Ćwiczenia

4 Put the words into appropriate gaps:

Jurka Basi Warszawy domu męża radia telewizji

(a) Jurek jest u ....
(b) Magda nie może się dodzwonić do ....
(c) Czy jest daleko (*is it far*) do .... ?
(d) Ta pani szuka ....
(e) Nie oglądam ....

(f) Słucham ....
(g) Łatwo trafić do mojego ....

oglądać	to watch

5 Respond to the following turns as suggested.

Jest Jacek? (*Say yes, Jacek's here*).
A Jurek jest? (*Say no, Jurek isn't here*).

Jedź do Krakowa. (*Say there's no point*).
Jedź do Kanady. (*Say you haven't got time*).

Now you know how to:

- ask to speak to someone

  Czy mogę mówić z Jurkiem / z Magdą?

- say it is a wrong number

  Niestety to pomyłka.

- say that is is you speaking

  Przy telefonie.
  Tak, słucham.
  Przy aparacie.

- identify yourself on the phone.

  Mówi _____ .
  Mówi Joanna z Anglii.   *It's Joanna speaking from England.*
  Mówi Marek z Warszawy.   *It's Marek from Warsaw speaking.*
  Mówi Jurek z Londynu.   *It's Jurek from London.*

- ask for an extension number when you get the switchboard

  Poproszę wewnętrzny _____ .

4

SALLY ZWIEDZA MIASTO

Sally goes sightseeing

In this unit you will learn how to

- talk about firm plans
- ask and give permission
- talk about visiting places
- attract and hold attention
- offer and accept apologies

Dialog

Sally has decided to go sightseeing. She wants to visit famous and interesting places in Warsaw: the Old Town, the Royal Palace, the Market. She plans to lunch in the Bazyliszek Restaurant, then go for a walk along Krakowskie Przedmieście and Aleje Ujazdowskie to Łazienki Park. She phones Basia to tell her her plans. The telephone rings in Basia's flat, and Basia lifts the receiver:

W mieszkaniu Basi dzwoni telefon. Basia podnosi słuchawkę.

Basia Słucham.
Sally Dzień dobry. Mówi Sally.
Basia Cześć. Jak się masz? Co robisz dzisiaj?
Sally Zwiedzam Warszawę. Wybieram się na Stare Miasto. Chcę zobaczyć Zamek Królewski i Rynek. Zjem obiad w „Bazyliszku" a potem przejdę się Krakowskim Przedmieściem, Nowym Światem i Alejami Ujazdowskimi do Łazienek.

Basia Wygląda na to, że będziesz zajęta cały dzień.
Sally Chyba tak.

---

w mieszkaniu (mieszkanie) *in the flat*
dzwoni telefon (dzwonić) *the telephone rings*
podnosi (podnosić / podnieść) *lifts, raises*
słuchawkę (słuchawka) *receiver*
halo *hallo (usually only on the phone)*
mówi (mówić) *is speaking*
Jak się masz? (mieć się) *How are you?*
co *what*
robisz (robić) *you are doing (here: are you doing)*
dzisiaj, dziś *today*
zwiedzam (zwiedzać / zwiedzić) *I'm visiting, having a look at*
wybieram się (wybierać się / wybrać się) *I'm going, planning to go*
na (+ acc.) *to, onto, for (a period)*
Stare Miasto (stary, miasto) *the Old Town*
zobaczyć *see, catch sight of, have a look at*
Zamek Królewski *the Royal Palace*

Rynek *the Market Square*
zjem (jeść / zjeść) *I will eat / have*
obiad *dinner / lunch*
w „Bazyliszku" *in / at the „Bazyliszek"*
a potem *and then*
przejdę się (przejść się) *I'll have a walk*
wyglądać *look out, look (like / as if)*
wygląda na to, że *it looks as if*
będziesz (być) *you will*
zajęta (zajęty, zająć) *busy, engaged, occupied*
cały *whole*
cały dzień *all day*
do Łazienek *to Łazienki Park*
Nowym Światem *along New World / Nowy Świat (street in Warsaw)*
Krakowskim Przedmieściem *along Cracow Suburb / Krakowskie Przedmieście (road in Warsaw)*
Alejami Ujazdowskimi *along Ujazdowski Avenues / Aleje Ujazdowskie (road in Warsaw)*

Language patterns

1 Się

The word **się**, which is never emphasized in speech, is used with several verbs in this dialogue:

wybieram się	*I'm planning to go*
Jak się masz?	*How are you?*
przejdę się	*I'll have a walk*

The main meaning of **się** is *my– / your– /him– / her– / itself, our– / your– / themselves* or *each other*:

kochają się	*they love each other*
goli się	*he's shaving* (i.e., himself, not someone else)
nazywam się	*my name is* (i.e., I call myself)
uczą się języka polskiego	*they're learning Polish* (**uczyć** on its own is *teach*)
interesuję się Polską	*I'm interested in Poland* (lit. I interest myself by Poland)
skontaktować się	*get in touch* (*contact each other*)

The word **się** is also commonly used where speakers of English would not think of *–self* or each other. The word **się** just forms part of the vocabulary item from the outset:

Chcę się przejść.	*I want to go for a walk.*
Jak się ma twoja siostra?	*How is your sister?*
Wybierasz się znowu do Polski?	*Are you off to Poland again?*

It may seem odd that Polish uses **się** in these cases, but languages have their own way of going about things. Why do we say in English that we pride *'ourselves'* on something? It is not possible to pride somebody else. English just happens to word it that way.

There is another use of **się** for what people in general do, especially if the person speaking is one of them:

Jak się to pisze?	*How do you write / spell that?*
Tu się nie pali.	*We don't smoke here.*
Ma się piękne plany.	*One has beautiful plans.*

piękny	beautiful

This use of **się** is very common, and does not have the stylistic awkward-ness of the English *'one'*. Remember that **się** never begins a sentence, and tries to avoid ending it, too. It never carries emphasis.

2 Na

In unit 1, you met **na** in the sense of *for*:

— Na jak długo?	*How long (have you come) for?*
— Na miesiąc.	*For a month.*

We have also seen it meaning *on*:

Jestem na wakacjach.   *I'm on holiday.*

There is no single word for *to* or for *at* in Polish. Instead the choice is between **do/w** (*into/in*) and **na** (*onto/on*). **Na** is used with streets and parts of town. It is also used with **poczta** (*post office*) and **uniwersytet** (note unusual accent: uniw**e**rsytet *university*).

— Gdzie/Dokąd idziesz?   *Where are you going?*
— Na Stare Miasto/Pragę/na   *To the Old Town/to Praga*
    pocztę/na ulicę Dębnicką/na   *(part of Warsaw)/to the post*
    uniwersytet.   *office/to Dębnicka Street/to*
                        the university.

> **iść** *go, be on the way on foot*

3 The future, in a word

Several things Sally and Basia say use a single word to talk about what will happen:

Co robisz dzisiaj?   *What are you doing today?*
Zwiedzam Warszawę.   *I'm having a look at Warsaw.*
Wybieram się na Stare Miasto.   *I'm going to the Old Town.*

The forms used here, **robisz**, **zwiedzam**, **wybieram się** are all simple forms that could equally be used to talk about the present moment. As in English, you can talk about firm plans as if they were being carried out at the moment you speak.

Some other forms used in the dialogue, **przejdę się**, **zjem**, and **będziesz**, are specifically future. We have already seen the future and present tenses of **być** (*be*) in unit 3.

Przejść się and **zjeść** belong to a type of verb traditionally called perfective in Polish. Perfective verbs are used when you see an action or situation as 'perfected', or summed up, rounded off, taken as a whole. These verbs are used typically of an action with a known beginning, end and result, which means they are NOT used of actions, situations (or habits) going on at the moment you are talking about. Their future form looks like the present of non-perfective verbs:

First, look at some examples of **zjeść** (*eat, eat up, have a meal*), which is perfective. Its non-perfective counterpart is the verb **jeść**, which has the same endings.

future of perfective verb	present of non-perfective verb
A potem zjem obiad. *And then I'll have lunch.*	Jem. *I'm eating.*
Zjesz obiad? *Are you going to have lunch?*	Co jesz? *What do you eat?*
On nic nie zje. *He won't eat anything.*	Ona nic nie je. *She doesn't eat anything.*

Now look at examples with **przejść się** and its non-perfective counterpart **przechadzać się**.

Przejść has similar endings to **iść** (compare also **będę, będziesz,** etc.), while its non-perfective partner **przechadzać się** has similar endings to **szukać** and **słuchać**.

Przejdziemy się?   *Shall we have a stroll?*
Przechadzamy się codziennie.   *We have a walk every day.*

Zrobić and **robić** (*do, make*) form a similar perfective and non-perfective partnership, as do **zwiedzić** and **zwiedzać** (*visit*). Look at the following two exchanges, with the differences spelt out.

Co zrobisz dzisiaj?   *What are you going to do today?*
Zwiedzę Warszawę.   *I'm going to have a look at Warsaw.*

Here the questioner sees the thing or things to be done as summed-up actions, as if asking 'What are you going to get done/chalk up/add to your list of things done?'. The response is much the same as the English 'I'm going to do Warsaw.'

Co robisz dzisiaj?   *What are you doing today?*
Zwiedzam Warszawę.   *I'm looking round Warsaw.*

Here it is as questioner is picturing the person doing things already. Ditto the reply: this is what I imagine myself doing at this moment.

Because perfective verbs like **przejść się, zwiedzić, zrobić,** and **zjeść** on the one hand, and non-perfective (imperfectives) like **przechadzać**

się, **odwiedzać** (*visit a person*), **zwiedzać** (*visit a place*), **robić** and **jeść** seem to take a different view of actions, the difference between the types of verbs is traditionally called a difference of aspect. **Zjeść** is a verb of perfective aspect, while **jeść** is a verb of imperfective aspect. A good dictionary will tell you which aspect a verb belongs to, and should preferably give you cross-references to corresponding verbs belonging to the opposite aspect.

When, from now on, vocabulary sections in this course give you a pair of verbs, e.g **przepraszać/przeprosić** (*apologize*) the first one will be imperfective and the second perfective.

4 Chyba

The word **chyba** is common and useful in Polish. It saves you constructing more complicated ways of saying *I suppose that . . .* or *I think that . . ..*

Chyba tak.	*I think so / I suppose so.*
Chyba nie.	*I don't think so.*
To chyba ona.	*I think it's her / I expect that'll be her.*
Chyba będzie na wakacjach.	*I suppose (s)he'll be on holiday.*

5 Zamki królewskie i aparaty fotograficzne (*castles and cameras*)

Names and terms consisting of a noun and an adjective tend to have them in that order, with the noun first, followed by the adjective:

Wyspy Brytyjskie	*The British Isles*
Wspólnota Europejska	*The European Community*
Rzeczpospolita Polska	*The Polish Republic* (stress second **o**)
Republika Czeska	*The Czech Republic* (stress **u**)
kościół katolicki	*a Catholic church*
aparat fotograficzny	*camera* (lit. *photographic device*)
stacja benzynowa	*petrol station* (**benzynowy** is an adjective formed from **benzyna**, *petrol*)
dworzec autobusowy	*bus station* (**autobusowy**, from **autobus**, *bus*)

| zamek królewski | a royal palace (**królewski**, from **król**, *king*) |

Traditional word orders may over-rule this tendency, though, as in Stare Miasto, Krakowskie Przedmieście and Nowy Świat. **Stany Zjednoczone** (*The United States*) fits the pattern, while **Zjednoczone Królestwo** (*The United Kingdom*) goes against it.

Zamek is usually translated as *castle*. Polish also has a word **pałac**, more appropriate to a grand house or to the Polish equivalent of an English stately home.

6 W „Bazyliszku" *(at the Bazyliszek)*

(Note the Polish form of quotation marks: „ ".)

Bazyliszek illustrates a common pattern in Polish, of nouns ending in **–ek**, which lose the **–e–** as soon as an ending is added, e.g.

Idziemy do „Bazyliszka".
Idziemy do Marka.   *We're going to see Marek.*

The ending **–u** here is a locative ending: see the next note.

7 Locative forms of some masculine and neuter nouns

The group of forms known traditionally as the locative case take their name from the fact that these forms are most typically used in expressions of place (location), especially with **w** (*in*) and **na** (*on*):

Mieszkamy w hotelu.   *We're living in a hotel.*

The following kinds of masculine nouns take the ending **–u** in the locative case:

- masculine nouns ending in 'soft consonants' written with ´ or **i**
- masculine nouns ending in 'hidden **i**' (see previous unit, p. 43)
- masculine nouns ending in hardened 'pseudosofts' **–sz**, **–cz**, **–ż**, **–rz**, **–j**, **–l**, or masculine nouns ending in 'velar consonants' **–ch**, **–g**, or **–k**

Co jest do zwiedzania w Bytomiu? *What is there to visit in Bytom?*
Co robisz w Terespolu?   *What are you doing in Terespol?*

Ma brata w Paryżu.	*(S)he's got a brother in Paris.*
Są gazety, o tam w kiosku.	*There are newspapers, over there at the kiosk.*

o tam *there, look*

Locative forms are also used with **o** (*about*).

Co mi powiesz o Tadku?	*What can you tell me (lit. What will you tell me) about Tadek?*

Neuter nouns with stems ending in softs, pseudosofts and velars also have **–u** in the locative. The dictionary form (nominative) already has an ending, **–o** or **–e**, so this has to be removed first:

morze	*sea*	na morz**u**	*on the sea*
biurko	*desk*	na biurk**u**	*on the desk*

Adjectives accompanying these masculine and neuter locatives end in **–ym** or **–im**, e.g. na **Krakowskim Przedmieściu**.

8 Krakowskie Przedmieście

This street in Warsaw is difficult to talk about in English. Either you put a Polish tongue-twister in the middle of an English sentence, or you translate it into English as 'Cracow Suburb', which sounds bizarre anyway. Given that we talk about the Arc de Triomphe and the Champs Elysées rather than the Triumph Arch or the Elysian Fields, we suggest you go for **Krakowskie Przedmieście**. Like most things in Polish, it will come with practice.

Dialog

Outside her flat, Sally asks a passer-by, an elderly lady, how to get to the Royal Palace.

Sally   Przepraszam, jak dostać się do Zamku Królewskiego?

Starsza pani Proszę iść prosto do skrzyżowania, a potem skręcić w lewo, dalej prosto aż do końca ulicy. Zamek jest po prawej stronie.

| Sally | Dziękuję pani bardzo. |
| Starsza pani | Proszę bardzo. |

przepraszam
(przepraszać/przeprosić) *excuse me*
dostać się (dostawać/dostać się) *get (somewhere)*
do (+ genitive) *to, as far as*
iść *go (on foot), be on the way*
prosto (prosty) *straight*
skrzyżowania (skrzyżowanie) *crossroads*

skręcić (skręcać/skręcić) *turn*
aż do (+genitive) *right up to, as far as*
do końca ulicy (koniec, ulica) *to the end of the road*
w lewo/w prawo *to the left/right*
dalej (daleko) *further*
po prawej/lewej stronie (prawy, lewy, strona) *on the right/left*
strona *side, direction, page*

Dialog

Sally goes into the Palace. In a big hall a crowd of people are waiting for a guide. Sally notices a man smoking a cigarette. Just then the voice of a female cloakroom attendant rings out:

Szatniarka Przepraszam, ale tu nie wolno palić . . . Proszę pana! . . . Proszę pana! . . . . Proszę pana! Bardzo pana przepraszam, ale palenie jest surowo wzbronione.

Sally Proszę pani, on chyba nie mówi po polsku. Albo może nie słyszy, że się do niego mówi. (*Zwraca się do mężczyzny, po angielsku:* Excuse me, no smoking in here.)

Mężczyzna Przepraszam, nie mówię po niemiecku.

Szatniarka Proszę pana. Proszę natychmiast zgasić papierosa. Tu obowiązuje zakaz palenia.

Mężczyzna Oj, przepraszam najmocniej. Już gaszę. Gdzie jest popielniczka?

Sally Popielniczki chyba nie ma. Ma pan problem.

Sally goes up to the cloakroom and addresses the (male) attendant. (*Sally podchodzi do szatni. Zwraca się do szatniarza.*)

Sally Przepraszam, czy wolno robić zdjęcia w Zamku?

Szatniarz Niestety nie wolno. Musi pani zostawić aparat fotograficzny w szatni.

Sally Dobrze.

proszę pana/pani *excuse me*
bardzo pana przepraszam *I'm very
  sorry*
palenie *smoking*
surowo (surowy) *strictly*
wzbronione (wzbraniać/wzbronić)
  forbidden
mówi po polsku (mówić) *speaks
  Polish*
po polsku *Polish, the Polish way*
zwraca się do (zwracać/zwrócić się)
  she addresses, speaks to
do mężczyzny (mężczyzna) *to the
  man*
nie wolno *it's forbidden to, you can't*
wolno *it's allowed, you can*
palić *smoke*
po angielsku *English, the English
  way*
po niemiecku *German, the German
  way*
robić zdjęcia (zdjęcie) *take
  photographs*
niestety *unfortunately*
pani musi (musieć) *you have to, you
  must (polite, to a woman)*

zostawić (zostawiać/zostawić) *leave*
aparat fotograficzny *camera*
w szatni (szatnia) *in the cloakroom*
natychmiast *immediately*
zgasić (gasić/zgasić) *put out,
  extinguish, turn off*
obowiązuje (obowiązywać) *applies,
  is in force*
zakaz (+genitive) *ban on*
oj! *Oh! Oh dear!*
przepraszam najmocniej *I'm terribly
  sorry*
gaszę (gasić/zgasić) *I'm stubbing
  (my cigarette) out*
już *now, already*
popielniczka *ashtray*
podchodzić (podchodzić/podejść) *go
  up*
szatniarka *female cloakroom
  attendant*
zwraca się (zwracać/zwrócić się)
  addresses, speaks to, turns to
szatniarz *male cloakroom attendant*
aparat (fotograficzny) *camera*
zostawić (zostawiać/zostawić) *leave*
w szatni (szatnia) *in the cloakroom*

Komentarz

1 Attracting attention

Proszę + the genitive form of a **pan**–word is the normal way of calling
someone to attract their attention.

Proszę pana!	*(to a man)*
Proszę pani!	*(to a woman)*
Proszę państwa!	*(to a group of both sexes)*
Proszę księdza!	*(to a clergyman)*
Proszę siostry!	*(to a nurse or a nun)*

If you are on familiar terms with someone, you will use their name, often a special pet 'vocative' form ending in **–u**:

Basiu! Tadku! Jurku! Marysiu! Marku!

Similarly, to mum and dad:

Mamusiu!   Tatusiu!

You probably remember that first names can be combined with **pan(i)** to address someone less familiarly. For calling, **pan** has the 'vocative' form **panie**:

Pani Marysiu!   Panie Tadku!

Nouns and names in **–a** have vocative forms in **–o** (unless they are pet forms in **–u**):

Pani Mario!   Pani Barbaro!

Many masculine names and nouns have vocative forms ending in **–e** (with a modification to the stem). We will not give detailed rules for these now, but you should watch and listen for examples:

Piotr   (Panie) Piotrze!
Wiesław   (Panie) Wiesławie!
Józef   (Panie) Józefie!

Some Poles pepper their conversation with expressions like **proszę pana**, and even **proszę ciebie** when speaking to someone they are on familiar terms with. **Proszę pana/pani/państwa** are a bit like saying 'sir/madam/ladies and gentlemen', but they are used far more widely. They are a way of retaining a listener's attention while the person speaking has a moment to think, so they often boil down to little more than an *er*.

— Co to jest?   — *What's this?*
— To jest, proszę pani,   — *It's erm, an ultramodern*
   supernowoczesna łyżka do   *shoe-horn, madam.*
   butów.

nowoczesny *modern*	**buty** *shoes*
łyżka *spoon*	

2 Dalej

Dalej means *further*, and is linked with **daleko** (*far*). It is useful in asking someone to continue doing something:

Mów dalej.   *Carry on (talking).*

3 Saying sorry

The most common politely apologetic way of attracting attention (apologizing for disturbing someone), is to say **przepraszam**. You may add **pana/panią/państwa** ('accusative' forms), if you wish.

Przepraszam państwa.   *Excuse me / I'm sorry, ladies and gentlemen.*

If you are very sorry, add **bardzo**, or say **bardzo mi przykro**:

Bardzo pana/panią przepraszam, ale . . .
Bardzo mi przykro, ale . . .

---

ale *but*

If you are terribly or most awfully sorry, you can say **przeprazszam najmocniej!**, which literally means *I apologize most strongly*.

4 Accepting apologies

There is no need to feel or cause embarrassment when you receive an apology. You can say:

Nie ma za co.   *It's all right* (lit. there is nothing to apologize for: *Nie ma za co przepraszać*).

Nic się nie stało.   *It's all right* (lit. nothing has happened).

Nie szkodzi.   *It's all right.* (lit. it does no harm).
Nie ma sprawy.   *No problem.*

---

stać się *happen*   **szkodzić** *damage*

---

5 Unacceptable behaviour

You will see notices in Poland telling you what is not allowed. These will often include the words **wzbronione**, **zabronione**, **zakaz**, or **nie**. So, with **parkować** (*park*), **parkowanie** (*parking*), **palić** (*smoke*) and **palenie** (*smoking*) you get signs like these:

NIE PARKOWAĆ	ZAKAZ PARKOWANIA
[PARKOWANIE ZABRONIONE]	
PARKOWANIE WZBRONIONE	TU NIE WOLNO PARKOWAĆ
[PROSZĘ NIE PARKOWAĆ]	
NIE PALIĆ	PALENIE SUROWO WZBRONIONE
[TU PALIĆ NIE WOLNO]	

Some of these are gentler or more polite. **Proszę** (or sometimes **prosimy**, *we request*), adds a polite 'please'. **Nie wolno** means *is not allowed*, but is less official. You may hear parents telling their children **Nie wolno!** when they look as if they might be about to do something naughty.

Do you remember the way **się** is used for what people in general do? Here (**tu**) or at our place (**u nas**) we don't smoke (one doesn't smoke), hence the notice:

TU SIĘ NIE PALI   U NAS SIĘ NIE PALI

Here are some more notices with **ZAKAZ** + genitive:

ZAKAZ FOTOGRAFOWANIA
ZAKAZ WJAZDU
ZAKAZ WSTĘPU

fotografowanie *taking photographs*	**wstęp** *entry, admittance (on foot)*
wjazd *entry (in a vehicle)*	

What would be the most natural English equivalents of these notices?

6 Już

The conversation in this lesson includes another important use of the common little word **już**. It is used to emphasize that you are doing something now, getting on with it, not keeping people waiting any longer. Often it corresponds to using an *-ing* form in English:

Już idę.	*I'm coming.*
Już gaszę.	*I'm putting it out.*
Już wiem.	*I know!* (When you've just thought of something after racking your brains.)

With **nie** (*not*), **już** often means *any more*.

Już nie palę.	*I don't smoke any more.*
Nie ma go już.	*He's not here any more.*

Ćwiczenia

1 Distribute the words appropriately in the gaps, using one twice.

we   że   w   na   już   do   nie   z   o

(a) Musi pani zostawić aparat fotograficzny .... szatni.
(b) Wybieram się .... pocztę.
(c) Mój ojciec nic .... je dzisiaj.
(d) Wygląda na to, ... Wandy tu nie ma.
(e) Maria .... zwiedza miasto.
(f) Zwracam się .... pana.
(g) Jestem .... Wrocławia.
(h) Jest .... Wrocławiu.
(i) Sklep jest .... tam, na rogu. [**na rogu**, *on the corner*]
(j) Ojca nie ma .... mieszkaniu.

2 Match the turns and replies:

(a)	Przepraszam najmocniej.	(1)	Bardzo mi miło.
(b)	Będziesz bardzo zajęty.	(2)	Niestety, nie wolno.
(c)	Mogę tu fotografować?	(3)	Na dworcu autobusowym.
(d)	Gdzie kupię bilety?	(4)	Nic się nie stało.
(e)	Mateusz jestem.	(5)	Chyba tak.

3 Unjumble the words:

mezak lókewrisk   zarstinaz   op wejrap niestor   kazza rakopaniwa

4 Choose which form to put in the gaps:

Nowy Świat/Nowym Światem   Przechadzam się ....
mieszkania/mieszkaniu   Tu w .... się nie pali.

mówi/mówić	W hotelu się .... po polsku.
zakaz/zakazu	Tu obowiązuje .... palenia.
mąż/męża	Gdzie jest twój .... ?
	(**twój**, *your*)
żona/żony	Nie znam jego .... (**jego**, *his*)
rozumieć/rozumiem	Już ....

5 Unjumbling sentences. This is quite a tough exercise, but a good one, because it makes you think about which word goes with which in a Polish sentence. Remember that word order is flexible in Polish, and serves emphasis rather than grammar. So the object of the exercise is not to put the words of one sentence into the right order (**Polsku po mówię → Mówię po polsku.**), but more to decide which words belong in which sentence. You will need to think (*a*) which words go together in meaning, as well as (*b*) which words fit each other grammatically.

(*1*) Wygląda albo Amerykanką hotelu będzie.
(*2*) Obiad w deszcz to, na albo.
(*3*) Celina że zjem jest Kanadyjką.

> **deszcz** *rain*

The first sentence begins with **Wygląda**. **Wygląda dobrze** (*looks good*)? No, there's no **dobrze**. **Wygląda na to, że?** Yes! And so on. **Obiad** (*dinner*). Dinner is ... ? Could be. Dinner is what? Dinner will be? Also possible. Anything to do with eating or cooking? Yes, **zjem** (*I'll eat*). And so on. Celina. Woman's name. Verb to go with her? **Jest** (*is*). **Będzie** (*will be*)? **Kanadyjką** and **Amerykanką** are both instrumental forms that could go with **jest** or **będzie**. **Albo** (*or*). **Albo . . ... albo** is *either ...... or*. Is there another **albo** anywhere? Yes. And so on.

So .....

(*1*) Wygląda na to, że będzie deszcz.
(*2*) Obiad zjem w hotelu.
(*3*) Celina jest albo Kanadyjką albo Amerykanką (albo Amerykanką albo Kanadyjką).

Now try these:

(1) Cały nie najmocniej słucham.
(2) Nic polskiego stało.
(3) Przepraszam dzień radia się.

6 Describe in Polish words what these signs mean:

Just to recap, revise the following:

● ask someone what they are doing today

Co robisz dzisiaj?
Co pan/pani robi dzisiaj?
Co państwo robią dzisiaj?

● ask the way

Przepraszam, jak dostać się do/na .... ?

● ask if something is allowed

Przepraszam, czy tu wolno palić/robić zdjęcia/parkować?

● say that something is forbidden here

Niestety tu nie wolno palić/fotografować/parkować.

5
KUPUJEMY ŻYWNOŚĆ
We buy some food

In this unit you will learn how to

- shop for food
- buy other things like bus and cinema tickets
- talk about prices
- use some accusative forms

Dialog

W delikatesach *In the delicatessen*

Sally needs to do some shopping. She goes to a nearby delicatessen.

Ekspedientka	Słucham panią.
Sally	Poproszę chleb i kostkę masła.
Ekspedientka	Coś jeszcze?
Sally	Tak, tuzin jajek i ćwierć kilo sera.
Ekspedientka	To wszystko?
Sally	Tak, dziękuję.

ekspedientka *(female) shop assistant*	**masła** (masło) *of butter*
słucham panią (słuchać, pani) *Yes, madam?* (lit. I am listening to you)	**coś** *something, anything*
	jeszcze *still, yet, . . . more*
	coś jeszcze *something/anything else*
poproszę (prosić/poprosić) *Please* (lit. I will ask)	**tuzin** *a dozen*
	jajek (jajko) *(of) eggs*
chleb *bread*	**ćwierć** (fem.) *quarter*
kostka *packet, piece, lump*	**sera** (ser) *cheese*
	wszystko *all, everything*

Sally would also like to buy some fruit, and something to drink. On the way to buy them, she passes the meat counter and overhears a woman doing her shopping.

Kobieta Poproszę 25 (dwadzieścia pięć) deka szynki i kilogram kiełbasy „Żywieckiej".

Ekspedientka „Żywieckiej" niestety nie ma. Jest tylko „Myśliwska".

Kobieta Jak to nie ma? Przecież widzę.

dwadzieścia *twenty*	**jest** (być) *there is*
pięć *five*	**tylko** *only*
szynki (szynka) *of ham*	**nie ma** (+ gen) (mieć) *there isn't/aren't any, isn't/aren't here*
kiełbasy (kiełbasa) *sausage* (the kind you slice)	
	jak to *what do you mean*
„Żywieckiej" („Żywiecka") *(of) Żywiecka sausage*	**przecież** *but, after all, look*

Sally leaves them to argue it out. When she gets to the greengrocery counter, she asks for a kilogram of big red apples.

Sally Poproszę kilogram tych czerwonych dużych jabłek.

Ekspedientka Proszę.

Sally Czy są banany?

Ekspedientka Niestety nie ma w tej chwili bananów. To wszystko?

Sally Nie. Poproszę jeszcze butelkę soku pomarańczowego. To wszystko. Dziękuję.

czerwonych (czerwony) *of red*	**proszę** (prosić) *certainly, madam, here you are*
dużych (duży) *of big*	**czy są** (być) *are there any*
jabłek (jabłko) *of apples*	**niestety** *unfortunately*

w tej chwili (ten, chwila) *at the moment*
butelkę (butelka) *bottle*

soku (sok) *juice*
pomarańczowego (pomarańczowy) *orange* (adj. from **pomarańcza**)

Komentarz

Weights, measures, shopping and other tips

- Poles usually use dekagrams rather than grams in recipes, etc.
- **Kilogram** and **kilo** are interchangeable. **Kilo** has the advantage to foreigners that its ending doesn't change.
- You will notice that the form **cytryny** can be either genitive singular, as in **plasterek cytryny** (*slice of lemon*); or nominative plural, as in **Są cytryny?** (*Are there (Have you got) any lemons?*)
- Poles traditionally drink tea and coffee from glasses rather than cups or mugs. To prevent burnt fingers when holding glasses with hot drinks in, a glass is usually put into a basket or holder made of cane or silver.
- Many Polish shops still have a traditional layout with shelves behind a counter. However, there are more and more self-service shops. They include not only grocery shops but also bookshops. And while we are on the subject of self-service bookshops, a word of warning. **Do not** enter the shopping area without a basket. It does not matter how inconvienient it is to carry a basket around in a cramped space, or that it is difficult to browse, or indeed that you do not want to buy anything yet but only have a look. You will still have to stand in the queue for a basket.
- Polish sausages (remember, they are of the salami, sliceable kind) are often named after places where they are traditionally made:

„Żywiecka" comes from Żywiec
„Krakowska" comes from Kraków
„Sopocka" comes from Sopot

„Myśliwska", however, comes from **myśliwy** (*hunter*). (The noun **myśliwy** takes the endings of an adjective, not a noun.)

„Żywiecka", „Krakowska", „Sopocka", „Myśliwska" are all

feminine forms of adjectives (the corresponding masculines end in -ski), to agree with the word **kiełbasa**, which is feminine. The forms in -iej, as in **„Żywieckiej" nie ma**, are genitive singular feminine: see below.

Language Patterns

1 Plural of nouns

After **Czy jest. . .** (*is there. . .*) a noun appears in the normal dictionary form, the nominative singular. After **Czy są. . .** (*are there. . .*) it appears in the nominative plural. Briefly, (nominative) plurals are formed as follows.

-ka and -ga	of the dictionary form change to	-ki and -gi
-ia	of the dictionary form changes to	-ie
-a	after soft and pseudosoft consonants changes to	-e

otherwise,

-a	of the dictionary form changes to	-y

Masculine nouns add -y, or -i after g or k, or -e after soft and pseudosoft consonants

Neuter nouns replace -o, -um or -e by -a .

Masculine nouns referring to people have different rules, which will be covered later.

banan	banany	paszport	paszporty
jabłko	jabłka	morze (*sea*)	morza
kuchnia (*kitchen*)	kuchnie	twarz (*face*)	twarze
hotel	hotele	ekspedientka	ekspedientki

2 Nie ma. . .

If the answer to **Czy jest/są. . .?** is negative, **nie ma** is used, with a noun in the genitive:

Nie ma kawy.
Nie ma masła.
Nie ma chleba.
Nie ma bananów.
Nie ma jabłek.
Nie ma wódki.

After words like:

kilo	*kilogramme*	**szklanka**	*glass*
litr	*litre*	**filiżanka**	*cup*
butelka	*bottle*	**tuzin**	*dozen*
kostka	*lump, cube*	**bochenek**	*loaf*
plasterek	*slice*	**kromka**	*slice*
paczka	*pack(et)*	**kiść**	*bunch*

use a noun in the genitive, e.g.

litr mleka	(mleko)	*a litre of milk*
kilo cukru	(cukier)	*a kilogramme of sugar*
plasterek cytryny	(cytryna)	*a slice of lemon*
paczka herbaty	(herbata)	*a packet of tea*
szklanka herbaty		*a glass of tea*
filiżanka herbaty		*a cup of tea*
ćwierć kilo szynki	(szynka)	*a quarter kilo of ham*
plasterek szynki		*a slice of ham*
pół kilo masła	(masło)	*half a kilo of butter*
kostka masła		*packet* (lit. lump) *of butter*
25 deka sera	(ser)	*a quarter kilo of cheese*
bochenek chleba	(chleb)	*a loaf of bread*
butelka soku	(sok,	*a bottle of orange juice*
pomarańczowego	pomarańczowy)	

Where there are quantities of countables (apples, marbles, biscuits, etc.), as opposed to non-countables like butter and sugar, quantity words are followed by genitive plural forms. We shall look at these in a little more detail later.

kilo bananów	(banan)	*a kilogramme of bananas*
kiść bananów		*a bunch of bananas*
kilo jabłek	(jabłko)	*a kilogramme of apples*
tuzin jajek	(jajko)	*a dozen eggs*

3 Accusative (objective) forms

Prosić/poprosić means *request, ask for,* so when **(po)proszę** is used or implied, the thing asked for will normally be in the accusative case. 'Accusative' is the traditional term, though we might equally call it the objective case, since one of its main functions is to express the direct object of verbs – typically the thing on which an action is performed. This book has rather ignored the accusative so far. This has been made possible by the fact that many accusative forms do not in fact differ from dictionary forms:

nominative		*accusative*	
Czy jest masło?	*Is there any butter?*	Jem masło.	*I eat butter.*
Czy jest ser?	*Is there any cheese?*	Zjem ser.	*I'll eat the cheese.*

Feminine nouns ending in **-a** change **-a** into **-ę** in the accusative (object) case:

Jest herbata?	*Is there any tea?*	Piję herbatę.	*I drink tea.*
Jest kawa?	*Is there coffee?*	Kupię kawę.	*I'll buy the coffee.*

Accompanying adjectives change their feminine **-a** to **-ą** for the accusative form.

Jest „Myśliwska", ale ja wolę „Krakowską".	*There is Myśliwska, but I prefer Krakowska.*

The accusative is used with **na** (*on, to, for*), which you saw in unit 1:

na miesiąc	*for a month (to spend a month)*

Compare:

Idę na pocztę.	*I'm going to the post office.*
Idę na uniwersytet.	*I'm going to the university.*
Jadę na Pragę.	*I'm going* (transport this time) *to Praga (a suburb of Warsaw).*

4 Other food and drink you can buy in Poland

MIĘSO	MEAT	NAPOJE	DRINKS
wieprzowina	*pork*	mleko	*milk*
wołowina	*beef*	woda mineralna	*mineral water*
cielęcina	*veal*	wino	*wine*

baranina	mutton	piwo	**beer**
		wódka	vodka
		sok	juice
		kompot	compote (made by boiling fruit)
		koktail mleczny	milk shake

WARZYWA/ JARZYNY	**VEGETABLES**	**OWOCE**	**FRUIT**
marchew(ka)	carrot	jabłko	apple
kapusta	cabbage	gruszka	pear
kiszona kapusta	sauerkraut	śliwka	plum
ziemniak/kartofel	potato	porzeczka	currant
burak	beetroot	czereśnia	cherry
fasola	beans	arbuz	watermelon
groszek	peas	winogrono	grape
grzyb	mushroom	malina	raspberry
pomidor	tomato	truskawka	strawberry
sałata	lettuce	owoc	a fruit
ogórek	cucumber	dynia	pumpkin
warzywo	a vegetable	melon	melon
jarzyna	a vegetable		

SKLEPY STOISKA W DELIKATESACH	**SHOPS COUNTERS IN A DELICATESSEN**
mięso/wędliny	fresh meat/cooked/smoked meat
artykuły spożywcze	groceries
mrożonki	frozen products
owoce/warzywa	fruit vegetable
pieczywo	bakery
nabiał	dairy produce
napoje	beverages
alkohole	off licence (lit. alcohols)
ciasta/cukierki	cakes/sweets

Dialog

Przy kiosku *(At the kiosk)*

In the evening James is going to the cinema with some other students from the Summer School. The cinema is quite a way from their hostel and they have to take a bus. But first James needs to buy some bus tickets from a stall.

James Poproszę dziesięć biletów autobusowych.
Kobieta Dla pana normalne czy ulgowe?
James Normalne poproszę.
Kobieta Bardzo proszę.
James Ile płacę?
Kobieta Pięćdziesiąt tysięcy starych złotych albo pięć nowych złotych.
James Proszę.

> **dziesięć biletów** (bilet) *ten tickets*
> **biletów autobusowych** (bilet autobusowy) *(of) bus tickets*
> **dla pana** *for you (do you want)*
> **normalne** (normalny) *ordinary ones*
>
> **ulgowe** (ulgowy) *concesssionary (ones)*
> **ile** *how much (how many)*
> **płacę** (płacić/zapłacić) *I pay*
> **Ile płacę?** *What does that come to?*

W kinie *(At the cinema)*

When he gets to the cinema James buys tickets for the whole group.

James Poproszę pięć biletów na »Szczęki".
Kasjerka Na dzisiaj?
James Tak.
Kasjerka Na którą godzinę?
James Na siódmą piętnaście.
Kasjerka Pierwsze czy drugie miejsca?
James Pierwsze.
Kasjerka Proszę.

> **pięć biletów** *five tickets*
> **szczęki** (szczęka) *jaws*
> **na którą godzinę?** (który, godzina) *for what time?*
> **na** (godzinę) **siódmą** *for seven* (lit: the seventh hour)
>
> **piętnaście** *fifteen*
> **pierwsze** (pierwszy) *first*
> **czy** *or*
> **drugie** (drugi) *second*
> **miejsca** (miejsce) *seat, place*

Note: Seats in cinemas are described as first or second, according to how close they are to the screen, first being further from the screen.

Ćwiczenia

1 Give the English for the following, taking care to note whether one or more is being talked about. i.e., whether singular or plural forms are used.

(a) jabłka
(b) winogrona
(c) ziemniaki
(d) bilety ulgowe
(e) Nie ma ekspedientki.
(f) melony
(g) owoce
(h) herbata
(i) chleb
(j) alkohol
(k) alkohole
(l) — Jest wódka?
    — Wódki nie ma.
    — Przecież widzę butelki.
    — To nie jest wódka, proszę pana. To jest woda mineralna.

2 Put the nouns (in the nominative) on the left with the appropriate nouns (in the genitive) on the right:

(a)	kilo	(1)	chleba
(b)	kostka	(2)	cytryny
(c)	butelka	(3)	cukru
(d)	tuzin	(4)	kawy
(e)	paczka	(5)	papierosów
(f)	plasterek	(6)	jajek
(g)	kiść	(7)	wody mineralnej
(h)	bochenek	(8)	bananów
(i)	filiżanka	(9)	szynki
(j)	szklanka	(10)	soku pomarańczowego

3 Match the replies with the turns on the left:

(a)	Co dla pana?	(1)	Na szóstą dwadzieścia.
(b)	Na którą?	(2)	Proszę.
(c)	Ile płacę	(3)	Starych czy nowych?
(d)	Na jak długo?	(4)	Sześć złotych.
(e)	Mam milion złotych.	(5)	Poproszę siedem biletów ulgowych.
(f)	Poproszę pół kilo masła.	(6)	Dziękuję.
(g)	Proszę.	(7)	Na miesiąc.

4 Rearrange the letters to form words

wocpiezy   dawo lineraman   katekepsiden   rwawyza

5 In Polish

(a) Ask whether there is any lettuce.
(b) Ask whether there is any beer.
(c) Ask whether there is any veal.
(d) Say there is no Krakowska (sausage).
(e) Say there is no sugar.
(f) Say there are no bananas.

6 What would be the English for the following?

(a) James wybiera się do kina.
(b) Sally prosi o truskawki.
(c) Ekspedientka nie słyszy.
(d) Tu nie ma artykułów spożywczych.

Now revise how to

- ask for half a kilo of bananas

  Poproszę pół kilo bananów.

- ask whether there is any sugar

  Czy jest cukier?

- ask for an ordinary bus ticket

  Poproszę normalny bilet autobusowy.

- ask how much something costs

  Ile to kosztuje?
  Ile płacę?

kosztować *cost*

6

WOLĘ PŁYWAĆ

I prefer to swim

In this unit you will learn how to

- express preferences
- ask about preferences
- express likes and dislikes
- accept and decline, graciously and ungraciously

Dislikes ✕

Nie lubię grać w tenisa.	*I don't like playing tennis.*
Nie mam ochoty na kawę.	*I don't fancy a coffee.*

Preferences ✓

Wolę pływać.	*I prefer to swim.*
Wolę sok pomarańczowy.	*I prefer orange juice.*

Dialog

Basia and Sally discuss their plans for tonight.

Basia Co robisz dziś wieczorem?
Sally Nic szczególnego.
Basia Czy masz ochotę pójść do kina?
Sally Tak, z przyjemnością. Co grają?
Basia Horror, kryminał i komedię.
Sally Nie lubię horrorów. Wolę kryminał.
Basia A ja wolę komedię.
Sally Zgoda, chodźmy na komedię.

robisz (robić/zrobić) *you are doing*	**z przyjemnością** (przyjemność) *with pleasure*
dziś (dzisiaj) *today*	
wieczorem (wieczór) *in the evening*	**Co grają?** (grać) *What's on?* (lit. what are they playing?)
dziś wieczorem *tonight*	**kryminał** *crime film, crime story*
nic szczególnego (szczególny) *nothing special, nothing in particular*	**komedię** (komedia) *comedy*
masz ochotę (mieć, ochota) *you feel like, fancy*	**nie lubię horrorów** (lubić, horror) *I don't like horror films*
pójść (iść/pójść) *go (on foot)*	**wolę** (woleć) *I prefer*
do kina (kino) *to the cinema*	**zgoda** *agreement, I agree*
przyjemność *pleasure, enjoyment*	**chodźmy** (chodzić) *let's go*
	chodzić *walk around*

When they leave the cinema Sally and Basia decide to have something to drink in a nearby coffee shop.

Basia Czy masz ochotę na kawę?
Sally Wolałabym herbatę.
Basia A może chciałabyś lody?
Sally Nie, dziękuję, wolę ciastko.

wolałabym (woleć) *I'd prefer*	**lody** (lód) *ice cream*
może *perhaps*	**ciastko** *cake*
chciałabyś (chcieć) *you'd like*	

Basia and Sally both have tea. While they are drinking it they talk about the film they have just seen.

Sally Czy podobał ci się film?

Basia   Tak, całkiem dobra komedia. A tobie?
Sally   Tak, chociaż widziałam lepsze filmy.
Basia   Jakie filmy lubisz oglądać?
Sally   Bardzo lubię filmy kryminalne. Od czasu do czasu lubię
           obejrzeć dobrą komedię. Ale nie znoszę horrorów. A ty?
Basia   Ja raczej wolę czytać książki niż oglądać filmy.

---

podobał ci się (podobać/spodobać się) *you liked*	**ja** *I*
podobać się *please*	**raczej** *rather*
film *film*	**wolę** (woleć) *I prefer*
całkiem dobra (dobry) *quite (a) good*	**czytać** *read*
tobie (ty) *(to/for) you*	**książki** (książka) *books*
chociaż *although*	**niż** *than*
widziałam (widzieć) *I've seen*	**wolę ... niż ...** *I prefer ... to ...*
lepsze (lepszy) *better*	**oglądać** (oglądać/obejrzeć) *look at, watch*
ale *but*	**oglądać film** *watch, see a film*
nie znoszę (znosić/znieść) *I can't stand/bear*	**od czasu do czasu** (czas) *from time to time*
a ty? *and what about you?*	

While Sally and Basia are drinking their tea, a young woman with a clipboard in her hand approaches them.

Młoda kobieta   Najmocniej panie przepraszam. Nasza kawiarnia prowadzi badanie opinii publicznej. Czy mogłabym zadać paniom kilka pytań?
Basia   Tak, proszę.
Młoda kobieta   Dziękuję. Czy są panie w naszej kawiarni po raz pierwszy?
Basia   Ja przychodzę tu regularnie, ale moja znajoma jest tu pierwszy raz.
Młoda kobieta   Czy jest tu paniom wygodnie? Czy stoliki i krzesła są dostatecznie wygodne?
Sally   Ja wolę foteliki raczej niż krzesła.
Basia   Zgadzam się.
Młoda kobieta   Czy piją panie czerwone wino?
Basia   Ja wolę raczej białe.
Sally   A ja często prowadzę samochód więc raczej nie piję alkoholu.
Młoda kobieta   Czy piją panie zazwyczaj kawę czy herbatę?
Sally   Wolę raczej herbatę.

Basia	Częściej piję kawę.
Młoda kobieta	To wszystko. Ogromnie paniom dziękuję za pomoc i jeszcze raz przepraszam, że panie niepokoiłam.
Basia	Drobiazg. Nie ma sprawy.

najmocniej panie przepraszam *terribly sorry, ladies*
nasza kawiarnia *this (our) coffee shop*
prowadzi (prowadzić) *is conducting*
badanie *a survey*
opinii publicznej (opinia, publiczny) *of public opinion*
czy mogłabym? *could I?* (said by a woman)
zadać kilka pytań (pytanie) *ask a few questions*
po raz pierwszy *for the first time*
przychodzę (przychodzić/przyjść) *I come*
tu *here*
regularnie (regularny) *regularly*
moja znajoma (mój, znajomy) *my (female) friend*
pierwszy raz *for the first time*
wygodnie paniom (wygodny, pani) *comfortable, convenient for you*
stoliki (stolik) *(restaurant) tables*
krzesła (krzesło) *chairs*

dostatecznie (dostateczny) *enough, sufficiently*
foteliki (fotel(ik)) *armchairs*
zgadzam się (zgadzać się/zgodzić się) *I agree*
panie piją (pani, pić) *you drink*
czerwone wino (czerwony, wino) *red white*
białe wino (biały, wino) *white wine*
często (częsty) *frequently, often*
prowadzę (prowadzić) *I drive*
nie piję alkoholu (pić, alkohol) *I don't drink alcohol*
zazwyczaj *usually*
częściej (często) *more often*
ogromnie (ogromny) *enormously, hugely*
jeszcze raz *once again*
że panie niepokoiłam (niepokoić) *for disturbing you*
drobiazg *don't mention it*
nie ma sprawy (sprawa) *no problem/ trouble*

Language patterns

1 Może (Maybe)

Może, a form of **móc** (*be able*), as well as meaning (*s*)*he/it can*, is frequently used as a word in its own right:

Może to nie jest to.   *Maybe that's not it.*

2 Lubisz . . . ? *(Do you like . . . ?)*

After **lubić** *(like)*, **mieć ochotę na** *(fancy)*, **woleć** *(prefer)* the accusative form of what you like is used. But, following the pattern we have already seen, if **lubić** or **woleć** is negated, the accusative is replaced by the genitive:

Lubię horrory.	Nie lubię horrorów.	*I don't like horror films.*
Wolę kawę.	Nie wolę kawy.	*I don't prefer coffee.*

Note that this replacement of accusative by genitive with a negated verb only happens when the noun is directly connected to the verb. If there is a preposition like **na** or **w** in between, the preposition decides what form the noun will take. So, for example, **na** in this context requires accusative forms to follow it, and that is the way it stays, even when the verb is negated:

Patrzę na zegarek.	Nie patrzę na zegarek.	*I'm (not) looking at my watch.*
Mam ochotę na kawę.	Nie mam ochoty na kawę.	*I (don't) feel like a coffee.*

Ochota *(desire, inclination)* is the direct object of the verb **mieć** *(have)* here, and it swaps its accusative form **ochotę** for its genitive form **ochoty** when the verb is negated.

Note similar changes to **czas**, **zamiar** and **nastrój** when the verb is preceded by **nie**:

Mamy czas.	*We have time.*
Nie mamy czasu.	*We don't have time.*
Ma zamiar.	*(S)he intends to.*
Nie ma zamiaru.	*(S)he doesn't intend to.*
Mam nastrój.	*I'm in the mood.*
Nie mam nastroju.	*I'm not in the mood.*

Lubić *(like)*, **woleć** *(prefer)* and **mieć ochotę** *(feel like)* can also be used with infinitives (dictionary forms) of verbs:

Wolę o tym nie myśleć.	*I prefer not to think about it.*
Wolę pływać niż chodzić.	*I prefer swimming to walking around.*
Lubię chodzić.	*I like walking.*
Lubię latać.	*I like flying.*

You will see that **na** is not used with **mieć ochotę** when what you feel like is doing something, expressed by the dictionary form of a verb:

Mam ochotę śpiewać.	*I feel like singing.*
Nie mam ochoty mówić po francusku.	*I don't feel like speaking French.*
Mam ochotę na pomarańczę.	*I fancy an orange.*
Nie mam ochoty na nic.	*I don't fancy anything.* (lit. *I don't have any inclination for nothing* – Polish piles up negative words!)

Woleć (*prefer*) may be followed by preferences joined by **niż**, or by **od**:

Wolę śpiewać niż mówić.	*I prefer singing to talking.*
Wolę porzeczki niż czereśnie.	*I prefer currants to cherries.*
Wolimy wino niż piwo.	*We prefer wine to beer.*
Wolimy wino od piwa.	*We prefer wine to beer.*

Notice that in the last two examples **niż** is followed by the same cases as what precedes it, but **od** requires a genitive form.

Wolą Warszawę niż Moskwę.	*They prefer Warsaw to Moscow.*
Wolą Warszawę od Moskwy.	*They prefer Warsaw to Moscow.*

3 A little of what you fancy – a quick look at some dative forms and their use

Only the accusative is replaced by the genitive. For example, if a verb requires a dative form, then it sticks with the dative when negated. As you will see at various stages in this book, this applies to verbs like **pomagać/pomóc** (*help*), **szkodzić/zaszkodzić** (*harm*), **przeszkadzać/przeszkodzić** (*hinder*), or **podobać/spodobać się** (*please*).

Podobasz się mojej matce.	*My mother likes you.*
Nie podobam się twojej matce.	*Your mother doesn't like me.*

Another verb that uses a dative form to express the 'experiencer' (the person experiencing the liking, pleasure, etc.) is **smakować** (*to taste good*).

Smakuje panu zupa?	*Do you like the soup?*
Smakowało ci?	*How did you like it (the food)?*

The verb **podobać się** means *please, appeal to,* or *make a good impression on,* and it requires the person who experiences the pleasure to be expressed by a dative form:

To mi się podoba.	*I like it.*
Nie podoba mi się twoje poczucie humoru.	*I don't like your sense of humour.*
Podoba się panu w naszym hotelu?	*Do you like it in this hotel?* (lit. in our hotel)
Podoba im się w Polsce.	*They like it in Poland.*
Podoba nam się Polska.	*We like Poland.*
On jej się podoba.	*She likes / fancies him.*

You have not looked at the dative case in detail yet. But you have seen unemphatic dative pronouns several times:

mi	**ci**	**mu**	**jej**	**nam**	**wam**	**im**
panu	**pani**	**państwu**		**paniom**	**panom**	
sobie						

Dzień dobry panu.	*Good morning (to you, sir).*
Dzień dobry pani.	*Good morning (to you, madam).*
Dobry wieczór państwu.	*Good evening, ladies and gentlemen.*
Dobranoc paniom.	*Goodnight (to you, ladies).*
Dobranoc panom.	*Goodnight (to you, gentlemen).*

The words **mi**, **ci** and **mu** have corresponding strong forms **mnie**, **tobie** and **jemu**, which can be emphasized, and do not need a stronger word to attach themselves to:

Podobał ci się film?	*Did you like the film?*
Bardzo, a tobie?	*Very much. What about **you**?*
Podobasz się jemu. Mnie się wcale nie podobasz.	*It's **him** that fancies you. I don't fancy you at all.*

The dative form **sobie** (*-self, -selves, each other*), can be either stressed or unstressed:

Zrób sobie herbatę.	*Make yourself a (glass of) tea.*
Mówią sobie dobranoc.	*They are saying goodnight to each other.*
Nawet sobie przeszkadzają.	*They even get in their own / each other's way* (lit. hinder themselves).

You will sometimes hear people pronouncing **sobie** as [se] when it is not stressed, but **se** is not officially recognized as grammatical. (**Kup se samochód.** *Buy yerself a car.*) You should stick to **sobie.**

4 How was it for you?

Polish likes short follow-up questions for comparing notes. You have to choose your few words carefully to match what they follow up:

(Ja) lubię oglądać telewizję. *I like watching television.*
A ty? *Do you?*

Here the following phrase is implied: **Czy ty lubisz oglądać telewizję?**: **ja** and **ty** are both nominative.

Podobają mi się takie filmy. *I like films like that.*
A tobie? *Do you?*

mi and **tobie** are both dative. **Tobie** rather than **ci** here, because it is emphasized.

5 Stronger attachments

If you like to gush, try the word **uwielbiam** (*I adore, I just love*):

Uwielbiam jeździć samochodem. *I love travelling by car.*
Uwielbiam chodzić do kina. *I love going to the cinema.*
Uwielbiam polskie zupy. *I adore Polish soups.*
Uwielbiam jeździć ciężarówką. *I love driving around in a lorry.*

---

jeździć *drive around*   **ciężarówka** *lorry*

The ordinary verb for *love* is **kochać**:

Bardzo kocha swoją mamę. *He loves his mother very much.*
Kocham wszystko, co polskie. *I love everything [that's] Polish.*

The noun for *love* is **miłość** (related to **miły**, *kind, welcome*);

jej miłość do wszystkiego, *her love of everything Polish*
co polskie

6 Strong dislike

Nie znoszę (*I can't stand*) is followed by the genitive form for what you can't stand or don't like, because the verb is negated. **Nienawidzić** (*hate*), perhaps because it contains **nie** within itself, needs a genitive form of a noun with it, regardless of whether it has a separate **nie**.

Nie znoszę Paryża.	*I can't bear Paris.*
Nienawidzę tej pani.	*I hate that woman.*
Nie nienawidzę jej męża.	*I don't hate her husband.*

7 I sometimes think that I should like . . .

chciałabym *I'd like* (said by a woman)   (stress: chcia**ła**bym)
chciałbym *I'd like* (said by a man)
wolałabym *I'd prefer* (said by a woman) (stress: wola**ła**bym)
wolałbym *I'd prefer* (said by a man)

Podobał ci się film?	*Did you like the film?*
Podobała ci się Warszawa?	*Did you like Warsaw?*
Podobało ci się muzeum?	*Did you like the museum?*
Podobały ci się Katowice?	*Did you like Katowice?*
Co Basia robiła wczoraj?	*What was Basia doing yesterday?*
Co James robił wczoraj?	*James, what were you doing yesterday?*
Co dziecko robiło wczoraj?	*What was the child doing yesterday?*

We shall look at these kinds of forms in more detail later, but you will have noticed that forms for talking about past events (past tense forms), and forms for talking about what would happen (if . . ., hence the name 'conditional forms') alter according to the gender of their subject – which often just means the sex of the person you are talking about. These two types of form are in fact quite closely related. What you need to do for now is to make sure that you choose the appropriate forms for saying things like *I'd like*.

If you are male:	*If you are female:*
Chciałbym być Polakiem.	Chciałabym być Polką.

I'd like to be Polish.

Wolałbym o tym nie mówić.   Wolałabym o tym nie mówić.
   I'd rather not talk about it.
Czy mógłbym zadać pytanie?   Czy mogłabym zadać pytanie?
   Could I ask a question?

8 Comparisons are not necessarily odious

Raczej (*rather, sooner*) is in origin a comparative form meaning, roughly, *more gladly*. You have seen a number of other comparative forms ending in **-ej**:

Proszę mówić głośniej.   *Please speak louder /*
                            Please speak up.
Proszę mówić wolniej.   *Please speak more slowly.*
Wyglądasz lepiej.   *You look better.*

For things you like more or less than others, two more words in **-ej** are useful:

Bardziej mi się podobają   *I like Czech films more / better.*
  filmy czeskie.
Restauracje chińskie podobają *I don't like Chinese restaurants*
  mi się mniej niż meksykańskie. *as much as Mexican ones.*
                                  (lit. Chinese restaurants please
                                  me less than Mexican)

To turn **lepiej**, **wolniej**, etc. into superlatives, put **naj-** at the beginning.

Pan mówi najgłośniej ze   *You're talking loudest*
  wszystkich.   *(of all).*
Najbardziej lubię lody   *I like chocolate ice cream best.*
  czekoladowe.

Jak najbardziej!, incidentally, means *You bet!*, or *Not half!*

9 Slightly unexpected plurals

Lód means *ice*. The plural form **lody** (*ices*) is needed if you want to talk about ice-cream.

Te lody są smaczne/Smakują   *This ice cream is tasty.*
  mi te lody.

You have also met **wakacje** and **delikatesy**, which are plural in the sense of holidays and delicatessen. Some names of towns are always plural, the most obvious examples being Polish towns whose names end in **-ice**:

Katowice są ciekawym miastem.	*Katowice is an interesting town.*
A ja wolę Gliwice.	*But I prefer Gliwice.*
Ateny są piękne.	*Athens is beautiful.*
Podobały mi się Zebrzydowice.	*I liked Zebrzydowice.*

The locative ending for nouns like these is **-ach**:

na wakacjach; w delikatesach; w Katowicach (*in Katowice*);
w Tychach (*in Tychy*); w Atenach (*in Athens*); w Gliwicach (*in Gliwice*)

Komentarz

Rodzaje filmów *(types of film)*

horror	*horror film*
komedia	*comedy*
kryminał	*crime story*
film przygodowy	*adventure story*
film wojenny	*war film*
film psychologiczny	*psychological drama*
film historyczny	*historical film*
film fabularny	*feature film*
film sensacyjny	*thriller*

You will remember that there is a strong tendency for adjectives to follow nouns in expressions where the two words effectively form a single vocabulary item, eg. **przystanek autobusowy** (*bus stop*). These names for different kinds of film are a good example of the tendency.

Ćwiczenia

1   Tell us about your preferences. As is the custom in Polish books, we address you, the reader, intimately as **ty**.

Co wolisz, herbatę czy kawę?
Lubisz chodzić do kina?
Jakie filmy ci się podobają.
Jesteś mężczyzną czy kobietą?

Males answer these questions:	*Females answer these questions:*
Czy wolałbyś być Niemcem?	Czy wolałabyś być Niemką?
Chciałbyś mieszkać w Polsce?	Chciałabyś mieszkać w Polsce?
Chciałbyś być milionerem?	Chciałabyś być milionerką?
Wolałbyś być kobietą?	Wolałabyś być mężczyzną?

2   We are now not a book, but polite strangers addressing you as **pan** or **pani**. Tell us more about your current or general dislikes?

Lubi pan(i) jeździć samochodem?
Podoba się panu/pani telewizja?
Słucha pan(i) radia?
Jest pan(i) na wakacjach?
Uwielbia pan(i) lody truskawkowe? (**truskawka** *strawberry*, adj. **truskawkowy**)
Ma pan(i) ochotę na herbatę?
Jest pan przyjacielem psów?/Jest pani przyjaciółką psów?
   Are you a dog lover? (lit. a friend of dogs)
Jest pan przyjacielem kotów?/Jest pani przyjaciółką kotów?
   Are you a cat lover?
Jak się pan(i) nazywa?
Jak pan(i) ma na imię?
Wolał(a)by pan(i) o tym nie mówić?
Czy pan ma ochotę śpiewać w tej chwili?

3   We are going to be familiar again and ask you about your preferences.

Wolisz słuchać muzyki czy oglądać filmy?
Który z tych owoców ci najbardziej smakuje?
   winogrona   gruszka   nektaryna   śliwka
Palisz?
Jeśli tak (*if so*), wolał(a)byś nie palić?

4 Match replies on the right to turns on the left:

(a) Chodzi pan do kina?   (1) Niestety nie mam czasu.
(b) Chodźmy do restauracji.   (2) Wolałbym być studentem.
(c) Chciałbyś być milionerem?   (3) Dziękuję. Już nie.
(d) Chciałabyś być w Atenach?   (4) Jeszcze nie.
(e) Jest pan na wakacjach?   (5) Nie mam apetytu.
(f) Pan pali?   (6) Wolałabym być w Warszawie.

5 Distribute the words appropriately among the gaps.

fasoli baraniny cielęcinę sok kompot   wieprzowiny

(a) Nienawidzę . . . .
(b) Niestety nie mamy chwilowo . . . .
(c) Wolę . . . od . . . .
(d) Wolę . . . niż . . . .

Now revise how to:

● enquire about preferences

Co wolisz?
Co pan(i) woli?
Co państwo wolą.
Czy wolisz . . . czy . . . ? *Do you prefer . . . or . . . ?*

● state preferences

Wolę kawę od herbaty.
Wolę kawę niż herbatę.
Proszę raczej sok pomarańczowy.

● ask about likes and dislikes

(Czy) lubisz orzechy?	*Do you like nuts?*
(Czy) lubi pan(i) nektaryny?	*Do you like nectarines?*
(Czy) lubią państwo/panowie/ panie chodzić do teatru?	*Do you like going to the theatre?*
Co lubisz?	*What do you like?*
Czego nie lubisz?	*What don't you like?* (**czego** – genitive of **co**)
Smakują ci te jabłka?	*Do you like these apples?*
Podobam ci się?	*Do you fancy me? How do you like me? How do I look?*

- state likes and dislikes

  (Bardzo) lubię . . .
  Nie lubię . . .
  Podoba mi się . . .
  Nie podoba mi się . . .

- accept enthusiastically

  Pójdzie pan(i) z nami na film? *Will you come to a film with us?*
  Z (wielką) przyjemnością. *With (great) pleasure /*
  I'd (absolutely) love to.

  Bardzo chętnie. *Very willingly / I'd love to.*

- decline regretfully

  Dziś raczej nie. Jestem bardzo *I'd better not today.*
    zajęty/zajęta. *I'm very busy.*
  Bardzo bym chciał(a), *I'd really like to,*
    ale niestety . . . *but unfortunately . . .*

- decline sullenly

  Dziękuję. Nie mam ochoty. *No thank you. I don't feel like it.*
  Dziękuję. Nie mam nastroju. *No thank you. I'm not in the mood.*
  Dziękuję. Nie mam czasu. *No thank you. I haven't got time.*
  Dziękuję. Nie mam apetytu. *No thank you. I'm not hungry.*

- decline aggressively

  Dziękuję. Nie znoszę cebuli. *No thank you. I can't bear onion.*
  Nienawidzę jabłek. *I hate apples.*

7

W BANKU I
NA POCZCIE ──

At the bank and the post office

In this unit you will learn

- what to do with your money
- to ask for information about money matters
- to enquire about cost and availability
- to talk about possibility and necessity

Dialog

James is having a few financial problems. He needs to exchange some more money in order to do his shopping.

James   Słuchaj, Maciek, potrzebuję więcej złotówek na zakupy. Gdzie mogę wymienić pieniądze?

Maciek   W banku albo w kantorze.

---

słuchaj (słuchać) *listen* (familiar, to one person)
potrzebuję (potrzebować) *I need*
więcej (+ gen.) *more*
złotówek (złotówka) *zlotys*
zakupy (plural) *shopping*
mogę (móc) *I can, can I*

wymienić na (wymieniać/wymienić) *exchange for, change into*
pieniądze *money*
w banku (bank) *in a bank*
w kantorze (kantor) *at a bureau de change*

James decides to change his money in a bank.

Urzędniczka	Słucham pana.
James	Dzień dobry. Chciałbym wymienić funty szterlingi na złotówki.
Urzędniczka	Ile funtów?
James	Sto funtów.
Urzędniczka	Proszę bardzo.

---

urzędniczka clerk, official (female)
słucham pana (słuchać, pan) Yes, sir?
funty szterlingi (funt szterling) pounds sterling

na złotówki (złotówka) (here) into zlotys
ile funtów? (funt) how many pounds?
sto funtów (funt) a hundred pounds

Meanwhile, Sally has had time to write letters to her family and friends back in England. She goes to the nearest post office to send them.

Sally	Dzień dobry. Poproszę pięć znaczków do Wielkiej Brytanii.
Urzędniczka	Znaczki zwykłe czy lotnicze?
Sally	Poproszę lotnicze.
Urzędniczka	Czy coś jeszcze?
Sally	Tak, chciałabym wysłać ten list jako polecony.
Urzędniczka	Proszę wypełnić druk: nazwisko i imię adresata.
Sally	Ile razem płacę?
Urzędniczka	90 (dziewięćdziesiąt) groszy, czyli dziewięć tysięcy starych złotych.
Sally	Dziękuję.
Urzędniczka	Proszę bardzo.

---

znaczków (znaczek) (of) stamps
znaczki do Wielkiej Brytanii (Wielka Brytania) stamps (for letters) to Great Britain
zwykłe (zwykły) normal (here: surface mail)
lotnicze (lotniczy) air (here: airmail)
coś jeszcze something/anything else
wysłać (wysyłać/wysłać) send, post, send off
ten list this letter
jako as
list polecony a registered letter

wypełnić (wypełniać/wypełnić) fill in
druk form, print
adresata (adresat) of the addressee
ile (+ gen.) how much
razem together, in total
płacę (płacić/zapłacić) pay
dziewięćdziesiąt ninety
90 groszy (grasz) ninety groszes
czyli or, in other words
dziewięć tysięcy (tysiąc) nine thousand
9 000 starych złotych 9,000 old zlotys

Sally also wants to send a small parcel to England. She enquires at the desk about what she has to do.

Sally	Dzień dobry. Chciałabym wysłać paczkę do Wielkiej Brytanii. Jak to można zrobić?
Urzędniczka	Proszę wypełnić formularz. Proszę napisać imiona, nazwiska i adresy nadawcy i adresata . . . i zawartość paczki. Wagi nie trzeba, bo poczta sama waży.
Sally	Dziękuję bardzo za informację.
Urzędniczka	Nie ma za co.

---

paczkę (paczka) *parcel*
można *can I, it is possible, one can*
zrobić (robić/zrobić) *do*
formularz *form*
napisać (pisać/napisać) *write, put down*
imiona (imię) *first names*
nazwiska (nazwisko) *surnames*
nadawcy (nadawca) *sender*
zawartość *contents*
paczki (paczka) *of the parcel*
wagi (waga) *weight*

nie trzeba *there's no need*
wagi nie trzeba (here) *no need to put down the weight*
bo *because*
poczta *Post* (service, or office)
sama (sam) *itself/herself*
waży (ważyć) *weighs*
dziękuję za (dziękować) *thank you for*
informację (informacja) *information*
nie ma za co *don't mention it*

Language Patterns

1 Można

The pattern with **można** + the infinitive (dictionary form) of a verb:

Pieniądze można zgubić.   *Money can be lost / You can lose money.*

This literally means something like 'Money it is possible to lose'.

2 Dać *(give) (a perfective verb)*

Dać has similar endings to verbs like **słuchać** and **rozmawiać**, except that *they will give* is **dadzą**. The complete future tense of **dać**

is given below. **Jeść** (*eat*), **wiedzieć** (*know (a fact)*), **zarabiać** (*earn*), and **umieć** (*know (how to)*) are alongside for comparison.

'Irregular'			'Regular'	
dam	jem	wiem	zarabiam	umiem
dasz	jesz	wiesz	zarabiasz	umiesz
da	je	wie	zarabia	umie
damy	jemy	wiemy	zarabiamy	umiemy
dacie	jecie	wiecie	zarabiacie	umiecie
da**dzą**	je**dzą**	wie**dzą**	zarabiają	umieją

As you see, **dać**, **jeść** and **wiedzieć** share the same departure from the normal pattern: their 'they' forms all end in **-dzą** rather than the usual **-ją**.

Longer verbs (compounds) formed from **dać**, **jeść** and **wiedzieć** follow the same pattern of endings:

Nie zjedzą tej ohydnej zupy.   *They won't eat that revolting soup.*
Oddam ci pieniądze w piątek.   *I'll give you back the money*
                                          on Friday.
Powiedzą panu w banku.   *They'll tell you in a bank.*

ohydny *horrible*	**mówić/powiedzieć** *say, tell*

You will often see FOR SALE notices headed **SPRZEDAM** (*I will sell*). WANTED notices similarly begin with **KUPIĘ** (*I will buy*). Shops advertising their wares often do so with **TU KUPISZ** (*here you will buy*). This use of futures of perfective verbs to express a willingness, possibility, or a hope, is characteristically Polish.

3 Verbs with an 'I'- form in -ę

robić (do, make)	**życzyć** (wish)	**tracić** (lose)	**musieć** (have to)
robię	życzę	tracę	muszę
robisz	życzysz	tracisz	musisz
robi	życzy	traci	musi
robimy	życzymy	tracimy	musimy
robicie	życzycie	tracicie	musicie
robią	życzą	tracą	muszą

Where do the endings start?

Take this explanation slowly. It may puzzle you at first, but it should help you see patterns more clearly in the long run. Bear the use of the letter **i** in mind when you look at **robić**. It indicates that the consonant represented by the letter before it is 'soft', pronounced with a built-in [j] sound (as at the beginning of English *yeast*). If **i** is the vowel, then the letter **i** represents both the **i-** sound and the [j] in the consonant before it. If the vowel is [a], [e], [o], or [u] (represented by **u** or **ó**), then the **i** just indicates the built-in [j] of the consonant before. So the division between stem and ending in **robić** could be represented as follows:

'soft' version		'Hard' version, for comparison		
robi-ę	**ę**	**ę**	*as in*	życzę
rob-isz	**isz**	**ysz**	*as in*	życzysz
rob-i	**i**	**y**	*as in*	życzy
rob-imy	**imy**	**ymy**	*as in*	życzymy
rob-icie	**icie**	**ycie**	*as in*	życzycie
robi-ą	**ą**	**ą**	*as in*	życzą

Stems that look the same, but don't sound the same

The way Polish spelling uses the letter **i** is the culprit again in verbs like **tracić** (*lose, miss, waste*). Remember that **c** followed by anything other than **i** is pronounced [ts] (as at the end of English *cats*). Before **i** it is pronounced like the letter **ć**. So the endings on verbs like **tracić** and **płacić** are the same as those on **robić** and **gubić**, but in **płacić** and **tracić** there are two versions of the stem to which the endings are added:

płacę, płacą   **c** *pronounced* [ts]
płacisz, płaci, płacimy, płacicie   **c** *pronounced like* **ć**

4 Verbs with an 'I'- form in -ę, and a (s)he/it- form in -e

pisać (write)	myć (wash)	kupować (buy)	ending
stem: **pisz-**	**myj-**	**kupuj-**	
piszę	myję	kupuję	**ę**
piszesz	myjesz	kupujesz	**esz**
pisze	myje	kupuje	**e**
piszemy	myjemy	kupujemy	**emy**
piszecie	myjecie	kupujecie	**ecie**
piszą	myją	kupują	**ą**

5 Verbs with an infinitive (dictionary form) in -awać

Many verbs with an infinitive (dictionary form) in **-awać** (**dawać**, **wstawać**, etc.) add present tense endings (**-ę**, **-esz**, **-e**; **-emy**, **-ecie**, **-ą**) to a stem ending in **-aj**.

O której (godzinie) państwo wstają?

What time do you get up?

Daję panu swój adres na wszelki wypadek.

I'm giving you my address, just in case.

6 Genitive plural forms

Genitive plural forms are used after number expressions ending with a word for a number higher than four, and after other quantity words like **ile** (*how much/many*), **dużo** (*a lot*), **więcej** (*more*), when several entities are in mind.

The most common genitive plural ending for masculine nouns is **-ów**, though softs will end in **-i** and pseudosofts in **-y**. Feminine and neuter nouns most typically form their genitive plural by dropping the final **-a**, **-o**, or **-e** of their dictionary form. We will not give you all the rules, but you will see plenty of examples from now on, as the genitive is extremely common in Polish. The most typical adjective ending for the genitive plural (all genders) is **-ych**.

złotówka/więcej złotówek

Notice the **-e-** that sometimes appears when an ending is removed. This is the same thing, but in reverse, as the disappearing **-e-** in words with dictionary forms in **-ek**:

wypadek	*accident*
bez wypadku	*without accident*
Mówię o Jurku.	*I'm talking about Jurek.*

tysiące, miesiące i pieniądze *(thousands, months and money)*

These three words have similar forms, all displaying **-ę-** instead of **-ą-** in the genitive plural:

nominative (dictionary form):	tysiąc	miesiąc	(pieniądz)
genitive singular:	tysiąca	miesiąca	(pieniądza)
nominative plural:	tysiące	miesiące	pieniądze
genitive plural:	tysięcy	miesięcy	pieniędzy

Money is usually **pieniądze** (plural) in Polish, though you know the saying **Czas to pieniądz** (*Time is money*).

Here are some examples of these words in context:

Nie mam pieniędzy.	*I have no money.*
Tysiące ludzi.	*Thousands of people.*
Dwa tysiące złotych.	*Two thousand zlotys.*
Płacę dwadzieścia pięć tysięcy starych złotych.	*I'm paying twenty-five thousand old zloties.*
Przyjeżdża do Polski na cztery miesiące.	*(S)he's coming to Poland for four months.*
Jest w Polsce już siedem miesięcy.	*(S)he's been in Poland for seven months now.*
Brakuje mi jednego tysiąca.	*I'm a thousand short.*
Pieniądze są potrzebne.	*Money is necessary.*
Potrzebujemy pieniędzy.	*We need money.*

złote i złotówki

Złotówka (*zloty*) is a feminine noun. **Złoty** is a masculine noun, but as it is identical to the adjective meaning *golden*, it has the pattern of endings associated with adjectives.

dwie (2) złotówki
pięć (5) złotówek

dwa złote
pięć złotych

7 A curiosity or two

You will gradually be better and better able to communicate confidently in Polish, and not be terrified of making mistakes. Some things are worth getting absolutely right, though, unless you want to amuse Poles. For example, there is a verb **wiać** (*waft*), whose present tense is **wieję, wieje**, etc. So if you forget that **wiedzieć** has the irregular they-form, you may say **wieją** (*they waft*) instead of **wiedzą** (*they know*).

The difference between 'pseudosoft' sounds like **cz** and **sz** (your tongue protecting your teeth from cold ice-cream), (see p. 6) and 'soft' sounds like **ć** and **ś** (as if squashing bubblegum on the roof of your mouth, see p. 6) is not easy for learners of Polish. Some teachers and learners don't even try to make the distinction, because they think it's a lost cause! If you can't or don't bother to make the distinction, you'll survive, but not without raising a chuckle from time to time. For example:

Proszę? *Pardon?*   Prosię? *Piglet?*

There may be a genuine misunderstanding:

Ci panowie są architektami?   *Are these men architects?*
Czy panowie są architektami? *Are you architects?*

And you may just get the wrong breakfast if, instead of **boczek** (*bacon*), you ask for **bociek** (*little stork*).

There is not much difference between **gość** (*guest, visitor*) and **gąszcz** (*thicket, undergrowth*). And so on. So it's worth making the effort.

a tip (not of the tongue)

The essential difference between the sound in **proszę** and these sound in **prosię** is in the position of the tongue. But it helps the sound if you pout when you say the **cz**, **sz** series of sounds, and smile when you say the 'soft' sounds.

Instrukcja Obsługi
Aparatu Telefonicznego

(How to use a payphone)

Proszę podnieść słuchawkę.
Po usłyszeniu sygnału proszę wrzucić żeton.
Proszę wykręcić żądany numer.
Po skończeniu rozmowy proszę powiesić słuchawkę na widełkach.

---

obsługi (obsługa) *service, way of using*
aparatu (aparat) *device* (cf. aparat fotograficzny)
po (+ locative) *on, after*
po usłyszeniu (usłyszenie/słyszeć/usłyszeć) *on hearing, after you hear*
sygnału (sygnał) *signal, dialling tone*
wrzucić (wrzucać/wrzucić) *throw in, insert*

żeton *telephone token*
wykręcić (wykręcać/wykręcić) *dial*
żądany (żądać) *desired*
po skończeniu (skończenie/kończyć/skończyć) *on finishing, when you have finished*
rozmowy (rozmowa) *conversation, talking*
powiesić (wieszać/powiesić) *hang up*
na widełkach (widełki (plural)) *on the hook*

Komentarz

What to call a call

If you are waiting to receive, or have missed, a telephone call it is a **telefon**. When you have had it, or are waiting to make it, it is a **rozmowa**:

Czekam na telefon.	*I'm waiting for a telephone call (for someone to ring).*
Czekam na rozmowę.	*I'm waiting to make a call.*
Telefon do pana/do pani.	*It's for you.*
To była długa rozmowa.	*That was a long phone call.*

🔾 ———— Language patterns ————

1 Verbs in -ować (and -iwać/-ywać)

You are now familiar with several verbs whose dictionary form ends in **-ować**, and whose present tense forms are **-uję**, etc.

Dziękuję.   *Thank you (I thank).*
Dziękujemy.   *Thank you (We thank – on*
                         behalf of several people).

A useful verb is **brakować** (*be missing, be lacking*), which needs a genitive form of the noun for the thing lacking, and dative form for the person feeling the lack (dative of experiencer again):

Brakuje truskawek.   *There aren't any strawberries.*
Brakuje mi twoich listów. *I miss your letters.*

Two more are **kosztować** (*cost*) and **potrzebować** (*need*).

Ile to kosztuje?   *How much is it?*
Czego potrzebujesz?   *What do you need?*

The whole present tense of **potrzebować** looks like this:

potrzebuję	*I need*	potrzebujemy	*we need*
potrzebujesz	*you need*	potrzebujecie	*you (lot) need*
potrzebuje	*(s)he/it needs*	potrzebują	*they need*

Some verbs in **-ywać** follow the same pattern, like **obowiązywać** (*oblige, apply, be in force*):

Tu obowiązuje zakaz palenia.   *There's a smoking ban*
                               in force here.

2 A reminder about 'you'

Remember that second-person forms like **potrzebujesz** (singular) and **potrzebujecie** (plural) are only used when you are speaking to someone with whom you are on familiar terms, which is why we added 'lot' to *you* just now to remind you. Coursebooks used to translate **potrzebujesz** as *thou needest*, as you would only address one person at a time as 'thou'. But old forms with thou sound reverential rather than familiar to most modern ears, so the point tends to be lost.

Polite or formal address involves words like **pan, pani, państwo** and so on, coupled normally with 'third person' forms like **potrzebuje** and **potrzebują**.

Czego państwo potrzebują?	*What do you need.*
Czego państwu brakuje?	*What do you lack?*

This is relaxed slightly when familiar address does not imply familiarity to the person(s) you are face to face with:

Macie w Anglii kantory?	*Do you have bureaux de change in England?*
Jak masz psa, to masz kłopot.	*If you've got a dog, you've got trouble.*

In the first, the questioner is not asking whether the hearer and friends personally own bureaux de change, so there is no threat to the hearer's 'personal space'. In the second (in one possible interpretation, at least), it would have been possible to say: **Jak się ma psa, to się ma kłopot**. In other words, the speaker is using **ty**-forms in a general sense, and again there is no threat to anyone's personal space.

3 Można, trzeba, wolno, warto. *(Possibilities and necessities)*

Impersonal expressions are common in Polish. Rather than saying 'You can . . .', as we do in English, Poles tend to say 'It is possible to . . .'.

Można pójść.	*We / You / etc. can go.*
Trzeba pójść.	*You / I / etc. must go.*
Wolno palić.	*You can smoke. Smoking is allowed.*
Warto pójść.	*It's worth going.*

Nie trzeba means, strictly, *There is no need to*, rather than *You mustn't*, but in practice it usually means *Don't*. (*There's no need. So why do it?*)

Nie trzeba o tym myśleć.	*Don't think about it.*

4 W tej chwili, w kinie *and other locative forms*

In Unit 4 you met locative forms ending in **-u**. Other common locative endings are **-e**, preceded by a 'sound-swap' (see Unit 9, p. 137–9), and (with feminine nouns) **-i** after soft consonants or **-y** after hardened (pseudosoft) consonants. Locative plurals ending in **-ach**.

Rather than swatting up rules, learn examples as they come along. Locative forms are common. Expressions of location with **na** or **w** will have locative forms in them, and so will expressions using **o** in the sense of *about*.

Here are some examples of phrases with locative forms:

		nominative forms
w tej chwili	*at the moment*	ta chwila
w kinie	*at the cinema*	kino
w klubie	*in/at the club*	klub
w barze	*at a bar*	bar
w biurze	*at the office*	biuro
na ulicy	*in the street*	ulica
w kuchni	*in the kitchen*	kuchnia
na poczcie	*at the post office*	poczta
w restauracji	*at a restaurant*	restauracja
w programie	*in / on the programme*	program
w mojej kieszeni	*in my pocket*	moja kieszeń
w Polsce	*in Poland*	Polska
w Anglii	*in England*	Anglia
we Francji	*in France*	Francja
w Bydgoszczy	*in Bydgoszcz*	Bydgoszcz
w naszym mieście	*in our town*	nasze miasto
o książce	*about the book*	książka
o mojej siostrze	*about my sister*	moja siostra

Locative plurals:

w kinach, w klubach, w barach, w biurach, na ulicach, w kuchniach, na pocztach, w restauracjach, w programach, w moich kieszeniach, w miastach, o kiążkach, o moich siostrach.

5 Po *(after)*

Po + locative usually means *after*:

po roku   *after a year, a year later*

po rewolucji	*after the revolution*
po godzinie	*after an hour*
po czasie	*behind time (late)*

Poles often combine **po** with **jestem** to express something they have just had.

Jestem po obiedzie.	*I've had dinner.*
Jestem po operacji.	*I've had an operation.*
Jestem po studiach.	*I'm a graduate.*
Jestem po rozwodzie.	*I'm divorced.*

studia *undergraduate studies*	**rozwód** *divorce*

Similarly:

Ten pan jest po wypadku.	*This man has had an accident.*
Jest po wszystkim.	*It's all over* (lit. It's after everything).
Jest po mnie.	*I'm done for* (lit. It's after me).

wypadek *accident*	**wszystko** *everything*

Komentarz

Kantor *(Bureau de change)*

Kantory (*private banks, bureaux de change*) have become common in Poland since the end of communism; you will find them everywhere, in post offices, on stations, in travel agencies, in or among shops. They are counters or small shops where you can change money. They can also be less fussy than banks which may, for example, refuse to accept banknotes that are not in perfect condition. In a **kantor** you will be given a receipt (**kwit, dowód sprzedaży** or **paragon**) if you need it, but you usually have to ask.

Karty kredytowe *(credit cards)*

Poland, like the rest of Europe, is making more and more use of credit cards. There are a growing number of banks where you can withdraw money using your **karta kredytowa**.

Karty telefoniczne *(phone cards)*

If you want to use a payphone you need to buy either **żetony** *(tokens)* or a **karta telefoniczna** *(phone card)* from a post office or from a kiosk. Your **karta telefoniczna** will have one floppy corner, which stops you putting it in the phone. You may be inclined to take it back and demand one without a bent corner. Don't! The presence of the floppy corner is your guarantee that you have not been sold a used card. You have to remove the corner before putting the card in the machine. That's why, now you come to look, the floor around the phones is littered with small pieces of plastic.

Be warned, if you are in a main post office waiting to make a telephone call, you may well find that people, having queued for ages, will justify their efforts by staying on the phone for ages more, perhaps using up one or more whole cards. The telecommunications situation is improving rapidly, but there was a lot of catching up to do.

Stare i nowe złote *(zloties old and new)*

From January 1995 a new złoty was introduced, worth 10,000 (Poles write 10 000) old złotys. For a couple of years the old and new złotys are in use side by side. Prices are usually marked in both. Many people still prefer to talk in old złotys, omitting the word thousand. This is confusing, as the new one is worth not **one** thousand but **ten** thousand old ones. It can be a shock to pay in coin and get your change in banknotes:

— Ile płacę?	*How much do I owe you?*
— Dwadzieścia siedem.	*Twenty seven* (understood: thousand old zlotys).
— Proszę bardzo.	*Here.* (You hand over a new 1 zł coin and a new 2 zł coin from your purse.)
— Cztery proszę.	*Your four change.* (You put the four well-worn 1 000-złoty notes in your wallet.)

Inflation and currency reforms are a headache for writers of courses. Only a few years ago, textbooks that still mentioned **grosze** (100 groszes to the złoty) seemed very quaint, as it cost several thousand zlotys, for example, to 'spend a penny' in a public convenience. Now . . . the grosz is back, and textbooks that don't mention it are out of date.

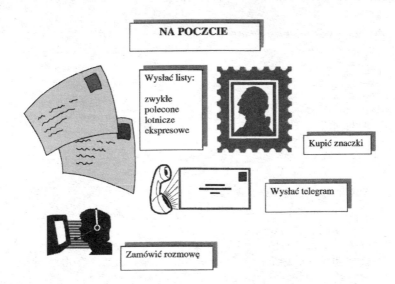

NA POCZCIE

Wysłać listy:

zwykłe
polecone
lotnicze
ekspresowe

Kupić znaczki

Wysłać telegram

Zamówić rozmowę

Pieniądze można . . . *(Things you can do with money)*

Here is a list of useful verbs describing things you can do with money. Remember, the non-perfective verb is given first, then the perfective verb that sums the action up. So, for example, **daję**, means *I give*, while **dam** means *I'll give*. The list below gives just the 'I' form (first person singular) and the 'he/she/it' form (third person singular) unless the 'they' form (third person plural) is exceptional. See if you can work out the rest of the present/future forms from the ones given.

Pieniądze można

wydawać/wydać *(spend)*
    wydaję, wydaje   wydam, wyda . . . wydadzą

dawać/dać *(give)*
    daję, daje   dam, dasz . . . dadzą

zarabiać/zarobić *(earn)*
    zarabiam, zarabia   zarobię, zarobi

pożyczać/pożyczyć *(borrow, lend)*
    pożyczam, pożycza   pożyczę, pożyczy

tracić/stracić (*waste*)
 tracę, traci   stracę, straci

oddawać/oddać (*give back*)
 oddaję, oddaje   oddam, odda . . . oddadzą

gubić/zgubić (*lose*)
 gubię, gubi   zgubię, zgubi

liczyć/policzyć (*count*)
 liczę, liczy   policzę, policzy

--- Ćwiczenia ---

1 Match the replies to the turns on the left.

(a) Dlaczego (*why*) nie   (1) Tak, brakuje mi owoców.
 chodzisz do teatru?
(b) Na jak długo?   (2) Nie mam pieniędzy.
(c) Ile to kosztuje?   (3) Nie warto.
(d) Kup sobie samochód.   (4) Czterdzieści tysięcy
                                        starych złotych.
(e) Robisz dzisiaj zakupy?   (5) Na siedem miesięcy.

2 Unjumble the words.

ciątys hystrac hycłozt   ratow jópść an net limf
zerbat dopeniść wacłuhkęs   ot łyba łudag zormowa
zyc ut sejt rankot?

3 Translate the exchanges into English:

X Chciałbym kupić helikopter.
Y Ile masz pieniędzy?

X Nie trzeba mówić o starych złotych.
Y Dlaczego nie?

X Na jak długo pani przyjeżdża do Polski?
Y Na osiem miesięcy.

X Jestem po operacji.
Y Wolę o tym nie mówić.

X Mamy czas?
Y Niestety jest po wszystkim.

X Można do ciebie przyjść? (*Can I come and see you?*)
Y Proszę bardzo. Może jutro.

4 Put the words in parentheses in appropriate forms in the gaps.

(złotówka)	Trzy	Osiem . . . .
(tysiąc)	Dwa	Dziewięć . . . .
(to)	Lepiej o . . . nie myśleć.	
(karta)	Nie mam . . . telefonicznej.	
(cudzoziemcy)	Wszyscy są	
(być)	Warszawa . . . stolicą Polski.	
(być)	Katowice . . . ciekawym miastem.	

---

stolica *capital*

---

5 Fill in the blanks with something appropriate:

Czas to . . . .
Niestety nie mam . . . na lody.

Chodźmy do parku.
Z . . . !

Proszę . . . formularz.
Proszę . . . imiona i nazwiska adresatów.

Gdzie mogę wymienić pieniądze?
. . . .

Now let's revise how to:

- enquire what is needed

  Czego pan(i) sobie życzy?   *What would you like?*
                                      (lit. What do you wish yourself?)

  Czego państwo sobie życzą?

- request instructions

  Co trzeba zrobić?
  Jak to trzeba/można zrobić?

- give instructions

  Proszę (+ *dictionary form*)
  Proszę wypełnić formularz.
  Proszę podnieść słuchawkę.
  Trzeba wypełnić druk.
  Wagi nie trzeba podawać.   *No need to give the weight.*

8

MAM ZAREZERWOWANY POKÓJ

I've a room reserved

In this unit you will learn how to

- make a reservation
- check into a hotel
- order food in a restaurant
- ask for a table
- address groups of men and groups of women
- tell the time
- talk about past events
- talk about conditions and unreal events

Dialog

Sally is on a business trip to Kraków. She has just arrived at the main railway station (Dworzec Główny) and takes a taxi to her hotel.

Sally   Dzień dobry. Do hotelu Holiday Inn poproszę.
Taksówkarz   Proszę bardzo.
Sally   Czy to daleko?
Taksówkarz   Jakieś piętnaście minut stąd.

recepcja *reception desk*	**parking** *car park*
klucze (klucz) *keys*	**daleko** (daleki) *far*
winda *lift*	**jakieś piętnaście minut** *about*
restauracja *restaurant*	*fifteen minutes*
kawiarnia *coffee house, café*	**jakieś** (jakiś) *some, some or other*
postój taksówek (taksówka) *taxi*	**minut** (minuta) *minutes*
rank	**stąd** *from here*

Sally is now at the reception desk.

Recepcjonistka   Dzień dobry. Czym mogę służyć?
Sally   Dzień dobry. Nazywam się Sally Johnson. Mam zarezerwowany pokój jednoosobowy na trzy dni.
Recepcjonistka   Proszę o paszport.
Sally   Proszę bardzo.
Recepcjonistka   Dziękuję. Tak, zgadza się. Proszę wypełnić kartę meldunkową.
Sally   Co trzeba podać?
Recepcjonistka   Nazwisko, imię i adres.
Sally   To wszystko?
Recepcjonistka   Tak, dziękuję. Numer pokoju czterysta pięćdziesiąt trzy na czwartym piętrze. Oto klucz. Winda jest tuż na prawo.
Sally   Dziękuję bardzo.

recepcjonist(k)a *(fe)male*	**zarezerwowany** (rezerwować/
receptionist	zarezerwować) *reserved*
taksówkarz *taxi driver*	**pokój** *room*
Czym mogę służyć? *Can I help*	**jednoosobowy** *single (for one*
you? (By what means can I	*person)*
serve?)	**na trzy dni** (dzień) *for three days*

---

zgadza się (zgadzać/zgodzić się)
  that's right (lit: *it agrees*)
kartę meldunkową (karta,
  meldunkowy) *registration card*
podać (podawać/podać) *give, serve,
  hand, pass*
pokoju (pokój) *of the room*
czterysta *four hundred*

pięćdziesiąt *fifty*
trzy *three*
na czwartym piętrze (czwarty,
  piętro) *on the fourth floor (or fifth
  floor in American English)*
oto *here is*
tuż *just, just here*

Sally has an old friend, Agnieszka, who is working in Cracow. Sally decides to book a table at a restaurant in the city centre. She rings up.

Głos   Dzień dobry. Restauracja „Wierzynek". Czym mogę służyć?

Sally   Dzień dobry. Chciałabym zarezerwować stolik dla dwóch osób.

Głos   Proszę bardzo. Na kiedy?

Sally   Na jutro wieczór.

Głos   Na którą godzinę?

Sally   Około siódmej.

Głos   Dla palących czy niepalących?

Sally   Dla niepalących poproszę.

Głos   Mamy taki stolik wolny o wpół do ósmej. Czy to pani odpowiada?

Sally   Tak, oczywiście.

Głos   W takim razie poproszę o pani nazwisko.

Sally   Johnson.

Głos   Przepraszam, ale nie zrozumiałam. Czy mogłaby pani powtórzyć i przeliterować swoje nazwisko?

Sally   Johnson. J jak Jerzy, O jak Olga, H jak Halina, N jak Natalia, S jak słup telegraficzny, O jak obserwatorium, N jak nuda.

Głos   (*śmieje się*) Tak, dziękuję. Zanotowałam sobie.

Sally   Dziękuję bardzo. Do widzenia.

Głos   Do widzenia pani.

---

głos *voice*
stolik *table (in a restaurant)*
dla dwóch osób *for two*
osób (osoba) *persons*
na kiedy? *when for?*
na jutro wieczór *for tomorrow night*
która godzina? *what's the time?*
na którą godzinę? *(for) what time?*
około (+ gen.) *about, around*
około (godziny) **siódmej** *at about seven*

dla (+ gen.) *for*
niepalących (palić) *non-smokers*
taki *a ... like that, one such, such a*
wolny *free*
o wpół do ósmej *at half past seven*
  (lit. *half to the eighth*)
odpowiadać (+ dat.)
  (odpowiadać/odpowiedzieć) *suit,
  answer*
tak, oczywiście *yes, certainly*

---

w takim razie (taki, raz) *in that case*	**zanotowałam sobie** (notować/
nie zrozumiałam *I didn't catch what*	zanotować) *I've got it down, I've*
you said	*made a note of it*
mogłaby pani *could you*	**słup telegraficzny** *telegraph pole*
powtórzyć (powtarzać/powtórzyć)	**obserwatorium** *observatory*
repeat	**nuda** *boredom*
przeliterować	**śmieje się** (śmiać się) *(s)he laughs*
(literować/przeliterować) *spell*	

🔊 ———— **Language patterns** ————

1 Mam zarezerwowany pokój *(I have a room booked)*

Verbs spawn adjectives (traditionally called 'participles') ending in **-ny** or **-ty** for describing things that have had, are having, or can have particular actions carried out on them.

Zajęty (*busy, engaged*), for example, is related to **zająć**, the perfective partner in the pair of verbs **zajmować/zająć** (*occupy*). These adjectives still carry with them the view of the situation implied by the aspect of the spawning verb:

stół składany	*folding table* (table capable of being folded, table which gets folded – **składać** is a non-perfective verb)
rezerwowany pokój	*room being reserved* (non-perfective)
zarezerwowany pokój	*room that has been reserved* (perfective)
język mówiony	*spoken language* (language that is spoken)
język pisany	*written language* (language that gets written)

2 Stoły i stoliki *(tables and . . .)*

A table is usually **stół** (**do stołu**: *to the table*; **na stole**: *on the table*;

---

przy stole: *at table*, etc.) but a table in a restaurant is called a **stolik** (so: **do stolika**, **na stoliku**, **przy stoliku**).

3 Palący i niepalący (smokers and non-smokers)

Imperfective verbs spawn adjectives for describing people or things that are carrying out, or regularly carry out, the actions the verbs refer to. The formation is straightforward. Take the they-form ending in **-ą**, add **c** and an adjective ending. Look carefully at the meanings of the examples:

Palą.	*They smoke, they are smoking.*
Są palący.	*They smoke, they are smokers, there are smokers.*
Chyba wierzę w Stwórcę.	*I suppose I believe in a Creator.*
Ona jest wierząca.	*She is a believer.*
Pani śpi?	*Are you asleep?*
Pani jest śpiąca?	*Are you sleepy?*

4 Nie zrozumiałam (I didn't catch that)

The usual meaning of **rozumieć** is *understand*, and its perfective partner **zrozumieć** often amounts to *come to realise*. As you know, perfective verbs are keen on a known result. If you haven't caught what someone said, and therefore no understanding results, say **Nie zrozumiałam** if you are female, and **Nie zrozumiałem** if you are male.

5 Osoba (person)

The word **osoba** is widely used in Polish.

Ona jest zajęta twoją osobą.	*She is preoccupied with you* (lit. *she is engaged by your person*).
Brat ćwiczy dżudo na mojej osobie.	*My brother practises judo on me (on my person).*

Osoba, usually either in the nominative plural form **osoby** or in the genitive plural form **osób**, is also common when counting people:

Przyszło sto osób. *A hundred people came.*

Osoba is grammatically feminine, and seems to function as a true generic: it really is neutral as to the sex of the person it refers to.

6 Odpowiadać

Odpowiadać/odpowiedzieć na pytanie means *answer a question.* But **odpowiadać** + dative is a useful way of saying *suit.* Notice the dative of experiencer again. Other ways of talking about what suits someone include:

Czy pana urządza taki pokój?	*Does a room like that suit you?*
Czy taki pokój jest wygodny dla pana?	*Is a room like that convenient for you?*
Wygodnie panu w takim pokoju?	*Is it convenient for you in a room like that?*
Pasuje panu taki pokój?	*Does a room like that suit you?*

urządzać/urządzić *fix up*   **pasować** *fit, suit*

Related to **odpowiadać/odpowiedzieć** are **odpowiedź** (*answer*) and **odpowiedni** (*corresponding, suitable, appropriate*).

Nie było odpowiedzi.	*There was no answer.*
Mamy odpowiedni stolik wolny o wpół do dziewiątej.	*We have a suitable table free at half past eight.*

7 Having a laugh and bursting out laughing

Sometimes an imperfective verb has no single obvious perfective partner. **Śmiać się** (*laugh*) is one such. **Pośmiać się** is like *have a (bit of a) laugh,* while **roześmiać się** is *burst out laughing.*

8 If a woman's voice answers . . .

Did you notice whether the voice on the phone at the Wierzynek Restaurant was a man's or a woman's? Nothing Sally said gave away whether she was speaking to a man or woman, but twice the voice said **Nie zrozumiałam** and once it said **Zanotowałam sobie.** A man would have said **Nie zrozumiałem** and **Zanotowałem sobie.**

9 Talking about the past and about what could happen – introducing past and conditional forms of verbs

Look first at this sentence containing a past form **zrozumiałem** and a conditional form **chciałbym**:

Nie zrozumiałem, ale   *I haven't understood,*
  chciałbym zrozumieć.   *but I'd like to.*

You have not yet looked at the formation of past tenses in Polish. Note how the following examples can be taken apart:

masculine	*feminine*	*present of* **być** *for comparison*	*personal ending*
zrozumiałem	zrozumiałam	jestem	**-(e)m**
zrozumiałeś	zrozumiałaś	jesteś	**-(e)ś**
zrozumiał	zrozumiała	jest	*nothing*

There is also a neuter form **zrozumiało**. The **zrozumie-** of the dictionary form (remove the final **-ć**) changes to **zrozumia-** before the **ł** of the past. The **-ł-** indicates a past (non-present) form, and then **-a** or **-o** will be added if the subject is feminine or neuter. If the form is not third-person, **-m** is added to indicate 'I', **-ś** to indicate 'you'. If m or ś threatens to follow immediately after ł, e is added to separate them.

Don't be tempted to imagine that this breaking down of the forms is artificial or theoretical. Polish does it in practice; personal endings can migrate onto earlier words in sentence.

Coś zrobił?/Co zrobiłeś?   *What have you done? (to a man)*
Coś zrobiła?/Co zrobiłaś?   *What have you done?*
                             (to a woman)
Coś ty zrobił?   *What have you gone and*
                             done now?

You will see that past forms tell you something about their subjects that present forms do not – their gender. That was how you knew that the voice on the phone in the restaurant was female. Look at the following examples of *Where is / was the . . .?* with **ser** (*cheese*), which is masculine, **herbata** (*tea*), which is feminine, and **masło** (*butter*), which is neuter:

	masculine	feminine	neuter
Present:	Gdzie jest ser?	Gdzie jest herbata?	Gdzie jest masło?
	Jest w kuchni.	Jest w kuchni.	Jest w kuchni.
Past:	Gdzie był ser?	Gdzie była herbata?	Gdzie było masło?
	Był w kuchni.	Była w kuchni.	Było w kuchni.

Now look again at some conditional forms you have seen several times before:

masculine	feminine	past forms for comparison
chciałbym *I'd like*	chciałabym	chciałem, chciałam
wolałbyś *you'd prefer*	wolałabyś	wolałeś, wolałaś
zrozumiałby *(s)he'd understand*	zrozumiałaby	zrozumiał, zrozumiała

The principle of formation is the same as for past forms, except that the little word ('particle') **by** is added after the gender slot (**a, o** or nothing) and before the personal ending slot (**m, ś** or nothing). **By** also exists as a word in its own right:

Można by kupić samochód.	*It would be possible to buy a car.*
Trzeba by sprzedać dom.	*It would be necessary to sell the house.*
Film warto by obejrzeć.	*It would be worth seeing the film.*

The personal endings of conditional forms migrate, taking the particle **by** with them:

Gdybym miał czas, pojechałbym do Rosji.	*If I had time, I'd go to Russia.*
Żebyś wiedział(a).	*Just so that you know. / If only you knew.*

You will find that Polish is pretty strict about using **by** for talking about someone or something that doesn't exist:

Nigdy nie znał osoby, która
by go rozumiała.

*He had never known a person
who understood him. (He
never didn't know a person
who would have understood
him if only they'd existed!)*

10 Która godzina? *(What's the time?)* O której? *(At what time?)*

2400/0000	Północ.	O północy.
0100	Pierwsza.	O pierwszej.
	(Jest godzina pierwsza.)	(O godzinie pierwszej.)
0200	Druga.	O drugiej.
0300	Trzecia.	O trzeciej.
0400	Czwarta.	O czwartej.
0500	Piąta.	O piątej.
0600	Szósta.	O szóstej.
0700	Siódma.	O siódmej.
0800	Ósma.	O ósmej.
0900	Dziewiąta.	O dziewiątej.
1000	Dziesiąta.	O dziesiątej.
1100	Jedenasta.	O jedenastej.
1200	Dwunasta.	O dwunastej.
1300	Trzynasta.	O trzynastej.
1400	Czternasta.	O czernastej.
1500	Piętnasta.	O piętnastej.
1600	Szesnasta.	O szesnastej.
1700	Siedemnasta.	O siedemnastej.
1800	Osiemnasta.	O osiemnastej.
1900	Dziewiętnasta.	O dziewiętnastej.
2000	Dwudziesta.	O dwudziestej.
2100	Dwudziesta pierwsza.	O dwudziestej pierwszej.
2200	Dwudziesta druga.	O dwudziestej drugiej.
2300	Dwudziesta trzecia	O dwudziestej trzeciej.

There are other possibilities, which you will meet later, but the simplest way to give times in between the hours is to add a plain number of minutes.

Pociąg mam o trzynastej czternaście.	*My train is at 1314.*

If you want to avoid the twenty-four hour clock, subtract twelve hours after noon, and add **przed południem** (*before midday*), or **po południu** (*after midday*) to make it clear which half of the day you mean. *Two in the morning* is **Druga w nocy** in Polish. Poles clearly think that **noc** (*night*) is the most appropriate description, since it is dark and most people are in bed asleep. English, strangely when you think about it, tends to start using 'night' and 'morning' rather early:

Co robisz wieczorem?	*What are you doing tonight?*
Zadzwonił o czwartej w nocy.	*He rang at four in the morning.*

Wpół do . . . (not half past, but half to)

Describing the round half-hour, Polish looks forward to the next hour.

Jest wpół do trzeciej w nocy.	*It's half past two in the morning.*
Przyjdę wieczorem o wpół do szóstej.	*I'll come at half past five tonight.*

11 Przyprawy (seasonings)

Przyprawy (*seasonings*) are an important part of Polish cooking. Here are the names of some seasonings.

sól (fem., gen.: **soli**) *salt*	**papryka** *paprika*
musztarda *mustard*	**szałwia** *sage*
ocet (gen: **octu**) *vinegar*	**szczypiorek** *chives*
pieprz *pepper*	**koper** *dill*
kminek *caraway seeds*	**koper włoski** *fennel*
majeranek *marjoram*	**chrzan** *horseradish*
macierzanka *thyme*	**pietruszka** *parsley*
cynamon *cinnamon*	**tymianek** *thyme*

Sally and Agnieszka, exhausted from learning pasts, conditionals and how to tell the time, are recovering in the restaurant. They have decided what they want to eat, and now a waiter approaches them.

Kelner	Dobry wieczór. Co panie zamawiają?
Sally	Dobry wieczór. Poproszę kotlet cielęcy, ziemniaki i surówkę.
Agnieszka	A dla mnie barszczyk z pasztecikiem, stek, ziemniaki i mizerię.

Kelner	Czy podać coś do picia?
Agnieszka	Poproszę wodę mineralną.
Sally	A ja poproszę sok pomarańczowy.
Kelner	Niestety, nie ma soku pomarańczowego.
Sally	A czy jest piwo?
Kelner	Tak, jest.
Sally	To poproszę.
Kelner	Służę paniom. (*odchodzi*)
Agnieszka	Sympatyczny facet.

---

kelner(ka) *waiter (waitress)*
panie (pani) *you (ladies)*
zamawiają (zamawiać/zamówić) *are ordering*
kotlet cielęcy *veal cutlet*
ziemniaki *potatoes*
surówkę (surówka) *side salad*
barszcz(yk) *beetroot soup*
z pasztecikiem pasztecik (pasztet) *with savoury pasty*
stek *steak*
mizeria *cucumber salad*
podać (podawać/podać) *serve*

coś do picia (picie, pić) *something to drink*
wodę mineralną (woda mineralna) *mineral water*
sok pomarańczowy *orange juice*
piwo *beer*
to poproszę *I'll have that, then, please*
służę (służyć/posłużyć) *I serve (Certainly. At your service.)*
odchodzi (odchodzić/odejść) *he goes away (on foot)*
sympatyczny facet *a nice chap*

When the main course is over . . .

Kelner	Czy chciałyby panie zamówić coś na deser?
Agnieszka	Tak, poproszę lody i kawę.
Sally	A ja poproszę galaretkę z owocami i herbatę.
Kelner	Proszę uprzejmie.
Agnieszka	To się nazywa obsługa.

---

coś *something, anything*
na deser *for dessert*
lody *ice cream*
kawę (kawa) *coffee*
galaretkę (galaretka) *jelly*
z owocami (owoc) *with fruit*

herbatę (herbata) *tea*
proszę uprzejmie *certainly* (lit. *please politely*)
to się nazywa obsługa (nazywać się) *there's service for you*

When the meal is over, the ladies are ready to pay the bill.

Sally	Przepraszam pana. Chciałybyśmy uregulować rachunek.
Kelner	Oczywiście, proszę bardzo. Oto pań rachunek.
Sally	Dziękuję. Proszę zatrzymać resztę.
Kelner	Uprzejmie paniom dziękuję. Do widzenia.

(u)regulować rachunek *pay the bill, settle up* **pań rachunek** *your bill, ladies* **zatrzymać** (zatrzymywać/zatrzymać) *keep*	**resztę** (reszta) *the change* **uprzejmie paniom dziękuję** *thank you kindly, ladies*

--------- **Komentarz** ---------

Obsługa w restauracjach *(service in restaurants)*

In the majority of restaurants you just take any available table, without making a reservation or waiting for a waiter or waitress to take you to a table. If the restaurant is particularly crowded you may want to share a table with somebody else. If so, you should enquire:

> Przepraszam, czy to miejsce   *Excuse me, is this seat free?*
> jest wolne?

The reply may be: **Tak, wolne**, in which case sit down; or: **Niestety zajęte**, in which case carry on looking!

These expressions are also used on trains and buses.

Sally and Agnieszka are clearly impressed by the waiter's politeness and solicitude. It is in fact quite common for waiters to be liberal with terms like **Proszę uprzejmie, Bardzo proszę, Już podaję, Służę paniom, Już przyniosę** (*I'm bringing it now*). An old student joke suggests that such politeness should never be taken for granted:

> Co jest białe i brudne i ucieka,   *What is white and dirty and*
> jak się je woła?   *runs away when you call it?*
> Nie wiem.   *I don't know.*
> Kelner.   *A waiter.*

Napiwki *(tips)*

There are no rigid rules for giving **napiwek** (*a tip*). Some people give 10% as a matter of course, while others ask the waiter (**kelner**) or waitress (**kelnerka**) to keep the change, as Sally did. Yet another group of people give a tip only if the service is exceptionally good – performance-related tipping, you might say.

Toaleta *(WC)*

This is a practical course, and we ought to spend a few moments discussing toilets in Poland. First of all you need to find a toilet. If you are a man, look for a triangle on the door; if you are a woman, look for a circle. In buildings where people's rooms are numbered, you sometimes find the (unisex) toilet numbered 00. The following vocabulary will be useful.

toaleta damska	*ladies' toilet*
toaleta męska	*gents' toilet*

WC is self-explanatory. Remember to pronounce the names of the letters [wu ce]. The plural is pronounced [wucety]. **Ubikacja** and **ustęp** also mean *toilet*.

Sedes is what you sit on when you have found your toilet, and gents' toilets usually contain **pisuary** *(urinals)* as well. Unless you are very unlucky, the **sedes** will be in a **kabina** *(cubicle)*.

Here are some more, related signs for you to look out for.

za użycie kabiny	*for using a cubicle*
5 000 zł	*5 000 zlotys (hopefully old zlotys)*

You may also see signs in the street advertising a subterranean **szalet** *(public convenience)*.

umywalnia	*washroom*
toaleta płatna	*toilet where you have to pay*

Most public toilets in Poland have an attendant who looks after things and collects the charges. They are tough and mean business. Don't be surprised if there are separate charges for **pisuar**, **użycie kabiny**, **mydło** *(soap)*, **papier toaletowy** *(toilet paper)*, and even **ręcznik** *(a towel)*. Mercifully **suszarki** *(hand-dryers)* seem to be free of charge.

Language patterns

1 Tea jelly?

Polish endings help to prevent ambiguities. Sally asks for **galaretkę z owocami i herbatę**, literally *jelly with fruit and tea*. This wording in English might lead you to expect a novel mixture of flavours in the jelly – fruit and tea. But only **owocami** is an instrumental form appropriate to **z** (*with*). **Herbatę** is an accusative form, suitable as a direct object (like **galaretkę**) to **poproszę**.

2 Panie i panowie

The waiter addresses Sally and Agnieszka as **panie**. This is the normal way to address women with whom you are not on familiar terms. If James and Jurek were here instead of Agnieszka and Sally, the waiters and waitresses would be using **panowie**. If all four were together, they would use **państwo**.

Co panie zamawiają?	*What are you ordering?* (to women)
Co panowie zamawiają?	*What are you ordering?* (to men)
Co państwo zamawiają?	*What are you ordering?* (to a mixed group)

What follows is a table setting out some forms of **pan**, etc., in the context of six phrases, each requiring a different case. Here are the cases and phrases:

Nominative (subject, dictionary form):	**Co ... zamawia(ją)**	*What are you ordering?*
Accusative (direct object of verb):	**Znam ....**	*I know you.*
Genitive (possession)	**Dla ...?**	*(What can I get) for you?*
Dative:	**Służę ....**	*At your service.*
Instrumental (means):	**z ...**	*With you.*
Locative:	**o ...**	*About you.*

one person		several people		
male	*female*	*male*	*female*	*mixed*
Co pan zamawia?	Co pani zamawia?	Co panowie zamawiają?	Co panie zamawiają?	Co państwo zamawiają?
Znam pana.	Znam panią.	Znam panów.	Znam panie.	Znam państwa.
Dla pana?	Dla pani?	Dla panów?	Dla pań?	Dla państwa?
Służę panu.	Służę pani.	Służę panom.	Służę paniom.	Służę państwu.
z panem	z panią	z panami	z paniami	z państwem
o panu	o pani	o panach	o paniach	o państwu

3 Accusative forms are the order of the day

When you place your order, you are likely to use the accusative form of the items concerned. Even if no verb is present, there is an implied **Proszę (o)** . . . (*Please could I have* . . .) or **Zamawiam** . . . (*I'd like to order* . . .), which is completed by an accusative.

Dla mnie zupę ogórkową, bułeczkę z masłem, polędwicę i wodę mineralną.

Ćwiczenia
---

1 Give natural English versions of the following:

(a) Chciałbym zarezerwować stolik na dwie osoby na siódmą piętnaście.
(b) Jest piwo?
(c) Przepraszam, ale nie zrozumiałem.
(d) Możesz kupić samochód, jeżeli (*if*) masz pieniądze.
(e) Gdybym miał czas, pojechałbym do Wiednia (Wiedeń *Vienna*)
(f) Poproszę sznycel po wiedeńsku i herbatę po angielsku.
(g) Przychodzi o czwartej po południu.
(h) Nigdy nie znał Angielki, która by go rozumiała.
(i) Podać coś do picia?
(j) Co dla pań?
(k) Kelnerka jest bardzo sympatyczna.
(l) Czy to daleko?
(m) Co pani robiła wczoraj (*yesterday*) wieczorem?
(n) Wolałbym zarezerwować stolik w restauracji.

2 Complete the conversation by matching the responses below to the turns in the conversaton.

(*1*) Dzień dobry, chciałbym zarezerwować stolik. (*2*) Michałowski. (*3*) Na jutro. (*4*) Na wpół do ósmej wieczorem.

X   Restauracja Pod Basztą, słucham.
You (a) . . .
X   Na kiedy?
You (b) . . .
X   Na którą godzinę?

You (c) . . .
X   Poproszę o pana nazwisko.
You (d) . . .
X   Dziękuję, zanotowałem.

3 Some sentences have got mixed up together again (see unit 4, exercises). Try to unravel them.

(a) Czy nazwisko takim pani pani pani powtórzyć?
(b) Czy o i razie.
(c) W to mogłaby poproszę telefon odpowiada?

4 Try this herb and seasoning crossword

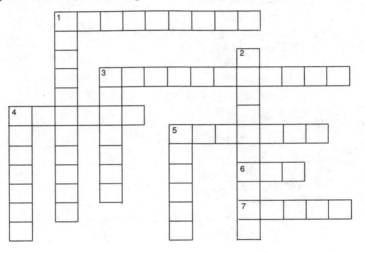

Poziomo *(horizontally)*
(1) marjoram
(3) chives
(4) horseradish
(5) paprika
(6) salt
(7) dill

Pionowo *(vertically)*
(1) thyme
(2) parsley
(3) sage
(4) cinnamon
(5) pepper

5 Fill in the gaps with the words supplied.

było   razie   sobie   soku   osób   odpowiedzi   odpowiada

(a) W takim . . . poproszę o pana nazwisko.

(b) Nie zrozumiałam . . . .
(c) Już zanotowałem . . . .
(d) Czy taki pokój panu . . . ?
(e) Gdzie . . . masło?
(f) Niestety nie ma . . . grejpfrutowego.
(g) Chciałbym zarezerwować stolik dla trzech . . . .

6 Participate in the conversation, as suggested:

X   O której przyjdziesz do mnie?
You   *Say you'd like to come at six in the evening.*
X   Możemy gdzieś pójść (*go somewhere*).
You   *Say you'd love to.*
X   Może do jakiejś dobrej restauracji?
You   *Say you'd prefer to go to the cinema* (do kina).
X   Na jaki film byś chciał(a) pójść?
You   *Say you'd rather like to go to a thriller* (dreszczowiec) *or a historical film.*
X   Dobrze, postaram się o (*I'll try to get*) bilety.

7 Put into Polish.

(a) I prefer Vienna to Moscow.
(b) I don't like flying.
(c) I don't feel like tea.
(d) We have time to go to a good restaurant.
(e) Do you fancy a coffee?
(f) What are you doing tonight? Nothing particular.
(g) I'd like to exchange pounds into zlotys.

8 Answer the question **Która godzina?** (*what's the time*), using the times shown.

Example: 1524 Piętnasta dwadzieścia cztery.

0700   0100   1100   0230   2200   1520   0830   0900   1030
1035   2400 (północ)   1930

9 Answer the question **O której (godzinie)?** (*At what time?*), using the times shown.

Example: 2318 O dwudziestej trzeciej osiemnaście.

0600   0630   0535   0030   1700   1735   2030   2034   0400
0415   0310   1400

10 Answer these questions about yourself.

Wolisz pomarańcze czy cytryny?
Wolisz kawiarnie czy restauracje?
Wolisz kino czy teatr?
Wolisz koncert czy balet?
Wolisz jeździć pociągiem czy autobusem?
Czy palisz?
Czy jesteś wierzący/wierząca?
Chciał(a)byś pojechać do Polski?

Now revise how to:

● ask whether a destination is far away

Czy to daleko?

● make a reservation

Chciał(a)bym zarezerwować stolik/pokój.

● check into a hotel

Mam zarezerwowany pokój jednoosobowy na trzy dni.

● order food in a restaurant

Poproszę zupę jarzynową, sznycel po wiedeńsku i lody.

● ask for a seat at a table

Czy to miejsce jest wolne?

● address groups of men and groups of women

Proszę panów/pań/państwa.

● tell the time

Jest godzina szósta.
Przyjdę o ósmej wieczorem.

● talk about past events

Nie zrozumiałem.
Byłem w Polsce.

● talk about conditions and unreal situations

Gdybyś była Polką, rozumiałabyś mnie.
Wolałbym być gdzie indziej.   *I'd rather be somewhere else.*

9
UMAWIAMY SIĘ
We make a date

In this unit you will learn how to

- talk about things due to happen in the future
- ask for and give information about travel
- talk in more ways about times and dates
- talk about different kinds of conditions

Dialog

James and his fellow students are going to spend a week travelling around in southern Poland. They plan to stay on campsites and in hostels. Grzegorz, their Polish tutor, explains the itinerary.

Grzegorz Zaczniemy naszą podróż jutro rano. Najpierw pojedziemy pociągiem z Warszawy do Krakowa. W Krakowie przesiądziemy się na autobus do Zakopanego. W Zakopanem weźmiemy taksówkę, która dowiezie nas do schroniska. Potem będziemy już tylko chodzić piechotą.

James Czy podróżowanie pociągiem po Polsce jest męczące?

Grzegorz Nie. Pociągi ekspresowe są szybkie i dość wygodne. Teraz są nawet tak zwane pociągi hotelowe...

James O której będziemy w Krakowie?

Grzegorz Zgodnie z rozkładem jazdy o dwunastej w południe.

James Czy będziemy mieli trochę czasu w Krakowie na zwiedzanie?

Grzegorz W drodze do Zakopanego — nie, ale zorganizujemy osobny wyjazd dwudniowy do Krakowa i okolic. Zwiedzimy między innymi Oświęcim i Wieliczkę.

James Wycieczka zapowiada się ciekawie.

zaczniemy (zaczynać/zacząć) *we'll begin*	**dość** (dosyć) *fairly, quite, ... enough*
naszą (nasz) *our*	**wygodne** (wygodny) *comfortable, convenient*
podróż (fem.) *trip*	**zgodnie** (zgodny) *agreeable, in agreement*
jutro *tomorrow*	
rano *morning, in the morning*	**zgodnie z** (+ instr.) *according to*
najpierw *first (of all)*	**rozkładem jazdy** (rokład, jazda) *timetable* ('layout of travel')
pojedziemy (jechać/pojechać) *we'll go (on wheels)*	**w południe** *at midday*
pociągiem (pociąg) *by train*	**będziemy mieli** (mieć) *we will have*
z ... do ... *from ... to ...*	**trochę czasu** (trochę, czas) *a bit of time*
przesiądziemy się (przesiadać/ przesiąść (się)) *we'll change*	**czas na zwiedzanie** (zwiedzać/zwiedzić) *time to look around*
która (który) *which, that*	
dowiezie (dowozić/dowieźć) *will take (on wheels)*	**w drodze** (droga) *on the way*
do schroniska (schronisko) *(youth) hostel*	**do Zakopanego** *to Zakopane*
	w Zakopanem *in Zakopane*
potem *after that, then, later, afterwards*	**zorganizujemy** (organizować/ zorganizować) *we'll arrange*
będziemy chodzić (chodzić) *we will walk (around)*	**osobny wyjazd** *a separate trip*
	dwudniowy *two-day*
piechotą/na piechotę/pieszo *on foot*	**do ... okolic** (okolica) *to the surrounding districts*
podróżowanie (podróżować) *travel(ling)*	**między innymi** (inny) *among other things/here: places*
po Polsce (Polska) *around Poland*	**Oświęcim** *Oświęcim/Auschwitz*
po (+ loc.) *after; around*	**Wieliczkę** (Wieliczka) *Wieliczka*
pociągi (pociąg) *trains*	**wycieczka** *outing, excursion*
ekspresowe (ekspresowy) *express, expresso*	**zapowiada się** (zapowiadać/zapowiedzieć się) *promises to be*
tak zwany *so called*	
hotelowe (hotelowy) *hotel* (adj.)	**ciekawie** (ciekawy) *interesting*
szybkie (szybki) *quick*	

Na dworcu *(At the station)*

James has decided to buy his ticket to Kraków in advance. Now he is at the booking office at the railway station.

James	Dzień dobry. Poproszę bilet z miejscówką na ekspres „Tatry" do Krakowa.
Kasjerka	Na kiedy?
James	Na czternastego lipca.
Kasjerka	Czy chciałby pan bilet w jedną stronę czy powrotny?
James	Poproszę powrotny.
Kasjerka	Kiedy będzie powrót?
James	Dwudziestego pierwszego lipca.
Kasjerka	W której klasie?
James	W pierwszej.
Kasjerka	Dla palących czy niepalących?
James	Dla niepalących poproszę.
Kasjerka	Proszę bardzo.
James	Dziękuję bardzo.

---

z miejscówką (miejscówka) *with reservation*
czternastego lipca (lipiec) *on 14 July*
bilet w jedną stronę (jeden, strona) *one-way ticket, single*
bilet powrotny *return ticket*
powrót *return*

dwudziestego pierwszego (dwudziesty pierwszy) *on 21 July*
w której klasie (który, klasa) *(in) which class*
w pierwszej (klasie) *(in the) first class*

W informacji *(At the information desk)*

James	Przepraszam, z którego peronu odchodzi pociąg ekspresowy do Krakowa?
Urzędnik	Z peronu drugiego.
James	Dziękuję bardzo.

Umawiają się *(They make plans together)*

Meanwhile, Sally and Basia are planning to go out together the following day. They are arranging when and where to meet.

Sally	Basiu, gdzie się spotkamy?
Basia	Może w Ogrodzie Saskim przy fontannie?
Sally	Gdzie jest ta fontanna?
Basia	Tuż za Grobem Nieznanego Żołnierza. Zobaczysz ją z daleka.
Sally	Jakie autobusy jadą w kierunku Ogrodu Saskiego?

Basia	Nie jestem pewna, ale chyba 156 (sto pięćdziesiąt sześć) i 189 (sto osiemdziesiąt dziewięć). Musisz to sprawdzić na planie Warszawy.
Sally	Dobrze, sprawdzę. O której się spotkamy?
Basia	Zależy, o której skończysz pracę.
Sally	Może o czwartej?
Basia	Niech będzie czwarta. Dostosuję się.
Sally	W takim razie do zobaczenia jutro o czwartej.
Basia	No to do jutra.

spotkamy (spotykać się/spotkać się)
we'll meet, we can meet
może *perhaps, maybe*
w Ogrodzie Saskim (Ogród Saski)
in the Saxon Garden
przy fontannie (fontanna) *by the fountain*
tuż za grobem (grób) *just behind the grave, tomb*
Nieznanego Żołnierza (nieznany żołnierz) *of the Unknown Soldier*
w kierunku (kierunek) *in the direction*
zobaczysz (widzieć/zobaczyć) *you'll see, catch sight of*
ją (ona) *it*
z daleka *from a long way off*
pewna (pewny/pewien) *sure*

sprawdzić (sprawdzać/sprawdzić) *check (up)*
w takim razie (taki, raz) *in that case*
na planie (plan) *on the map*
(to) zależy (zależeć) *it depends*
skończysz (kończyć/skończyć) *you (will) finish*
pracę (praca) *work*
niech będzie (być) lit. *let it be*
Niech będzie czwarta *Four o'clock will do*
dostosuję się do (dostosowywać się/dostosować się) *I'll fit in with*
do zobaczenia (zobaczyć) *see you (soon)*
do jutra (jutro) *see you tomorrow*

Komentarz

---

1 Środki lokomocji — Czym można podróżować? *(Methods of transport — How can you travel?)*

Jakim/Którym środkiem lokomocji?

By what / which means of transport?

instrumental form	dictionary form	by ...
autobusem	autobus	*bus*
autokarem	autokar	*coach*
koleją podziemną	kolej podziemna	*underground*
kolejką	kolejka	
linowo-terenową	linowo-terenowa	*funicular railway*
kolejką linową	kolejka linowa	*cable-car*
metrem	metro	*metro*
pociągiem	pociąg	*train*
promem	prom	*ferry*
rowerem	rower	*bicycle*
samochodem	samochód	*car*
statkiem	statek	*ship*
taksówką	taksówka	*taxi*
tramwajem	tramwaj	*tram*
trolejbusem	trolejbus	*trolleybus*

Takie podróżowanie (*that kind of travel*) (podróżowanie pociągiem itp.) jest ...

neuter form to agree with **podróżowanie**	dictionary form	meaning
bezpieczne	bezpieczny	*safe*
ciekawe	ciekawy	*interesting*
fascynujące	fascynujący	*fascinating*
interesujące	interesujący	*interesting*
męczące	męczący	*tiring*
niebezpieczne	niebezpieczny	*dangerous*
nudne	nudny	*boring*
popularne	popularny	*popular*
powszechne	powszechny	*universal*

2 Wieliczka *and* Oświęcim

Wieliczka, near Kraków, has a famous salt-mine. Also not far from Kraków is the notorious concentration camp at Auschwitz, in Polish **Oświęcim**. The former is much more interesting than it sounds. The latter is not a pleasant day out, but everybody should pay a visit there.

3 Rodzaje pociągów *(kinds of train)*

pociągi bywają (*are, can be*):

osobowe	*local*
pospieszne	*fast (limited stop)*
ekspresowe	*express*
hotelowe	*luxury*
podmiejskie	*suburban*
międzynarodowe	*international*
z rezerwacją	*with seats reservable*
z miejscami do leżenia	*with couchettes*
z wagonem sypialnym	*with sleeping car*
z wagonem restauracyjnym	*with a dining car*
całkiem/całkowicie	*with reserved seats*
objęte rezerwacją	*only*

In Poland, prices of tickets depend not so much on distance as on the speed and comfort of the journey. Thus the cheapest way of travelling by train for example from Radom to Warsaw (about 100km) is by **pociąg osobowy** (*local train*), which covers the distance in about two and a half hours. The express train is quicker, taking about one hour fifteen minutes, and much more comfortable, but the price is double.

peron, tor *(platform and track)*

The layout of Polish railway stations is different from stations in Britain. Each **peron** (*platform*) has two **tory** (*tracks, lines*), and each **tor** has a number. So a typical platform announcement might be:

Pociąg ekspresowy z Warszawy do Krakowa odjeżdża z toru trzeciego przy peronie drugim. Proszę zachować ostrożność i odsunąć się od toru.

The express from Warsaw to Kraków is now departing from Line 3 at Platform 2. Please keep away from the edge of the platform.

kolejka linowa na Kasprowy Wierch *(the cable car to Kasprowy Wierch)*

Kolejka linowa na Kasprowy Wierch is one of the chief attractions of Zakopane. If you do not like getting up at crack of dawn, try to book a ticket in advance, as the cable car is always very crowded. Kasprowy Wierch is a popular place with skiers, walkers, meteorologists (there is a weather station there), and sun-lovers, as it is one of the best places for getting a winter suntan.

koleje wąskotorowe *(narrow-gauge railways)*

If you are a steam or narrow-gauge railway enthusiast, Poland is definitely a place you should visit. Poland's varied history has produced a rich transport heritage.

jak to bilet powrotny? *(what do you mean return ticket?)*

There is a possible ambiguity in Polish, as in English, about **bilet powrotny** (*return ticket*). Does it mean a two-way ticket as opposed to a one-way ticket, or does it mean the ticket for the journey back only? The ambiguity can be resolved in Polish by saying **bilet w obie strony** or **bilet w dwie strony** (*ticket in both / two directions*).

przesiadka *(changing buses, trains, etc.)*

To change, get on a different bus, train, etc. is **przesiadać/ przesiąść**, which can be used with or without **się**. A change is **przesiadka**:

Jedziemy do Zakopanego z
  przesiadką w Katowicach.
Jadę bez przesiadki.

*We're going to Zakopane, with
  a change in Katowice.*
I don't need to change.

4 Have a good trip!

Wish a traveller a good trip by saying **Szczęśliwej podróży!** You normally wish a driver a good trip by saying **Szerokiej drogi!** (*wide road*). Both these expressions are in the genitive form, because **Życzę** (*I wish (you)*) is implied, and **życzyć** takes a genitive form of what is wished.

Życzę paniom miłego pobytu.   *I wish you (ladies) a pleasant stay.*

5 Fałszywi przyjaciele *(False friends)*

False friends are words that look as if they ought to mean the same, but in fact mean different things. Here are some examples.

Polish	British English
transport	*consignment, haulage*
komunikacja miejska	*public transport*
łączność	*(posts and tele) communications*
wideotelefon	*video-phone*
wideofon (magnetowid)	*video recorder*
kemping	*campsite*
smoking	*dinner-jacket*
palenie	*smoking*
parking	*car park*
parkowanie	*parking*
fragment	*excerpt, extract, detail*
szczątek	*fragment*
magazyn	*store, warehouse*
czasopismo	*magazine*
relaks	*relaxation*
market	*small supermarket*
sympatyczny	*likeable*
życzliwy (współczujący)	*sympathetic*
ewentualnie	*come to that, in the event*
ostatecznie	*eventually*
aktualnie	*currently*
właściwie	*actually*

Words you recognize may turn out to have unexpected additional meanings:

hotel	*hotel, but also hostel*
turysta	*tourist, but also walker, hiker*
magazyn	*warehouse, store, warehouse, regular TV programme*

6 More about telling the time

First, here are some useful expressions.

kwadrans	*quarter of an hour*
półgodziny	*half-hour*

za (+ accusative) (*in ..... 's time*):

za kwadrans	*in a quarter of an hour's time*
za kwadrans szósta	*(at / it's) a quarter to six*

po (+ locative):

kwadrans po ósmej	*(it's / at) a quarter past eight.*
punkt piąta	*five o'clock on the dot*
po piątej	*after five (up till, say, twenty past?)*
od piątej w dół	*any time after five*
przed ósmą	*before eight (from say, twenty to?)*
najpóźniej o ósmej	*any time up to eight o'clock*

You are now in a position to talk in more detail about times.

Jest pięć po wpół do czwartej.	*It's twenty-five to four (lit. five after half to four)*
Zostało nam tylko dziesięć minut (czasu).	*We've only got ten minutes left.*
Został nam kwadrans (czasu).	*We've got a quarter of an hour left.*
Wracam za pięć minut.	*I'm coming back in five minutes.*
Wrócił po pięciu minutach.	*He came back five minutes later.*
więcej/mniej niż półgodziny	*more / less than half an hour*
Masz chwilę czasu?	*Have you got a moment?*
To nie zajmie dużo czasu.	*It won't take long.*
Nie mam czasu.	*I don't have time.*

Jak ten czas leci!	*How time flies!*
Czas to pieniądz.	*Time is money.*

Radio announcers, rather than saying what time it is, usually say what time it is about to be, or what time it has just been.

Dochodzi godzina dwudziesta trzecia.	*11 p.m. is coming up.*
Minęła godzina osiemnasta.	*6 p.m. has passed.*

7 Dni tygodnia *(days of the week)*

	on ... day	see you ... day	
niedziela	w niedzielę	do niedzieli	*SUN*
poniedziałek	w poniedziałek	do poniedziałku	*MON*
wtorek	we wtorek	do wtorku	*TUE*
środa	w środę	do środy	*WED*
czwartek	w czwartek	do czwartku	*THU*
piątek	w piątek	do piątku	*FRI*
sobota	w sobotę	do soboty	*SAT*

These names for the days of the week make sense, and are not pagan in origin like the English ones:

- **Działać** (*act*) gives you the name for Sunday, the Christian day of rest when you don't work — **niedziela.**
- The day after **niedziela** is Monday — **poniedziałek.**
- The second weekday is named after **wtóry,** an old word for *second* (compare **powtórzyć,** *repeat*) — **wtorek.**
- The middle weekday is **środa** (compare **środek,** *middle, inside* and **średni,** *average*).
- Thursday is the fourth weekday — **czwartek** (compare **cztery** and **czwarty**).
- Friday, the fifth weekday — **piątek.**
- Saturday, the seventh day, the Jewish sabbath — **sobota.**

other familiar and new expressions for talking about days

dziś (dzisiaj)	*today*
w tym tygodniu	*this week*
jutro	*tomorrow*
w przyszłym tygodniu	*next week*
wczoraj	*yesterday*

w zeszłym/ubiegłym tygodniu	*last week*
pojutrze	*tomorrow*
popojutrze	*in two days' time*
za dwa tygodnie	*in two weeks*
za trzy miesiące	*in three months*
przedwczoraj	*the day before yesterday*
dwa tygodnie temu	*two weeks ago*
codziennie	*every day*
co tydzień	*every week*

The dictionary form of the word **tydzień** lacks **-go-** which features in its other forms:

Jestem w Zakopanem od dwóch tygodni.	*I've been in Zakopane for two weeks.*
Jedzie do Bydgoszczy na trzy tygodnie.	*(S)he's going to Bydgoszcz for three weeks.*

A weekly paper or magazine is called a **tygodnik**.

8 Nazwy miesięcy *(Names of months)*

It is . . .	*in. . .*	*see you in. . .*	
styczeń	w styczniu	do stycznia	*JAN*
luty	w lutym	do lutego	*FEB*
marzec	w marcu	do marca	*MAR*
kwiecień	w kwietniu	do kwietnia	*APR*
maj	w maju	do maja	*MAY*
czerwiec	w czerwcu	do czerwca	*JUN*
lipiec	w lipcu	do lipca	*JUL*
sierpień	w sierpniu	do sierpnia	*AUG*
wrzesień	we wrześniu	do września	*SEP*
październik	w październiku	do października	*OCT*
listopad	w listopadzie	do listopada	*NOV*
grudzień	w grudniu	do grudnia	*DEC*

A monthly magazine is a **miesięcznik**.

Święta i rocznice obchodzone tradycyjnie w Polsce.
(Holidays and anniversaries traditionally celebrated in Poland.)

styczeń	1.01 **Nowy Rok** (*New Year*)
	6.01 **Trzech Króli** (*Twelfth Night / Epiphany*)

luty/marzec	**popielec/środa popielcowa** (*Ash Wednesday*)
marzec/kwiecień	**Wielkanoc** (*Easter*)
czerwiec	**Boże Ciało** (*Corpus Christi*)
listopad	1.11 **Wszystkich Świętych** (*All Saints Day*)
	2.11 **Zaduszki** (*All Soul's Day*)
	11.11 **Dzień Niepodległości** (*Independence Day*)
grudzień	6.12 **Świętego Mikołaja** (*St Nicholas' Day*)
	24.12 **Wigilia** (*Christmas Eve*)
	25–26.12 **Boże Narodzenie** (*Christmas*)

pory roku (seasons)

dictionary form	*in . . .*	
zima	zimą, w zimie	*winter*
wiosna	wiosną, na wiosnę	*spring*
lato	latem, w lecie	*summer*
jesień	jesienią, na jesieni	*autumn*

You may also come across **przedzimie**, **przedwiośnie**, and **późna jesień** (*beginnings of winter, beginnings of spring, late autumn*).

Złota polska jesień (*the golden Polish autumn*) is an exceptionally beautiful time of year in Poland (September/October) when the days are still warm and the changing colours of the leaves look superb.

Here are some expressions connected with months and years:

o tej porze roku	*at this time of year*
w tym miesiącu/roku	*this month / year*
w przyszłym miesiącu/roku	*next month / year*
w zeszłym miesiącu/roku	*last month / year*
co miesiąc/rok	*every month / year*
za dwa miesiące/lata	*in two months'/ years' time*
osiem miesięcy/lat temu	*eight months / years ago*

The plural of **rok** (*year*) is borrowed from the plural of **lato** summer:

jeden rok	*one year*
(dwadzieścia) dwa trzy, cztery lata	*(twenty-) two, three, four years*
kilka, pięć, sześć, sto lat	*several, five, six, a hundred years*
trzydzieści (jeden) lat	*thirty (-one) years*

Language patterns

1 Future of imperfective verbs

As you know, perfective verbs have no present tense. Their future is formed by exactly the same means as the present of imperfective verbs:

Robię sweter na drutach · *I'm knitting a sweater ('I'm making a sweater on wires').*

Zrobię sweter na drutach · *I'll knit a sweater.*

Imperfective verbs form their future with the help of the future of **być – będę**, etc. Future forms of **być** are combined EITHER with the dictionary form of an imperfective verb OR with what looks like the past form without any personal ending.

Będę na ciebie czekać/czekał(a). · *I'll be waiting for you.*
Czy pan(i) będzie miał(a) trochę czasu na zwiedzanie Poznania? · *Will you have a bit of time to look round Poznań?*
Sally i Basia będą jeszcze długo rozmawiały o wszystkim, co się stało. · *Sally and Basia will be talking about everything that's happened for a long time yet.*
Pociąg będzie jechał z szybkością trzystu kilometrów na godzinę. · *The train will be travelling at ('with a speed of') 300 kilometres an hour.*
Potem będziesz chodził na piechotę. · *After that you'll go around on foot.*

Będę, etc. should come before the **-ł-** forms, while dictionary forms can precede or follow **będę**, etc. You may already be concluding that it is easier by far to stick to dictionary forms for futures of imperfective verbs. However, there are two points to bear in mind. Firstly, Poles use the **-ł-** forms a lot, especially when talking about people. Secondly, using the **-ł-** forms gives you practice in using forms that you are going to need for past events, and unreal situations, anyway.

Notice, too, that *I'll want to* and *I'll have to* MUST be **Będę chciał(a)** and **Będę mógł/mogła**. Do not use the dictionary forms **chcieć** and **móc** to form the future of these two verbs.

2 Future conditions

English uses present forms to talk about future conditions. Polish uses future forms:

Kiedy pan(i) będzie w
Warszawie, niech pan(i)
zadzwoni do mnie.

*When you are in Warsaw, give
me a ring.*

Kiedy do was przyjadę, będę
strasznie zmęczony.

*When I arrive at your place,
I'll be terribly tired.*

You will notice that English-speaking Polish friends carry this over into English, saying things like, 'When I will be in England, I'll come and see you.'

These are potentially real conditions, which may be fulfilled in the future.

Jak będziesz chciał(a), zadzwoń
do mnie wieczorem.

If you want to, ring me tonight.

Będę chciał(a), ale nie wiem,
czy będę mógł/mogła.

*I'll want to, but I don't know
whether I'll be able to.*

Jak będę mógł/mogła, to
zadzwonię na pewno.

If I can, I'll ring for sure.

The conditional form with **by** is used for more hypothetical, remote, or unreal conditions. Compare these examples:

Jak będziesz miał ochotę,
przydź jutro.

If you feel like it, come tomorrow.

Gdybyś miał ochotę, mógłbyś
przyjść jutro.

*If you felt like it, you could come
tomorrow.*

Gdybyś mnie naprawdę kochał,
pisałbyś do mnie listy.

*If you really loved me you'd
write me letters.*

3 Niech – *a very useful word*

Niech is like English *let*.

Niech on sam powie.
Niech ja to zrobię.

Let him tell you himself.
Let me do that.

Because Polish uses third-person forms for polite address, **niech** provides a straightforward polite way of asking or telling people what to do.

Niech pan(i) siada.   *Do sit down.*
Niech pan(i) poda imię,   *Give your first name, surname*
  nazwisko i adres.   *and address.*
Niech państwo się nie śmieją.   *Don't laugh (ladies and*
       gentlemen).
Niech pan(i) się nie przejmuje.   *Don't worry*
Niech pani zapyta kierownika.   *Ask the manager.*

---

przejmować/przejąć się (+ instrumental) *worry about*

Saying *Let's. . .* in Polish involves adding **–my** to a special form which
you have not considered yet, though you do know a few examples of it.

Zadzwoń.   *Ring.*
Zadzwońmy.   *Let's ring.*
Jurek, chodź!   *Come one, Jurek!*
Chodźmy.   *Let's go.*
Idź do diabła!   *Go to the devil! Get lost!*

You also add **–cie** to this form when telling a group of people, with
whom you are familiar, what to do.

Chodźcie, dzieci.   *Come on, children.*

4 Formy męskoosobowe *(virile (masculine-personal) forms)*

Look at these two examples:

Czy będziemy mie**li** trochę   *Will we have a little time in*
  czasu w Krakowie?   *Kraków?*
Będziemy chodzi**li** na piechotę.   *We'll walk around on foot.*

A characteristic feature of Polish is that it has special forms for
referring to masculine persons, or groups including masculine
persons. Compare the following:

Basia i Sally (będą) jadły obiad   *Basia and Sally were (will be)*
  w restauracji.   *having dinner in a restaurant.*
James i Grzegorz (będą) jedli . . .
Jurek i Maria (będą) jedli . . .

Note that it is **grammatically masculine** persons, rather than **biologically male** persons that need virile forms. For example, **dziecko** (*child*) is neuter, so **dzieci** (*children*) does not require a virile form even if some or all of the children are male. Similarly **osoba** (*person*) is feminine (though genuinely generic), and does not require a virile form, even if the persons concerned are male.

Pewne osoby się śmiały.

Certain people were laughing (quite possibly men).

Niektóre dzieci chorowały.

Some of the children were ill (quite possibly boys).

chorować *be ill*	**chory** *ill*

Do not try to absorb all the details now. But be aware of the issue, and get used to noticing which forms are used in the dialogues. Start by looking at some more examples:

Gdyby chłopcy chcieli, mogliby pójść na basen.

If the boys wanted to, they could go to the swimming pool.

Gdyby dziewczyny chciały, mogłyby. . .

If the girls. . .

Moi rodzice nie będę się przejmowali.

My parents won't be worrying.

Nasze matki nie będą się przejmowały.

Our mothers. . .

Czy panowie byli we Wrocławiu?

Have you been to Wrocław? (men)

Czy państwo jechali do Torunia?

Were you on your way to Toruń? (mixed)

Czy panie zwiedziły Gniezno?

Did you do Gniezno? (women)

Ludzie (*people*) and **wszyscy** (*everybody*) are treated as virile, by default, even if they in fact refer to hundreds of women.

5 Alternacja *(sound-swapping)*

It is common for sounds to swap over between one form of a word and another. For example, **powrót** (*return*) has **powrot–** as its stem in forms that have endings added. Similarly, **Bóg** (*God*), but **Wierzą w Boga** (*They believe in God*). You have seen examples of **a** or **o** swapping with **e**:

| lato | w lecie |
| dwa miesiące | sześć miesięcy |

\- To jest mój mąż.
\- Pani męża już znam.

\- Jedziesz do domu dzisiaj?
\- Nie, jadę za tydzień.

Here are two examples of verbs in which **o** and **e** alternate:

| biorę *I take* | bierze *(s)he / it takes* |
| wiozę *I carry (on wheels)* | wiezie *(s)he / it carries* |

You have also seen many examples of **e** swapping with nothing:

| wypadek | po wypadku | kwiecień | w kwietniu |
| marzec | marcu | wtorek | do wtorku |

You will also notice consonants that swap in nouns. Here is a table summarizing them. Consonants swap with others in the same row.

t	ć (ci–)			p	pi–
st	ść (ści–)			b	bi–
d	dź (dzi–)			f	fi–
z	ź (zi)			w	wi–
s	ś (si–)			m	mi–
ch	ś (si–)	sz		n	ń (ni–)
k	ki–	cz	c	r	rz (pronounced the same as ż)
g	gi–	dz		ł	l

Similar swaps happen in verbs, plus a few more:

c	ć (ci–)
dz	dź (dzi–)
g	ż
ś	sz
ć	cz
sz	ś (si–)
cz	ć

The patterns are quite widespread, and you should soon develop a feel for them as you come across more and more examples. Nevertheless, things are not as predictable as we would like them to be. For example,

szczegół (*detail*), where you might expect **ó** to swap with **o**, in fact keeps **ó** throughout, as does **podróż** (*journey*):

Nie mówmy o takich szczegółach.   *Let's not talk about details like that.*

So, though you have the tables here to refer to, it is better at this stage to learn examples than to think too much in terms of rules.

You will find similar alternations between related words:

kwiatek	*flower*	kwiecisty	*flowery*	kwiecień	*April*
wół	*ox*	wołowina	*beef*		
mąż	*husband*	mężczyzna	*man*		
żona	*wife*	żeński	*feminine, female, ladies'*		

Ćwiczenia

1 Match the replies with the turns on the left.

(a) Były w Zakopanem?   (1) Do Wieliczki.
(b) Gdzie byliście w lecie?   (2) Chyba pana żona.
(c) Gdzie będziecie jutro?   (3) Dlaczego nie?
(d) Gdzie pojedziecie pojutrze? (4) Byliśmy w Chinach. (**Chiny**, *China*)
(e) Zadzwonisz do mnie?   (5) Niestety nie miały czasu.
(f) Kto przyjdzie pierwszy?   (6) Będziemy w Oświęcimiu.
     (**kto** is always masc.)
(g) Nie będzie mu się podobało (7) Jak będę miała czas.
     w Polsce.

2 Distribute the words appropriately among the gaps.

**zapowiada innymi się wcźmicmy szybkic
której jedną**

(a) Pogoda .... się dobrze.
(b) .... taksówkę, bo się spóźnimy (**spóźniać/spóźnić się**, *be late*)
(c) Pani chciałaby bilet w .... stronę czy w obie strony?
(d) Tadeusz powiedział, że .... przesiądziemy w Krakowie.
(e) Zwiedziliśmy między .... Stare Miasto i Zamek Królewski.
(f) Autokary są .... i wygodne.
(g) To jest ta Angielka, o .... ci mówiłem.

3   The following sentences are grammatical, but each contains one
    word that does not make much sense in context. Find the word,
    and replace it with something more sensible.

(a) Spotkamy się w Ogrodzie Saskim przy pociągu.
(b) Muszę to powiesić na planie Krakowa.
(c) Proszę bilet na pojutrze, na godzinę dwudziestą siódmą.
(d) Napiszemy osobną wycieczkę do Zakopanego.
(e) Chciałabym wysłać ten nabiał jako polecony.
(f) Poproszę jeszcze samolot soku pomarańczowego.
(g) Gdybym miał czas, pojechałbym do stolika.
(h) Wszyscy chcieli pojechać miesiącem.

4   Distribute the participants around the gaps. Get the virility right!

**Basia i Sally   teatrem i kinem   Tadeusz i Jurek
mąż i żona   pies i kot** (*dog and cat*)

(a) .... spały w ogrodzie.
(b) .... zwiedzali muzeum.
(c) Grzegorz interesuje się ....
(d) .... nigdy nie kupowali sera w delikatesach.
(e) .... mogłyby polecieć do Republiki Czeskiej
    samolotem, gdyby chciały.

5   Choose which of the forms is appropriate in the sentence.

(a) karta telefoniczna/
    karty telefonicznej   Nie mam ....
(b) barszczyk/barszczyku   Dla mnie .... z pasztecikiem.
(c) metro/metra/metrem   Przyjechał ....
(d) samochód/samochodu/
    samochodem   Dziękuję. Jestem ....
(e) zwiedzimy/zwiedziliśmy   Jutro .... Toruń.
(f) palący/palących   Pan jest .... ?
(g) palenie/palenia   Zakaz ....
(h) kierunek/kierunku   Jedziemy w .... Pragi.
(i) Kraków/Krakowa   Bedziemy mieszkali w okolicach
                                .... (**mieszkać**, *live*)
(j) okolice/okolicach   Mieszka w ....

6 Unjumble the sentences:

Czy w byliśmy autokarem bezpieczne?
O której ma po Warszawie?
Nie Europie jest pani podróżowanie truskawek?

7 There is a song called 'Gdybym'. What title could you reasonably give it in English?

8 Match the halves of the sentences.

(a) Gdybym miała ochotę na zwiedzanie muzeum,
(b) Kiedy babcia (*grandma*) zrobi ten sweter,
(c) Gdybyś mnie naprawdę kochał,
(d) Jak będziesz w Warszawie,
(e) Jeśli pani jest już bardzo zmęczona,

(1) proszę go wysłać pocztą do Ameryki.
(2) pisałbyś do mnie codziennie.
(3) poszłabym albo jutro, albo pojutrze.
(4) niech pani o tym nie myśli.
(5) zadzwoń do mnie, dobrze?

⬚ ——— More language patterns ———

1 Walking, riding, swimming, flying

You have almost certainly noticed that Polish has a lot of different words for *go*. English likes to know, as a top priority, whether a person is coming or going. English people often complain that they didn't know whether they were coming or going. Polish is much more interested in whether you are on foot, and in whether you are under way at the moment.

chodzić *walk around, walk generally (not necessarily at the moment)*
iść *be on your way on foot*

Dziecko już chodzi.   *The child can walk now.*
Dziecko idzie do szkoły. *The child's on its way to school.*

jeździć travel around
jechać be under way (on wheels)

Po tych korytarzach można
by traktorami jeździć.
Dokąd państwo jadą?

You could ride around these
corridors on tractors.
Where are you going?

latać fly around, be able to fly
lecieć be on your way by plane

Ona cały czas lata.

Her feet never touch the ground.
(**cały czas**, constantly)

Nad którym krajem lecimy?

What country are we above
now?

pływać swim around, be a swimmer, float, sail
płynąć swim in a particular direction, sail

Nie umiem pływać.
Nie mogę pływać w tym
smokingu.
Płyniemy na Hel.

I can't swim.
I can't swim in this dinner-jacket.

We're going to Hel (the Hel
Peninsula).

Iść/jechać/lecieć/płynąć and verbs like them are typically used to talk about purposeful motion in a particular direction at a particular time. **Chodzić/jeździć/latać/pływać** are used when the motion is not like this, but is more general.

Looking at your watch, you say to your friend, **Trzeba iść** (*I must go*). Looking ruefully at your expanding waistline, you admit, **Trzeba więcej chodzić** (*I must do more walking*).

2 Ciekaw jestem, czy jesteś pewien (I wonder if you're sure)

A very small number of adjectives in Polish have alternative masculine forms without a final –y:

pewien pan
Jesteś pewien?
Ciekaw jestem, czy przydzie
do nas jutro.

a certain gentleman
Are you sure?
I wonder whether (s)he'll come
and see us tomorrow.

Ciekawy in the sense of *interesting* doesn't drop **-y** like this, but in the sense of *curious* it can and usually does.

Others you may come across are **rad** (*glad*), **gotów** (*ready, willing*), **zdrów** (*healthy*), **winien** (*indebted*), **wesół** (*jolly*). Related to **winien** is **powinien**, used with personal endings like those of the present of **być** or the past of any verb, for saying *should* or *ought to*, using **powinienem, powinnam**.

> Powinienem o tym wiedzieć.   *I ought to know that.*
> Piwinniśmy zobaczyć Oświęcim.   *We ought to see Auschwitz.*

The neuter form **powinno** can combine with **się**.

> Nie powinno się tak mówić.   *One ought not to talk like that.*

In the past (*ought to have. . .*) the personal endings stick with **powinien**:

> Powinienem był zrobić wyjątek.   *I should have made an exception.*

3   An important note about English 'would'

By now you are thinking more and more in Polish. There is one little trap waiting even for people who have been learning Polish for some time, which you ought to be aware of. Do not automatically use conditional forms in Polish where English would use **would**. Think about what is meant.

> Powiedział, że przyjedzie w   *He said he would arrive in the*
> połowie marca.   *middle of March.*

He probably used the word **przyjadę** (*I will arrive. . .*) and Polish keeps the future tense in reporting. Here English uses *would* as a past version of *will*.

> Dziadek się zawsze śmiał,   *Grandad would always (i.e.,*
> kiedyśmy o tym mówili.   *always used to) laugh when we*
>   *talked about it.*

To even up the score between the two languages, here are some conditionals in Polish where English speakers wouldn't expect them.

> To byłoby wszystko.   *I reckon that's all.*
> Przyszedłbyś jutro.   *I'd like you to come tomorrow.*

Now recap on how to:

- talk about things due to happen in the future

  Dobrze, spotkamy się przy fontannie.
  Wieczorem będziemy kupowali prezenty.

- ask for and give information about travel

  Czy podróżowanie autokarem jest bezpieczne?
  Jakie autobusy jadą w kierunku Łazienek?

- request and give information about tickets

  Chciał(a)bym bilet w jedną stronę.
  Ile kosztuje bilet na ekspres do Wrocławia?

- talk in more ways about times and dates

  Przyjeżdżam w czwartek dziewiętnastego września.
  Przyjdź wieczorem, o wpół do ósmej najpóźniej.

- talk about different kinds of conditions.

  Jak będziesz miał(a) ochotę, przyjdź pojutrze.
  Gdybym był Polakiem, nie chciałbym mieszkać w Poznaniu.

10
RODZINA
Family

In this unit you will learn how to

- describe people and their routines
- express condolences
- talk about what is or was going to happen
- talk about what is supposed to be the case
- talk about helping, favouring, hindering and harming

Dialog

Sally's next-door neighbour, Mr Wesołowski, is a retired Polish teacher. Sally meets him in the street. He is struggling with some shopping bags, and Sally offers to help.

Pan Wesołowski	Dzień dobry pani.
Sally	Dzień dobry. Czy mogę panu w czymś pomóc?
Pan Wesołowski	To bardzo uprzejme z pani strony. Dziękuję. Byłbym wdzięczny, gdyby pani pomogła mi otworzyć drzwi
Sally	Bardzo proszę.

czy mogę (móc) *can I*
pomóc panu (pomagać/pomóc) *help you*
w czymś (coś) (here:) *with anything, in anyway*

uprzejme (uprzejmy) *kind, polite*
wdzięczny *grateful, rewarding*
otworzyć (otwierać/otwórzyć) *open*
drzwi (always plural) *door*
bardzo proszę *certainly*

Sally opens the door, goes in and put the bags on the kitchen table.

Sally   Czy często chodzi pan po zakupy?

Pan Wesołowski Tak, staram się codziennie iść do sklepu i na spacer z psem. Odwiedzam czasami mojego dobrego znajomego, który mieszka w pobliżu. Co niedziela chodzę także na cmentarz odwiedzić grób mojej żony.

Sally   Gdyby pan potrzebował kiedykolwiek pomocy, to proszę mi powiedzieć. Chętnie zrobię panu zakupy.

Pan Wesołowski Bardzo pani dziękuję za pomoc. Będę o tym pamiętał.

często (częsty) *often*	**mieszka** (mieszkać) *lives, resides*
po (+ acc.) *to get*	**w pobliżu** *nearby*
zakupy *shopping*	**co niedziela** *every Sunday*
staram się (starać/postarać się) *I try*	**także** *also, in addition*
codziennie (codzienny) *daily*	**na cmentarz** *to the cemetery*
do sklepu *to the shop*	**grób** *grave*
na spacer *for a walk*	**mojej żony** (mój, żona) *my wife's*
z psem (pies) *with the dog*	**potrzebowałby** (protrzebować + gen.)
odwiedzam (odwiedzać/odwiedzić)	*should need*
visit, call in to see	**kiedykolwiek** *ever, at any time at all*
czasami (czas) *sometimes*	**pamiętać** *remember* (imperfective
znajomego (znajomy) *friend*	verb)

A few days later Mr Wesołowski invites Sally round for tea and shows her his family album.

Pan Wesołowski To jest zdjęcie mojej nieżyjącej już żony. Była pielęgniarką. A to mój najstarszy syn, który jest lekarzem. Mieszka w Gdańsku. Pracuje w klinice.

Sally   A to pana córka?

Pan Wesołowski Tak. Agnieszka. Jest architektem. A to jest mój najmłodszy syn, Tomek. Ma trzydzieści lat. Jest prawnikiem w Warszawie. A co robią pani rodzice?

Sally   Mój tato jest na emeryturze, a mama pracuje w dużej firmie; jest sekretarką. Mam brata, który jest dziennikarzem, i siostrę, która jest jeszcze na studiach. Studiuje języki obce w czymś w rodzaju Nauczycielskiego Kolegium Języków Obcych, ale nie chce zostać nauczycielką. W przyszłości chce być pisarką i podróżować jak najwięcej.

Pan Wesołowski	A dlaczego jest studentką kolegium nauczyciel-skiego, jeżeli nie chce pracować w nauczyciel-stwie?
Sally	Bo kursy mają być bardzo praktyczne. Interesuje się przede wszystkim praktyką językową.

zdjęcie *photograph*
mojej nieżyjącej już żony *of my late wife*
żyć *live, be alive*
pielęgniarką (pielęgniarka) *nurse*
najstarszy (stary) *eldest*
syn *son*
lekarzem (lekarz) *doctor*
pracuje (pracować) *(s)he/it works*
w klinice (klinika) *in a clinic*
córka *daughter*
architektem (architekt) *architect (male or female)*
najmłodszy (młody) *youngest*
prawnikiem (prawnik) *lawyer*
rodzice *parents*
ojciec *(my) father*
mój tato *my dad*
na emeryturze (emerytura) *retired, in retirement, on a pension*
mama *mum*
w dużej firmie (duży, firma) *in a big firm*
sekretarką (sekretarka) *secretary*
brata (brat) *brother*

dziennikarzem (dziennikarz) *journalist*
siostrę (siostra) *sister*
studentką (studentka) *female undergraduate student*
studiuje (studiować) *(s)he/it is studying*
języki obce (język obcy) *foreign languages*
w przyszłości (przyszłość) *in the future*
w czymś w rodzaju Nauczycielskiego Kolegium Języków Obcych (coś, rodzaj) *in something like a Teacher Training College of Foreign Languages*
zostać (zostawać/zostać) *become*
nauczycielką (nauczycielka) *(female) schoolteacher*
w nauczycielstwie (nauczycielstwo) *in teaching*
mają być (mieć) *are said to be, are supposed to be, are apparently*
przeda wszystkim *primarily*
praktyka językowa *practical language work*

Komentarz

Professions

Some names of professions are grammatically masculine nouns, but can be used of men or of women. Here are some examples:

kierowca	*driver*
architekt	*architect*
reżyser	*film director*

muzyk		*musician*
inżynier		*engineer*
żołnierz		*soldier*
pilot		*pilot* (also used of remote control unit for TV!)
prawnik		*lawyer*

Other names of professions offer masculine and feminine forms to choose from:

man		*woman*
lekarz	*doctor*	lekarka
pisarz	*writer*	pisarka
urzędnik	*clerk*	urzędniczka
nauczyciel	*teacher*	nauczycielka
aktor	*actor / actress*	aktorka
poeta	*poet*	poetka (not patronising like the English *poetess*)
dentysta	*dentist*	dentystka
dziennikarz	*journalist*	dziennikarka
listonosz	*postperson*	listonoszka
pielęgniarz	*nurse*	pielęgniarka
ekspedient	*sales assistant*	ekspedientka
malarz	*painter*	malarka
sektretarz	*secretary*	sekretarka

Cmentarz *(Cemetery)*

The cemetery is a place often visted by Poles. The custom of visiting the graves of those who have passed away is deeply rooted in Polish tradition, for historical as well as personal reasons. In a country where, over the centuries, so many lives have been lost in wars, uprisings and the struggle for independence, sometimes graves were the only remaining evidence of heroism and willingness to make the supreme sacrifice. Some cemeteries are felt to be particularly symbolic. One such is the Powązki Cemetery in Warsaw, where you will find the graves of those who held positions of power in Poland, some of them popular, some less so, as well as the graves of people who gave their lives in uprisings or were murdered by the communist regime. Two days, 1 and 2 November, are especially important in connection with cemeteries, **Wszystkich Świętych** (*All Saints' Day*), and **Zaduszki** (*All Souls' Day*). Many Poles travel long distances to be at the graves of their relatives and friends on these days. Nothing can compare with the stunning view of the cemeteries at night, when the light of thousands of candles can be seen for miles. The death of an individual is announced publicly in the form of a **klepsydra**, a small poster displayed on a wall or a special noticeboard, usually near a church. (The word **klepsydra** also means *hourglass*.)

Talking about those no longer with us

Mój mąż już nie żyje.	*My husband has passed away.*
Mój dziadek zmarł w ubiegłym roku.	*My grandfather died last year.*
Pokój jej/jego duszy.	*God rest her / his soul.*
Niech odpoczywa w pokoju.	*May (s)he rest in peace.*
śp (świętej pamięci) Jan Kowalski	*the late Jan Kowalski*

Żyć versus mieszkać (Do you call this living?)

As you see from the way Mr Wesołowski describes his late wife as **moja nieżyjąca już żona** (lit. *my already not living wife*), the verb **żyć** means *to be alive*, *to make a living*, or *to live in a particular kind of way*. You need to distinguish **żyć** carefully from **mieszkać**, which means *to live or reside*.

Już nie mieszka.	*(S)he doesn't live here any more.*
Już nie żyje.	*(S)he's dead.*

🔩 ——— Language patterns ———

1 Iść na zakupy, iść po zakupy

Go shopping in Polish is **iść na zakupy**.

Idę na zakupy. Idziesz ze mną?   *I'm going shopping. Are you coming with me?*

You will also find the preposition **po** (*for, to get*) useful with shopping in general, and with particular items of shopping. It saves you the trouble of using a separate word for *get*. In this sense, use **po** with accusative forms of nouns.

Idę po zakupy.	*I'm going to get the shopping.*
Idą po gazetę.	*They've gone to get a newspaper.*
Skoczę po rozmówki.	*I'll nip and get a phrasebook.*
Po co?	*What for? Why?*

---

skoczyć *jump*   **Dlaczego?** *Why? For what reason?*

---

2 Pomagać/pomóc *(to help)*

When using **pomagać/pomóc** (*help*), remember to use dative forms
(see also p. 230) for people (or things) getting the help.

Pomaga matce.	*(S)he's helping her/his mother.*
To jej/mu nie pomogło.	*It didn't help her/him.*

The pattern is similar with **sprzyjać** (*to favour*), **towarzyszyć**
(*accompany*), **przeszkadzać** (*hinder, get in the way of*), and **szkodzić/
zaszkodzić** (*harm*).

To mi chyba nie zaszkodzi.	*I don't suppose it'll do me any harm.*
Nie chciałem nikomu szkodzić.	*I meant no harm to anyone.*
Towarzyszy mu żona.	*His wife's accompanying him.*
Dzieci przeszkadzają im.	*The children are getting in their way.*

To help someone with something is **pomagać komuś w czymś**. Use
dative forms for the person getting the help, and **w** plus locative
forms for the activity in which the help is given. Similarly:

Przeszkadzają mi w pracy.	*They get in the way of my work.*

3 Coś w tym rodzaju *(something like that)*

The word **rodzaj** is useful when you want to be slightly approximate
in what you say.

Studiuje w czymś w rodzaju uniwersytetu.	*She's studying at something like a university.*
To jest pewnego rodzaju ulga.	*It's a sort of relief.*
Coś w tym rodzaju.	*Something of the sort.*

4 Ojciec i matka, brat i siostra, teściowa, *etc.* – *whose relatives?*

In Polish you can usually leave your hearer to work out whose relatives you are talking about. You are, after all, much more likely to complain about your own mother-in-law (**teściowa**) than about anyone else's, and more likely to boast about your own children than anybody else's. However, if you use affectionate words like **tato** (*dad*) and **mama** (*mum*) then **mój** and **moja** are included.

Rodzice (*parents*) is virile (see unit 9). The singular **rodzic** (*parent*) is not normally used, except perhaps in the jargon of schoolteachers and the meddling professions. If you want to refer to one parent, choose which one, and use **ojciec** (*father*) or **matka** (*mother*).

5 Mieć *and* chcieć

Co to ma być?	*What is it supposed to be?*
Kursy mają być bardzo dobre.	*The courses are supposed to be very good.*

This is a neat and versatile construction: a form of **mieć** + the dictionary form of another verb.

Mieli tu postawić pomnik.	*They were supposed to put a monument here.*
	They are supposed to have put a monument here.
	Apparently they put a monument here.
	They were going to put a monument here.
Ma być świetną poetką	*They say she's a super poet.*
Co mam przez to rozumieć?	*What am I to understand by that?*

(Nie) muszę *(I (don't) have to)*

DO NOT be tempted to think of **mieć** + infinitive as *have to*. If you want to say *have to*, use **trzeba** or a form of **musieć**.

Przepraszam, muszę już iść.	*Sorry, I have to go now.*
Trzeba o tym pamiętać.	*You have to remember that.*

Mieć provides an alternative to the future tense for things that are going to happen, especially in the near future.

Ma przyjść po ósmej.   *(S)he / it's supposed to be coming*
                         soon after eight.

Mieć and **chcieć** provide another useful facility, for talking about things that were going to happen.

Chciałem powiedzieć   *I was going to say*
  coś ważnego.   *something important.*
Chopin opuścił kraj, do którego *Chopin* (pronounced and some-
  nigdy nie miał powrócić.   times spelt Szopen) *left the*
                               country (i.e Poland) (*to which he*
                               was) *never to return.*
Miała przyjść kwadrans   *She was going / supposed to*
  po dziewiątej.   *come at a quarter past nine.*

6 Every day, every week, every month, every year, etc.

Codziennie (*every day*), **co tydzień** (*every week*), **co miesiąc** (*every month*), **co rok** (*every year*). With **co** there is, at least officially, a choice of dictionary form (nominative), accusative, or genitive.

W każdą niedzielę/Co niedziela/Co niedzielę/Co niedzieli.
                         Every Sunday.
Co dzień.   *Every day.*
Co roku.   *Every year.*

Every time is **za każdym razem**. **Coraz** (written as one word) means . . . *er and* . . . *er*:

Twoje dowcipy stają się   *Your jokes are getting worse*
  coraz gorsze.   *and worse.*

Ćwiczenia

1 Replace the English expressions in brackets with their Polish equivalents in an appropriate form.

(a) Mój tato jest (*retired*), a moja siostra jest (*a doctor*).
(b) Czy często chodzisz (*shopping*)?
(c) (*Every Saturday*) odwiedzam starą znajomą.
(d) Bardzo pani dziękuję (*for your help*).
(e) Nikt znajomy nie mieszka (*nearby*).
(f) Jej (*oldest*) syn jest jeszcze na studiach w Gdańsku.
(g) (*In future*) chciałabym zobaczyć Nową Zelandię.

> **Nowa Zelandia** New Zealand

2 Put these into Polish

(a) I'll nip and get a bottle of wine.
(b) I'm afraid my husband died last year.
(c) Helena Modrzejewska was a famous Polish actress.
(d) In the Wawel Castle there are the tombs of the greatest Polish poets, Mickiewicz and Słowacki.
(e) Do you know any female Polish poets? Wisława Szymborska is very good. I like her a lot.

3 Choose the word which best completes each sentence.

(i) To bardzo .... z pana strony.
(a) celowo (b) uprzejmie (c) trudno (d) brudno (e) często
(ii) Pamiętaj, że zawsze mogę ci ....
(a) odejść (b) pracować (c) odjechać (d) pomóc (e) sprzyjać
(iii) Kiedy skończy studia, chiałby być ....
(a) nauczycielem (b) lekarką (cą) tenisistką (d) kwiaciarką
(iv) .... chcielibyścic zwiedzić Szwajcarię?
(a) Po co (b) Nie wiem (c) Dlaczego (d) Za co (e) Wódkę
(v) Mój brat już nie .... w tym domu.
(a) ogląda (b) życzy (c) potrzebuje (d) żyje (e) mieszka
(vi) We wtorek .... Stare Miasto.
(a) odwiedzamy (b) pomożemy (c) pomagamy
(d) przeszkadzamy (e) zwiedzamy

4 The following text appeared in a local newsletter. Unfortunately a number of printing errors crept in and went unnoticed. See if you can find them. There are seven.

Gratulacje! Pan Antoni Wesołowski, emerytowany nawczyciel języka polskiego otrzymał (*received*) wczeraj renomowaną nagrodę za lata pracy w nauczycielstwie. Na uroczystosci były dziecy pana Wesołowskiego: curka Agnieszka i dwaj synowie: Piotr, który jest lekażem, i Tomasz, architekt. Niestety, żona pana Wesołowskiego już nie żyle.

5 Distribute the words appropriately around the gaps.

zdjęcia dowcipy Byłabym znajomego ci pamiętała

(a) Jej .... stają się coraz lepsze.
(b) Nie podobają mu się twoje ....?
(c) Kto .... w tym będzie przeszkadzał?
(d) Co sobota chodzę na cmentarz odwiedzić grób mojego angielskiego ....
(e) Ona jest strasznie roztargniona (*terribly absentminded*). Chyba nie będzie o tobie ....
(f) .... wdzięczna, gdyby pan mi pomógł napisać ten list.

6 Match the responses on the right with the turns on the left.

(a) Dokąd idziesz?   (i)   Mieć psa to mieć przyjaciela.
(b) Moja babcia już nie żyje. (ii) Odwiedzić grób Mickiewicza.
(c) Po co?   (iii) Niestety nie.
(d) Masz trochę czasu?   (iv) To nie będę ci przeszkadzał.
(e) Jestem bardzo zajęta.   (v)   Niech odpoczywa w pokoju.
(f) Mam nowego psa.   (vi) Na cmentarz.

7 Put the expressions on the left in the appropriate forms to fit the sentences.

(a) ona   Mąż ....towarzyszy.
(b) ty   Podobają .... się takie sklepy?
(c) oni   Dzieci przeszkadzają .... w pracy.
(d) on   Wszystko .... teraz sprzyja.
(e) gazeta Skoczę po ....
(f) sklep   Idę do ....
(g) pies   Jest na spacerze z ....

8 Respond to the following turns as suggested.

(a) Znasz tę poetkę?
    (*Say yes, she lives nearby.*)
(b) Czy jej mąż jeszcze żyje?
    (*Say no, unfortunately he died last year.*)

(c) Kim on był?
(*Say he was an architect in Warsaw.*)

(d) Kto z nią teraz mieszka?
(*Say her brother lives with her. He is a lawyer.*)

(e) Masz czas na kawę?
(*Say yes, you have some time.*)

(f) To chodźmy na kawę.
(*Say you'd love to.*)

9 Put these into Polish

(a) I wouldn't like to work in teaching.

(b) He is forty, he's a lawyer and he works for a big firm in Poland.

(c) The courses are supposed to be very good.

(d) She doesn't want to become an architect. She wants to become a doctor.

(e) And this my youngest daughter. She's a student.

Now revise how to:

- describe people

  Ona jest nauczycielką. On jest prawnikiem. Oni są jeszcze na studiach w Gdańsku.

- and their routines

  Co niedziela chodzi na cmentarz.
  Chodzi na zakupy codziennie.
  Codziennie chodzi po zakupy.
  Co dzień idzie na spacer z psem.
  Już nie pracuje.

- say how often something happens

raz/dwa razy/trzy razy
  w tygodniu/w miesiącu
	*once / twice / three times a week /
	  a month /*

nigdy	*never*
rzadko	*rarely, not often*
czasem/czasami	*sometimes*
często	*often, frequently*
zawsze	*always*
Nidgy nie rozumiem, o co mu chodzi.	*I never understand what he's about.*

- express condolences

  Niech odpoczywa w pokoju. Pokój jej/jego duszy.

- talk about what is or was supposed to be the case

  Ona ma być jego siostrą.
  Warunki atmosferyczne (*weather conditions*) mają temu sprzyjać.
  Mieli tu postawić wielki pomnik.

- ask and talk about your age

Ile masz lat?	*How old are you?*
Czternaście (Mam czternaście lat)	*Fourteen (I'm fourteen).*
Ile pan(i) ma lat?	
W jakim wieku?	*Of what age?*
W jakim pan(i) jest wieku?	*What (sort of) age are you?*
Mam dwadzieścia dwa lata.	*I'm twenty-two.*
Mam czterdzieści jeden lat.	*I'm forty-one.*

- classify people by age group

starsza pani/starszy pan	*elderly lady / gentleman*
Proszę ustąpić miejsca tej starszej pani.	*Please give up your seat to this elderly lady.*
w podeszłym wieku	*getting on a bit*
Mój ojciec jest w podeszłym wieku.	
Pani Jadzia jest kobietą w średnim wieku.	*Jadzia's a middleaged lady.*
Jej mąż jest jeszcze w sile wieku.	*Her husband's still in his prime.*
dorosły mężczyzna/dorosła kobieta/dorośli (ludzie)	*grown man / grown-up women / adults*
Jest dorosłą kobietą i wie, co robi.	*She's an adult and knows what she's doing.*
Film jest tylko dla dorosłych.	*The film is for adults only.*
Lubi oglądać filmy rysunkowe dla dzieci.	*(S)he likes watching children's cartoons.*
nastolatek (*m*) nastolatka (*f*)	*teenager*
Jest wiele czasopism dla nastolatków.	*There are a lot of magazines for teenagers.*
w moim/twoim/pani/pana/naszym wieku	
W moim wieku tego się nie robi.	*You don't do that at my age.*
(jak) na swój wiek	*for . . .'s age*
Jest bardzo wysoka jak na swój wiek.	*She's very tall for her age.*

11
WIELE BĘDZIE ZALEŻAŁO — OD POGODY —

A lot will depend on the weather

In this unit you will learn how to

- talk in more detail about future actions and intentions
- talk about possibilities that depend on something
- ask and talk about the weather
- talk about the ways and circumstances in which things are done

Dialog

Sally has a week off, and wants to spend it in Mazury, the Polish lake district. She talks to Basia about her plans.

Sally   Wiesz, Basiu, mam tydzień urlopu i bardzo chciałabym go spędzić na Mazurach.

Basia   Znakomity pomysł. Mazury są cudne: jeziora, lasy, cisza i świeże powietrze.

Sally   I podobno mnóstwo komarów.

Basia   Nie zawsze. O tej porze roku nie powinnaś mieć z nimi żadnych problemów. Gdzie się zatrzymasz i co będziesz robiła?

Sally   Nie wiem jeszcze dokładnie. Wiele będzie zależało od pogody.

Basia   Jestem pewna, że będzie słonecznie.

Sally   Żeby tylko nie padał deszcz. Mam zamiar zwiedzić sporo miejsc. Prawdopodobnie zatrzymam się w hotelu w Mikołajkach. Stamtąd będzie mi dość łatwo podróżować po okolicy.

Basia Na pewno będziesz miała udany tydzień. Szkoda, że ja nie mam urlopu. Też bym gdzieś pojechała.

Sally Gdzie na przykład?

Basia Za granicę. Do Hiszpanii albo na południe Francji. Tam, gdzie świeci słońce, jest ciepło, nie pada deszcz ani śnieg. Och! Marzenia, marzenia . . .

wiesz (wiedzieć) *you know*
tydzień urlopu (urlop) *a week's leave, holiday*
spędzić (spędzać/spędzić) *spend (time)*
na Mazurach (Mazury) *in Mazury*
znakomity pomysł *splendid idea*
cudne (cudny) *wonderful*
jeziora (jezioro) *lakes*
lasy (las) *forests*
świeże (świeży) *fresh*
cisza (compare: **cichy**) *quiet*
powietrze (compare: **wiatr**) *air*
podobno (**podobny do** + gen.) *apparently, they say*
mnóstwo (+ gen.) *lots of*
komarów (komar) *mosquitoes*
zawsze *always*
o tej porze roku (ten, pora, rok) *at this time of year*
żadnych (żaden) *no*
zatrzymasz się (zatrzymywać/zatrzymać się) *you will stay*
dokładnie (dokładny) *exactly, precisely*
wiele *a lot*

słonecznie (słoneczny) *sunny*
żeby tylko *just as long as*
padał deszcz (padać) *it was not raining*
miejsc (miejsce) *of places*
prawdopodobnie (prawdopodobny) *probably*
stamtąd *from there*
łatwo (łatwy) *easy*
dość (dosyć) *fairly, ... enough*
podróżować *travel*
po okolicy (okolica) *around the area*
na pewno *I'm sure*
udany (udać się) *successful*
szkoda *it's a pity, shame*
na przykład *for example*
za granicę (granica) *abroad (going)*
świeci (świecić) *shines*
słońce *sun*
ciepło (ciepły) *warm, warmth*
pada(ł) deszcz *it it (was) raining*
pada(ł) śnieg *it is (was) snowing*
Och! *Oh!, Ah!*
marzenia (marzenie, marzyć) *(day) dreams*

Meanwhile, James and Maciek are going to spend a few days in Góry Świętokrzyskie (The Holy Cross Mountains). James has never heard about this part of Poland before, so he has spent some time studying a guide book. What he has read fascinates him.

James No wiesz, nigdy nie przypuszczałem, że te góry są takie stare i takie ciekawe. Podobno czarownice zbierają się tam na sabat.

Maciek Tak przynajmniej głosi legenda. Zabawne, że góry, szczyt i wioska mają w nazwie słowo „święty": na przykład Święty Krzyż czy Święta Katarzyna. W obydwu miejscach są stare klasztory.

James   Bardzo chciałbym zobaczyć gołoborza.

Maciek   Niestety będziemy musieli je oglądać tylko z daleka, ponieważ nie wolno po nich chodzić ze względu na niebezpieczeństwo obsunięcia się kamieni. Zresztą nie wiadomo, jaka będzie pogoda. W górach jest często pochmurno i mglisto. Aha, weź ciepły sweter, bo może być chłodno.

James   Czy po drodze w Góry Świętokrzyskie gdzieś się jeszcze zatrzymamy?

Maciek   Tak, chciałbym wpaść na jeden dzień do Radomia.

James   A co jest do zwiedzenia w Radomiu?

Maciek   Kilka interesujących kościołów i fascynujący skansen wsi radomskiej.

James   Trochę mi głupio, że tak mało wiem o Polsce.

Maciek   Nie martw się. Po to robimy wycieczki, żebyś mógł lepiej poznać różne zakątki Polski.

No wiesz *Well, you know*
przypuszczałem
  (przypuszczać/przypuścić)
  I supposed
góry (góra) *mountain*
czarownice (czarownica) *witches*
zbierają się (zbierać/zebrać się)
  gather
na sabat *for a sabbath*
przynajmniej *at least*
głosi legenda (głosić) *legend has it*
zabawne (zabawny) *amusing*
szczyt *peak, summit, height*
wioska *village*
w nazwie (nazwa) *in the name*
święty *holy, saint*
w obydwu miejscach *in both places*
klasztory (klasztor) *monasteries, convents*
gołoborza (gołoborze) *deforested region, slopes covered in big stones*
oglądać/obejrzeć *watch, see, look at*
z daleka *from a distance*
ponieważ *since, because*
ze względu na *owing to*
obsunięcia się (obsuwać się/obsunąć się) *falls*

kamieni (kamień) *of stones*
zresztą *anyway, by the way*
nie wiadomo *you don't know, there's no telling*
pochmurno (pochmurny) *cloudy*
mglisto (mglisty) *misty, foggy*
mgła *fog, mist*
po drodze (droga) *on the way*
zatrzymamy się (zatrzymywać/zatrzymać się) *we will stop*
wpaść (wpadać/wpaść) *drop in, pop in*
do zwiedzenia (zwiedzać/zwiedzić) *worth a look*
skansen wsi radomskiej *open air museum of villages, typical of the Radom area*
trochę mi głupio *I feel a bit embarrassed, ashamed*
że tak mało wiem (wiedzieć) *that I know so little*
po to robimy (robić/zrobić) *that's why we do/make/have*
wycieczki (wycieczka) *trips, excursions*
różne zakątki (różny, zakątek) *various parts, corners*

Komentarz

Mazury

The Mazurian Lakes form one of the most attractive regions of Poland, particularly popular for its sailing facilities, forests, and the rich and unique habitat the area affords.

Remember, when talking about trips to Mazury, that Polish distinguishes carefully between direction to a place and location at a place:

Jadę na Mazury.   *I'm going to the Lakes.*
Byłem na Mazurach.   *I've been to (at, on) the lakes.*

Gołoborze is characteristic of the Holy Cross Mountains, whose slopes are covered in large rocks and stones. Walking on them is strictly prohibited as, once moved, they can be extremely dangerous.

Sabat *versus* szabat

The word **sabat** describes the legendary midnight meeting of witches and devils. Be very careful not to mix it with **szabat**, the Jewish day of rest, or the related word **sobota** (*Saturday*).

Miasto, miasteczko, wieś, wioska

Poles tend to describe themselves as living either **w mieście** (*in town*) or **na wsi** (*in the country*).

Mój ojciec pochodzi ze wsi.   *My father comes from the country.*

The adjective from **miasto** (*town*) is **miejski**. You may come across people with the words **straż miejska** on their uniforms. . .

Straż, strażnik, strażak

After 1990, many Polish cities that had suffered neglect during the years of communism felt a need to organise or return to a municipal guard **straż miejska**, a semi-military force looking after general order in cities. The word **straż** also appears in **straż pożarna** (*fire brigade*). Be careful with similar words: a **strażnik** is a guard, in a prison for example, while a fireman is a **strażak**. A caretaker or watchman is a **stróż**.

Pogoda i klimat *(weather and climate)*

Poland's climate is continental, **klimat kontynentalny**, which means that winter (**zima**) is rather long and very cold, with the temperature below zero (**temperatura poniżej zera**). The summer (**lato**) is hot and dry. The weather forecast (**prognoza pogody**) will tell you all about:

zachmurzenie duże	*heavy cloud*
zachmurzenie niewielkie	*slight cloud*
przelotny deszcz	*shower(s)*
ulewny deszcz	*downpour*

Rain (**deszcz**) falls or pours or buckets, much as in English:

Pada deszcz, pada śnieg	*It's raining, it's snowing*
Leje	*It's pouring*
Deszcz leje jak z cebra.	*The rain's bucketing down.*

Wind (**wiatr**) comes in various forms, too:

silny wiatr	*strong wind*
porywisty wiatr	*gusty wind*
umiarkowany/słaby wiatr	*moderate, slight wind*
wiatr huraganowy	*stormy wind*

In the Tatras you may face the wind called **Halny**, which is the counterpart of the Sirocco or the Mistral. It is said to have strange effects on people's state of mind. It is followed by several days of heavy rain, so take some good books along with your walking boots.

If you are in Poland in winter you will need to know about:

ostry/silny mróz	*heavy frost*
lekki mróz/przymrozek	*light frost, groundfrost*
grad	*hail*
śnieg	*snow*
śnieg z deszczem/	
deszcz ze śniegiem	*sleet*
zamieć *(fem.)*	*snowstorm, blizzard*
zadymka	*snowstorm, blizzard*
śnieżyca	*severe snowstorm, blizzard*
gołoledź	*black ice, glazed frost*

The word **pogoda** sometimes means *good weather* rather than just *weather*.

Jaka dziś pogoda?	*What's the weather like today?*
Mam nadzieję, że będzie pogoda.	*I hope the weather will be nice.*
Nie było pogody.	*The weather was no good.*
Pogoda była okropna.	*The weather was awful.*

Strony świata *(corners of the world)*

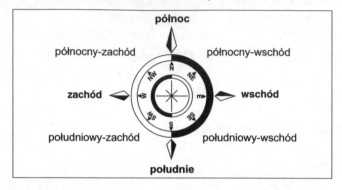

północ	*north*	na północy	*in the north*
	(also midnight)	Polski	*of Poland*
południe	*south*	na południu	*in the south*
	(also midday)	Francji	*of France*
wschód	*east*	na wschodzie	*in the east*
		Szkocji	*of Scotland*
zachód	*west*	na zachodzie	*in the west*
		Europy	*of Europe*

Speaking of east:

Bliski Wschód	*Middle East*
Daleki Wschód	*Far East*

Note also the use of capitals in the following:

we wschodniej Anglii	*in eastern England*
we Wschodniej Anglii	*in East Anglia*
w północnej Afryce	*in north Africa*
w Afryce Południowej	*in South Africa*
w południowych Włoszech	*in southern Italy*
w Ameryce Południowej	*in South America*

Language patterns

1 The formation and use of adverbs

Mówisz bardzo szybko.	*You talk very fast.*
Witam serdecznie.	*I greet you cordially.*

Many adverbs in Polish are derived from adjectives, either by substituting **-o** for an adjective ending, or by modifying the end of the stem slightly and then adding **-e**. Here are some examples.

adjective	meaning	adverb	meaning
podobny	*similar*	podobnie	*similarly*
		podobno	*apparently*
spory	*fair-sized*	sporo	*a fair amount*
ciepły	*warm*	ciepło	*warmly*
cichy	*quiet*	cicho	*quietly*
łatwy	*easy*	łatwo	*easily*
świeży	*fresh*	świeżo	*freshly*
głupi	*stupid*	głupio	*stupidly*
piękny	*beautiful*	pięknie	*beautifully*
serdeczny	*warm, kind*	serdecznie	*cordially*
słoneczny	*sunny*	słonecznie	*sunnily*
dokładny	*precise*	dokładnie	*precisely*
prawdopodobny	*probably*	prawdopodobnie	*probably*

You may have noticed how some of these adverb forms are used to say how things are, in general:

Pogoda jest piękna.	*The weather's beautiful.*
Jest pięknie.	*It's beautiful.*
Jest ciepło/słonecznie.	*It's warm / sunny.*

Here are some more examples of adverbs in use.

Mam serdecznie dość tego wszystkiego.	*I'm heartily fed up with all this.*
Zimno mi.	*I'm cold.* (Beware of saying **Jestem zimny/zimna** – unless you want to claim that you are a cold or frigid person.)

Ciepło nam.	*We're warm.*
Chłodno.	*It's chilly.*
Nie jest ci ciepło z tym swetrze?	*Aren't you warm in that sweater?*
Głupio mu było.	*He felt embarrassed.*
Wygodnie się tu mieszka.	*It's convenient living here.*
ciepło ubrany	*warmly dressed*
Niech pan powie dokładnie,	*Tell me exactly what*
co pan widział.	*you saw.*
Trudno powiedzieć.	*It's difficult to say.*

You may hear people saying to each other **Cicho bądź!**, which means *Shut up!* **Bądź cichy** would mean *be a quiet person.*

Ćwiczenia

1 Put the expressions in brackets in the correct form:

(a) (południe, Francja) Chciałbym pojechać na . . . .
(b) (wakacje, Mazury) Chcemy spędzić . . . na . . . .
(c) (robić) Basiu, co będziesz . . . jutro wieczorem?
(d) (głosić) Legenda . . ., że w tym zamku straszy (*there is a ghost*).
(e) (wierzyć) Nie . . . w duchy.

2 Put into Polish:

(a) I live in eastern England.
(b) The best (**najlepsza**) weather is always in the north of Poland.
(c) I would like to live in South America (*be careful which verb you use here!*)
(d) It's going to rain in the west.
(e) It doesn't snow in Africa.
(f) That's why we're stopping.
(g) I am a bit embarrassed to know so little about America.
(h) I'm sure you'll have a successful week.

3 Unjumble these sentences.

Chcę urlopu mam różne jeszcze Polski.
Szkoda, ja nie lepiej.
Nie że poznać wiem zakątki dokładnie.

4 Distribute the words appropriately round the gaps.

chłodno   **daleka**   **interesujących**   **ciepły**   **gdzieś**

(a) Pojechałbym . . . za granicę.
(b) Tam jest sporo . . . kościołów i duże muzeum.
(c) Może być . . . .
(d) Weź . . . sweter, bo może być zimno.
(e) Oglądamy zamek z . . . .

5 Match the halves of sentences.

(a) Nie martw się,   (1) że pada deszcz.
(b) Nigdy nie przypuszczałam, (2) że będzie pogoda.
(c) Szkoda,   (3) że tu jest skansen.
(d) Pojedziemy na południe,   (4) nic się nie stało.
(e) Mam nadzieję,   (5) jeśli będzie pogoda.

Now recap on how to

- talk about future actions and intentions

Jakie pan(i) ma plany na przyszłość?
Jakie masz plany na jutro?
Co będziesz robił(a)/Co pan(i) będzie robił(a)?
W przyszłym tygodniu pojadę na Mazury.
W niedzielę będę bardzo zajęta.
W przyszłym roku mam zamiar   *Next year I intend to travel*
   podróżować po Europie.   *around Europe.*

- talk about possibilities that depend on something

Gdybym miał urlop, pojechałbym *If I had some holiday due,*
   na Mazury.   *I'd go to the Lakes.*
Jeżeli będzie pogoda, zrobimy   *If the weather's OK, we'll have*
   wiecieczkę do skansenu.   *a trip to the Skansen museum.*

- ask and talk about the weather

Jaka dziś pogoda?
Jaka będzie jutro/w niedzielę/w przyszłym tygodniu pogoda?
Jest/będzie/było słonecznie/pogodnie (*fine*)/ciepło/zimno/
   deszczowo (*rainy*)/pochmurno (pochmurnie) i mokro (*cloudy and wet*)
Pada deszcz/śnieg/grad/śnieg z deszczem.
Wieje wiatr.   *There's a wind blowing.*

- talk about the ways and circumstances in which things are done

Powitał nas serdecznie.	*He greeted us warmly.*
Łatwo to zrozumieć.	*It's easy to understand that.*
Mówi pan bardzo głośno.	*You talk very loud.*
Robisz to podobnie jak moja mama.	*You do that like my mum.*
Jeżeli będę miał czas, wpadnę na jeden dzień do Radomia.	*If I have time, I'll pop over to Radom for one day.*

12
BYŁAŚ U LEKARZA?
Have you been to the doctor's?

In this unit you will learn how to

- describe how you feel
- ask people how they feel
- talk about parts of your body
- seek medical help

Dialog

Sally is back from the Mazurian lakes, suffering from a cold. She phones Basia to tell her what has happened.

Sally Halo? Basia?

Basia Sally! Cześć. Kiedy wróciłaś z Mazur?

Sally Wczoraj wieczorem. Zbyt późno jednak, żeby zadzwonić do ciebie. A poza tym źle się czułam. Dzisiaj leżę w łóżku.

Basia Co ci jest?

Sally Mam nadzieję, że to tylko zwykłe zaziębienie, ale czuję się okropnie.

Basia Czy byłaś u lekarza?

Sally Jeszcze nie. Chyba nie warto.

Basia Jak się czujesz? Czy coś cię boli? Masz temperaturę?

Sally Nie mam temperatury, ale boli mnie gardło i głowa. Mam też okropny katar.

Basia Czy masz w domu jakieś lekarstwa?

Sally Wzięłam aspirynę, ale nie mam nic innego.
Basia Zaraz pójdę do apteki, kupię trochę lekarstw i przyniosę ci je po południu.

wróciłaś (wracać/wrócić) *you came back*	**gardło** *throat*
zbyt późno *too late*	**głowa** *head*
a poza tym *and besides*	**katar** *catarrh, runny nose*
źle (zły) *bad(ly), wrong(ly)*	**lekarstwa** (lekarstwo) *medications*
się czułam (czuć się) *I felt*	**wzięłam** (brać/wziąć) *I've taken*
leżę (leżeć/poleżeć) *I'm lying*	**aspirynę** (aspiryna) *aspirin*
co ci jest (być, ty) *what's the matter with you*	**nic innego** (inny) *nothing else*
zaziębienie *cold, chill*	**zaraz** *soon, in a minute*
okropnie (okropny) *terribly*	**pójdę** (iść/pójść) *I'll go (on foot)*
byłaś u lekarza *you have been to the doctor's*	**kupię** (kupować/kupić) *I'll buy*
boli (boleć) *aches, hurts*	**przyniosę** (przynosić/przynieść) *I'll bring*
temperaturę (temperatura) *temperature*	**je** (one) *them*
	po południu (południe) *in the afternoon*

In the afternoon Basia visits Sally, who tells her about her break in Mazury.

Sally Na początku pogoda była wspaniała. Było bardzo ciepło i słonecznie. Potem jednak zrobiło się chłodno i deszczowo. Nie obyło się także bez przygód. Syn właścicieli hotelu, w którym się zatrzymałam, rozchorował się w nocy. Trzeba było wezwać pogotowie i zabrać go do szpitala.
Basia Czy było to coś poważnego?
Sally Wyrostek, jak się okazało. Szybko zoperowano chłopca. Odwiedziłam go w szpitalu przed wyjazdem. Czuł się znacznie lepiej.
Basia A ty jak się teraz czujesz?
Sally Trochę lepiej. Nie boli mnie już głowa, ale mam kaszel.
Basia Powinnaś poleżeć kilka dni w łóżku.
Sally Na to wygląda.

na początku (początek) *to start with, at the beginning*	**nie obyło się bez** (+ gen.) (obywać się/obyć się) *and there were/and we were not spared/we did not manage without*
wspaniała (wspaniały) *wonderful*	
zrobiło się chłodno (robić się/zrobić się, chłodny) *it got chilly*	**bez przygód** (przygoda) *without adventures*

właścicieli hotelu (właściciel, hotel)
the hotel owners'
rozchorował się (rozchorowywać
się/rozchorować się) *fell ill, took to
his bed*
trzeba było *we/they had to*
wezwać pogotowie
(wzywać/wezwać) *call an
ambulance*
zabrać (zabierać/zabrać) *take (away)*
do szpitala (szpital) *to hospital*
coś poważnego (poważny)
something serious
wyrostek *appendix*
jak się okazało (okazywać
się/okazać się) *as it turned out*

zoperowano chłopca
(operować/zoperować, chłopiec)
the lad was operated on
odwiedziłam (odwiedzać/odwiedzić)
I visited
przed wyjazdem (wyjazd) *before I
left*
czuł się (czuć się/poczuć się) *he felt*
znacznie/trochę lepiej *much/a little
better*
kaszel *a cough*
powinnaś (powinienem) *you should,
you ought to*
na to wygląda (wyglądać) *it looks
like it*

Komentarz

In Poland, if you are suddenly taken ill, you must call an ambulance
(**wezwać pogotowie**), which means dialling 999.

Incidentally, this is just the number for ambulances. For the police
you dial 997, and 998 for the fire service. The ambulance will take
you to the nearest hospital with a casualty department (**ostry
dyżur**). In Poland, hospitals usually take it in turns to provide emergency care. Some hospitals, normally in big towns, have the status of a
teaching hospital, **klinika**. This means that they are medical centres,
with specialists as well as student doctors. A **klinika** will usually be
found in the same town as a medical academy (**akademia medyczna**).

You can also seek medical help at an out-patient centre or surgery
(**przychodnia**). Unfortunately, it is not always easy to arrange an
appointment. The first thing you have to do is obtain a number
(**wyciągnąć numerek**), in other words, register your appointment
and be given a place in the queue. If necessary, the doctor will give
you a prescription (**recepta**), in which case your next port of call will
be a chemist's shop (**apteka**). The recent economic changes in Poland
have had an enormous impact on the health service, and that includes
chemists. New private pharmacies have appeared; it does not seem to
be a problem getting hold of basic medicines any more, but you may

well have to pay record prices. If you do have problems obtaining a particular non-Polish medicine, contact the Swiss Pharmacy (**Apteka Szwajcarska**) in Warsaw, which supplies medicines often unavailable elsewhere.

oddział (*department*)	**specjalist(k)a** (*specialist*)	
chirurgia	chirurg	*surgeon*
interna	internist(k)a	*internal medicine specialist*
ortopedia	(chirurg) ortopeda	*orthopedic surgeon*
laryngologia	laryngolog	*ENT specialist*
okulistyka	okulist(k)a	*eye specialist*
ginekologia	ginekolog	*gynaecologist*
kardiologia	kardiolog	*cardiologist*
pediatria	pediatra	*pediatrician*

Sufferers from chronic illnesses (**przewlekłe choroby**) can spend a few weeks recuperating in a convalescent home (**sanatorium**), probably situated in a spa town (**uzdrowisko**). **Zdrój** at the end of a place-name is like the English *Spa*. Perhaps the most famous Polish spa towns are Kudowa Zdrój and Iwonicz Zdrój.

Parts of the body

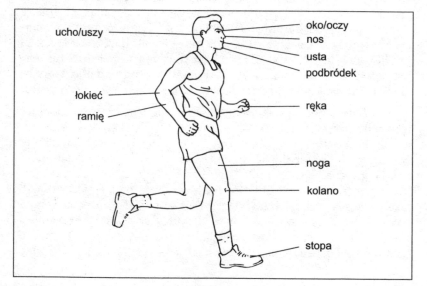

Co panu (pani) jest?

Boli mnie głowa.	Bolą mnie plecy (*back*).	Mam temperaturę.
ręka.	ręce.	katar.
noga.	nogi.	kaszel.
ucho.	uszy.	dreszcze (*shivers*).
oko.	oczy.	grypę (*flu*).
ząb (*tooth*).	zęby.	gorączkę (*fever*).
gardło.		
kręgosłup (*spine*).		

The contents of a first-aid kit

wata	*cotton wool*
bandaż	*bandage*
jodyna	*iodine*
proszki przeciwbólowe	*analgesic powders*
opatrunek	*dressing*
plaster	*plaster*
gaza	*gauze*

Language patterns

1 Boleć *(to hurt)*

The verb **boleć** takes the accusative form of the word referring to the sufferer. Use nominative (dictionary) forms for the part of you that hurts, as in the **Komentarz** in this unit.

Normally, if a Polish verb is negated, it will replace any accusative object by a genitive:

Mamy czas.	*We have time.*	Nie mamy czasu.	*We don't have time.*
Kupuję gazety.	*I buy newspapers.*	Nie kupuję gazet.	*I don't buy newspapers.*

Officially, at least, **boleć** is the one exception to this rule.

Boli ją głowa.	*She has a headache.*
Już nie boli ją głowa.	*She no longer has a headache.*

Note: the genitive of **ona** is **jej**.

2 Perfective verbs emphasize results

In recounting what happened to the hotel proprietor's son, Sally refers to **hotel, w którym się zatrzymałam** (*the hotel I stayed in*). Staying somewhere is an ongoing process, but the verb **zatrzymać się** is perfective – its imperfective counterpart is **zatrzymywać się**. **Zatrzymać się** in fact means *stop*. **Autobus się zatrzymał** (*The bus stopped*). But the result of stopping (your journey) at a hotel is that you stay there. Perfective verbs often emphasize the result of an action.

Przyszedł już?

Has he arrived? Is he here (as a result of arriving)?

Rozchorował się.

He was taken ill. He has been taken ill. He is ill.

3 Zoperowano chłopca (They operated on the boy)

Verbs have forms ending in **-o** which can be used when you don't know or don't want or need to say who performed an action.

Wszczęto śledztwo.
Mówiono po polsku.
Zlikwidowano stołówkę.

An enquiry has been instituted.
Polish was being spoken.
The canteen's been closed down.

4 Leżeć w łóżku (Stay in bed)

English is content to say where something or someone *is* or *stays*. Polish prefers to use a verb that suggests a particular posture.

leżeć w szpitalu
Dom stoi na rogu.
Mama siedzi cały czas w domu.

to be / stay in hospital
The house is (stands) on the corner.
Mum stays (sits) at home all the time.

Sometimes the 'posture' tells you more about something's fate than about its real position.

Książki stoją na półkach.

The books are on the shelves e.g. in a library, ready to be borrowed.

Książki leżą na półkach.

The books are hanging around in the shop or warehouse, unsold.

Ćwiczenia

1 Choose the correct form.

(a) (spędziła, spędzili)   Sally .... tydzień na Mazurach.
(b) (czują, czuję)   Niestety, nie mogę przyjść, źle się ....
(c) (Bolą, Boli)   .... mnie plecy.
(d) (leży, leżeć)   Muszę .... w łóżku.

2 See how many health problems (**dolegliwości zdrowotne**) you can find in the following letter. You will probably need to refer to the vocabulary at the back of the book.

Droga Marysiu!

Przykro mi, że źle się czujesz. U nas panuje grypa. Wszyscy cierpią na ból głowy i wysoką gorączkę. Mały Tomek nie ma wprawdzie grypy, ale za to zaraził się w szkole ospą. W ubiegłym tygodniu odwiedzilam ciocię Zosię. Ogólnie czuje się dość dobrze. Czasami tylko narzeka na reumatyzm.

Pozdrowienia

Ewa

3   Read the notice outside the out-patient clinic. Say which room
    you need to go to if you are suffering from: (a) bad eyesight,
    (b) toothache, (c) earache, (d) a broken leg, (e) heart problems.

PRZYCHODNIA SPECJALISTYCZNA
LEKARSKO–DENTYSTYCZNA

CZYNNE W GODZINACH

08.00 – 19.00

OKULISTA	POKÓJ 45
STOMATOLOG	POKÓJ 34
KARDIOLOG	POKÓJ 46
GINEKOLOG	POKÓJ 48
LARYNGOLOG	POKÓJ 40
ORTOPEDA	POKÓJ 49
PEDIATRA	POKÓJ 50
INTERNISTA	POKÓJ 37

4   Say these in Polish.

   (a) I've got a headache.
   (b) I've got a fever.
   (c) I don't feel well.
   (d) She's got toothache.
   (e) I have to take a painkiller.

5   Unravel the sentences, which have got jumbled up with each
    other.

    Nie kilka boli tempatury, się w kręgosłup.
    Powinieneś gardło i mnie poleżeć łóżku.
    Mały dni w ale Tomek zaraził szkole mam ospą.

Now revise how to

● describe how you feel

    Źle się czuję.
    Dobrze się czuję.
    Czuję się okropnie/fatalnie. (*dreadful*)

● ask people how they feel

    Jak się czujesz? Jak się pan(i) czuje?
    Co ci jest? Co panu/pani jest?
    Co ci/panu/pani dolega? (*What's troubling you?*)

- talk about parts of your body

  Bolą mnie zęby.
  Już nie boli mnie gardło.

- seek medical help

  Trzeba wezwać pogotowie.
  Trzeba iść do lekarza.

- ask for advice

  Co powinienem/powinnam zrobić?
  Co byś zrobił na moim miejscu? *What would you do if you were me?*

- talk about obligation and necessity

  Powinnam/Powinieneś/Pan powinien leżeć w łóżku.
  Powinienem/Powinna pani wziąć leki.
  Muszę/Musisz/Musi pan(i) iść do lekarza.

13
CZĘSTO PAN TU BYWA?

Do you come here often?

In this unit you will learn how to

- describe family and other relationships
- talk about how often things happen

Dialog

Basia has invited Sally to spend Sunday with her and her aunt in Radość, a small town in the suburbs of Warsaw. On the train, they talk about Basia's relatives.

Sally Czy często odwiedzasz swoją ciocię, Basiu?

Basia Staram się raz w miesiącu. Czasami częściej. Ciocia jest już w podeszłym wieku, ale jest jeszcze bardzo sprawna fizycznie i stara się dbać o siebie.

Sally Czy ma jakąś bliższą rodzinę, męża, dzieci?

Basia Jej mąż, mój wujek, zginął w Powstaniu Warszawskim w 1944 (tysiąc dziewięćset czterdzielstym czwartym) roku. Ciocia ma dwóch synów, ale obaj mieszkają daleko, jeden za granicą, w Stanach Zjednoczonych, a drugi w Krakowie. Mój brat cioteczny z Krakowa przyjeżdża dosyć często, ale z tym ze Stanów nie mam prawie żadnego kontaktu.

---

odwiedzasz (odwiedzać/odwiedzić)
you visit
ciocię (ciocia) *(your) aunt*
staram się (starać/postarać się) *I try*
częściej (częsty, często) *more often*
w podeszłym wieku (podeszły, wiek)
getting on a bit
sprawna fizycznie (sprawny,
fizyczny) *physically fit*
dbać o siebie *look after (her) self*
bliższą rodzinę (bliski, bliższy,
rodzina) *immediate family*
mój wujek *my uncle*
zginął (ginąć/zginąć) *was killed*
w Powstaniu Warsawskim
(powstanie, warszawski) *in the
Warsaw Uprising*

ma dwóch synów (mieć, dwa, syn)
has two sons
obaj (oba) *both (men)*
mieszkają (mieszkać) *(they) live*
brat cioteczny *cousin*
przyjeżdża (przyjeżdżać/przyjechać)
comes (on transport)
dosyć (dość) *quite. ... enough*
z tym (ten) *with the one*
ze Stanów (Stany (Zjednoczone))
from the (United) States
nie mam prawie żadnego kontaktu
(mieć, żaden, kontakt) *I hardly
have any contact*

> Suddenly, the woman sitting opposite, who has a little girl with her,
butts in.

Współpasażerka Bardzo panie przepraszam, ale z córeczką
jedziemy do Centrum Zdrowia Dziecka i nie
bardzo wiem, gdzie powinnyśmy wysiąść.

Basia W Międzylesiu, to akurat następna stacja. O ile
dobrze pamiętam, szpital jest niedaleko stacji.

Współpasażerka Bardzo paniom dziękuję i przepraszam panie, że
przerwałam.

Basia i Sally *(jednocześnie)* Nie ma za co.

---

współpasażer(ka) *fellow traveller,
travelling companion*
przerywam (przerywać/przerwać) *I
interrupt*
jedziemy z córeczką (jechać,
córeczka) *my little girl and I are on
our way*
Centrum Zdrowia Dziecka (zdrowie,
dziecko) *Children's Health Centre*
powinnyśmy (powinienem) *we
(female) ought to*
wysiąść (wysiadać/wysiąść) *get off*

akurat *as it happens*
następna stacja (następny) *the next
station*
o ile dobrze pamiętam (dobry,
pamiętać) *if I remember rightly*
niedaleko stacji (stacja) *not far from
the station*
przerwałam (przerywać/przerwać)
I interrupted
jednocześnie (jednoczesny)
simultaneously
szpital, -a; -e, -i *hospital*

Basia and Sally carry on talking.

Sally Masz, Basiu, dość rozległą rodzinę, prawda?

Basia Bardzo. Rodzice mają liczne rodzeństwo, stąd też mam mnóstwo rozmaitych wujków, cioć, stryjków, braci i sióstr ciotecznych. Są rozsiani po całej Polsce. Część mieszka także za granicą. Chodź, wysiadamy.

---

masz rozległą rodzinę (mieć, rozległy, rodzina) *you have an extended/extensive family*
liczne rodzeństwo (liczny) *numerous siblings*
stąd też *and that's why*
mnóstwo wujków *lots of uncles*
cioć, stryjków, braci i sióstr ciotecznych (ciocia, stryjek, brat cioteczny, siostra cioteczna) *of aunts, uncles, male and female cousins*
rozsiani (rozsiewać/rozsiać) *scattered*
chodź, wysiadamy (chodzić, wysiadać/wysiąść) *come on, this is our station*
za granicą *abroad (location)*

Komentarz

Families in Poland, as in many largely Catholic countries, tend to be quite extensive and try to keep together. There are a number of historical, traditional and political reasons for this. Some kinship terms suggest the closeness of the contacts, like the use of **brat** (*brother*) and **siostra** (*sister*) in the terms for *cousin*: **brat cioteczny** (or **stryjeczny**), **siostra cioteczna** (or **stryjeczna**).

Wujek *and* stryjek

In Poland it is traditional to use different words for members of the family depending which "side" they belong to. For example, a person's mother's brother is called **wujek**, while a father's brother is called **stryjek**. Relatives on the mother's side of the family are **po kądzieli** (*on the distaff side*), and those on the father's side are **po mieczu** (*by the sword*) However, these expressions are getting less common, the distinction between the two sides of the family is becoming blurred and, for example, **wujek** is used for either kind of uncle (as well as for any friendly male stranger).

a

b

miecz sword

kądziel distaff

PO KĄDZIELI	**PO MIECZU**
ciocia	stryjenka (ciocia)
wuj(ek)	stryj(ek)
brat cioteczny	brat stryjeczny
siostra cioteczna	siostra stryjeczna

Powstanie Warszawskie (*The Warsaw Uprising*)

It is worth spending a moment on some basic facts about this event, to which Poles attach great significance. The Warsaw Uprising started on the first day of August 1944 and lasted for 63 days. It was the last attempt by the Polish Home Army (**Armia Krajowa**) loyal to the Polish Government in exile in London, to liberate Warsaw from the German occupation.

Hitler, furious with the Poles, gave orders for Warsaw to be completely destroyed. The city was burnt to the ground, and 80% of the buildings were completely destroyed.

Yet, like a phoenix from the ashes, and contrary to Hitler's intentions, Warsaw was re-born. Totally rebuilt from old plans, paintings, sketches and photographs, Warsaw became a powerful symbol of new life.

Centrum Zdrowia Dziecka (The Children's Health Centre)

The CZD is the largest and most modern children's hospital in Poland. Situated in the suburbs of Warsaw, it has been built, equipped and financed entirely from charitable contributions. It is a 'hospital-monument' devoted to the care of sick children, and named after all the children who died in the Second World War.

═══ Language Patterns ═══

1 Się

The verb **dbać o** (to look after) expects the expression(s) referring to the object of the care to be in the accusative case. With prepositions (**o, do**, etc.), and when accentuated, the accusative and genitive form of the reflexive pronoun **się** (. . .self, . . .selves) is **siebie**.

> Krytykuje postępowanie innych, ale siebie nie widzi.
>
> (S)he criticicizes the behaviour of others, but can't see him / herself.

The corresponding instrumental form is **sobą**.

> Znowu jestem sobą.
> Rozmawiają ze sobą.
>
> I'm myself again.
> They're talking to each other.

The dative and locative form is **sobie**.

> Zrób sobie herbaty.
> Każdy sądzi po sobie.
>
> Make yourself some tea.
> Every man judges by himself.

2 The missing person pattern

> Z córeczką jedziemy do Centrum Zdrowia Dziecka.
>
> My daughter and I are on our way to the Children's Health Centre.

Literally this means With my daughter we are travelling. . . . This is a very common pattern in Polish.

> Wczoraj byliśmy z bratem w teatrze.
>
> My brother and I went to the theatre yesterday.

Rozmawialiśmy z Basią o o tobie.	*Basia and I were talking about you.*

You may notice Poles who speak otherwise excellent English carrying this pattern over into English. You are told that 'we' did something with someone else . . . and then a character in the story seems to go missing. That is because 'We . . . with X' should really have been 'X and I'.

3 Przepraszam, że przerywam *(Sorry to interrupt)*

In Polish you apologise that something is the case. In English you apologise for something, you are sorry to do something, or you are sorry about something.

Przepraszam za bałagan.	*Sorry about the mess*
Przepraszam, że nie pisałem.	*Sorry not to have written.*
Przepraszam, że nie ma świeżego mleka.	*I apologise for there not being any fresh milk.*

4 Nie? *(Isn't it?)*

Masz Basiu dość rozległą rodzinę, prawda?	*You have a fairly extensive family, don't you, Basia?*

English tag-questions like *don't you?, isn't it?, haven't we?* tacked onto the ends of sentences have counterparts in Polish sentences ending in **prawda?, nie?** or **tak?,** with your voice going up at the end. Note that if the English tag serves to indicate that you expect people to agree with you what you say, then you would normally use the word **przecież**, with the voice NOT going up at the end, and no question mark in writing.

To przecież stolica.	*It's the capital, isn't it?* *(. . .so what do you expect?)*

5 Chodź *(Come on!)*

You may have noticed the slight oddity about the use of the imperative form of **chodzić**. The verb **chodzić** means *walk around* or *go regularly (on foot)*, but the imperative form **Chodź!** means *Come on!*

6 Mnóstwo rozmaitych cudów (lots of remarkable things)

Notice the string of genitive plural forms used with **mnóstwo**.

Mnóstwo rozmaitych wujków, cioć, stryjków, braci i sióstr ciotecznych.

Genitive plural forms of masculine nouns most commonly end in **-ów**.

Telefon do panów.   *There's a telephone call for you gentlemen.*

Typical feminine nouns ending in **-a** lose the **-a** in the genitive plural, and neuter nouns similarly lose their final **-o**. Some genitive plural forms end in **-y** or **-i**. Look at some more examples.

cena	*price*	podwyżka cen	*price rise*
kino	*cinema*	w programie kin	*in the cinema schedule*
książka	*book*	Nie ma nowych książek.	*There aren't any new books.*
ludzie	*people*	Idę do swoich ludzi.	*I'm going to see my people.*

 ─────────── **Ćwiczenia** ───────────

Note: in some of the exercises, you might want to refer to the 'How To' section that follows.

1   Put the words on the left in an appropriate form.

   (a) brat   Mama ma dwóch . . . .
   (b) mieszkać, pracować   Starszy, Jerzy, . . . w Warszawie i . . . w klinice . . . .
   (c) żyć   Moi dziadkowie (*grandparents*) już nie . . . .
   (d) jechać   Razem z synem . . . na wakacje do Francji.

2   Sally is back from work. She finds a note from Basia stuck on the door. Unfortunately, Basia must have been in a hurry, and Sally has problems deciphering the text. See if you can help her reconstruct it.

Sally!

Zadzwonił John, twój starszy .... z Edynburga. Twoi .... czują się dobrze, chociaż .... była trochę zaziębiona, ale tato nie ma problemów ze zdrowiem. Podobno .... w Anglii jest wspaniała. Cały czas jest .... i ciepło. John obiecał .... jeszcze raz w tym tygodniu, ... w niedzielę po ....

Do zobaczenia

Basia

3 Fill in your part in the conversation.

X Często pan(i) odwiedza swoich rodziców?
You *(Say you try to visit your parents twice a month.)*
X Jak się czują?
You *(Say your father is physically fit, but mother doesn't look after herself.)*
X Szkoda. Ma pan(i) jakieś rodzeństwo?
You *(Say you have a brother and a sister. Your sister lives in England and your brother lives in America.)*

4 Distribute the words appropriately among the gaps.

stacji**całej****razy****zginął****żadnego**

(a) Moi bracia są rozsiani po ... Polsce.
(b) Nie mamy ... kontaktu z nim.
(c) Muzeum jest niedaleko ....
(d) Odwiedzają babcię cztery ... w miesiącu.
(e) Jego starszy brat ... w Powstaniu Warszawskim.

5 Unjumble the sentences.

O nie ma dobrze Centrum przyjcżdża tu restauracji.
Jej ciocia dosyć stryjek Dziecka.
Moja mieszka niedaleko pamiętam, Zdrowia ile często.

6 Put into Polish

(a) I try to look after myself.
(b) Mr Wesołowski is physically fit and goes for walks with the dog.
(c) We have hardly any contact with my cousin in England.
(d) Nobody was killed.
(e) Where should we get off?

Now revise how to:

- talk about how often things happen

To ... się zdarza.	It happens ....
często *often*	rzadko *rarely*
czasami *sometimes*	zawsze *always*
To nigdy się nie zdarza.	It never happens.
raz w tygodniu	once a week
dwa razy w tygodniu	twice a week
w miesiącu	... a month
w roku	... a year

- apologise for disturbing or interrupting

Przepraszam, że przeszkadzam.	Sorry to get in the way.
Przepraszam, że się wtrącam.	Sorry to butt in.
Przepraszam, że przerywam.	Sorry to interrupt.

- accept an apology

Nic nie szkodzi.
Nic się nie stało.
Nie ma sprawy. (*No problem.*)
Nie ma za co.

- hedge what you say

O ile (dobrze) pamiętam, ...	If I remember rightly, ...
O ile się orientuję, ...	As far as I can see, ...
O ile mnie pamięć nie myli, ...	If memory serves / if my memory doesn't deceive me, ...

14
JEST CI W TYM DO TWARZY
It suits you

In this unit you will learn how to

- talk about clothes, size, and colours
- talk about people's appearance
- make comparisons
- talk about what things are made of

Dialog

It is Basia's nameday next week. She is going to have a party. She and Sally have both decided that they need new outfits. They go shopping in a department store.

Basia Czy wiesz, co byś chciała kupić?
Sally Nie, nie bardzo. Prawdopodobnie spódnicę i żakiet. A ty?
Basia Myślałam o spodniach.
Sally Zobacz, tam są ładne spódnice. Chodź, może znajdziemy coś odpowiedniego.

prawdopodobnie (prawdopodobny) *probably*	**o spodniach** (spodnie) *about trousers*
(kupię) spódnicę (kupić, spódnica) *(I'll buy) a skirt*	**zobacz** (zobaczyć) *look, go and see*
żakiet *jacket*	**może** *maybe*
myślałam (myśleć) *I (female) was thinking*	**znajdziemy** (znajdować/znaleźć) *we'll (be able to) find*
	coś odpowiedniego (odpowiedni) *something suitable*

A sales assistant approaches them.

Ekspedientka	Czym mogę służyć?
Basia	Szukamy stroju wieczorowego. Ja chciałabym kupić spodnie, a moja przyjaciółka szuka spódnicy i żakietu.
Ekspedientka	Zacznijmy od spodni. W jakim kolorze i jaki rozmiar?
Basia	Czarne, rozmiar czterdziesty szósty.
Ekspedientka	Bardzo mi przykro, są czarne spodnie, ale niestety nie ma rozmiaru. Jedyne są w rozmiarze czterdziestym ósmym. Proszę je przymierzyć. Może będą pasowały?

---

czym mogę służyć? (co, móc) *how may I be of service?*
szukamy stroju wieczorowego (szukać, strój wieczorowy) *we're looking for some evening clothes*
zacznijmy (zaczynać/zacząć) *let's start*
jaki rozmiar? *what size?*
w jakim kolorze (jaki kolor) *(in) what colour?*

czarne spodnie (czarny) *black trousers*
przymierzyć je (przymierzać/przymierzyć) *try them on*
może będą pasowały? (pasować) *will they perhaps fit?*
jedyne (jedyny) *the only ones*

While Basia is trying the trousers on, Sally talks to the assistant.

Ekspedientka	Czy wie pani, w jakim kolorze chciałaby pani żakiet?
Sally	Nie jestem pewna. Może granatowy. Będzie mi pasował do wielu rzeczy, które mam. Najczęściej noszę białe bluzki, które dobrze wyglądają z granatem.
Ekspedientka	Wie pani, chyba mamy coś, co będzie w sam raz . . .

---

granatowy *navy blue*
będzie mi pasował do wielu rzeczy (wiele, rzecz) *it'll suit a lot of the things I have*
najczęściej (częsty, często) *most often*
noszę białe bluzki (nosić, biały, bluzka) *I wear white blouses*

dobrze wyglądają (wyglądać) *they look good*
z granatem (granat) *with navy blue*
wie pani (wiedzieć) *you know*
będzie w sam raz (być) *will be just right*

Sally tries on the suit but after a while she reappears looking embarrassed.

Ekspedientka No i co? Pasuje?

Sally Niestety nie. Żakiet jest za duży. Szczególnie rękawy są za długie. Czy dostanę mniejszy?

Ekspedientka Nie jestem pewna, ale chyba tak. Zaraz sprawdzę i przyniosę. Proszę chwileczkę zaczekać.

---

no i co? *well?*
za duży *too big*
szczególnie *particularly*
rękawy (rękaw) *sleeves*
za długie (długi) *too long*
czy dostanę mniejszy *is there any*

chance of my getting a smaller one?
zaraz sprawdzę (sprawdzać/
  sprawdzić) *I'll check straight away*
przyniosę (przynosić/przynieść) *I'll*
  bring (it)

```
                DOM  TOWAROWY

                    SEZAM

    ZAPRASZAMY

    W GODZINACH
    10.00 - 18.00  OD PONIEDZIAŁKU DO PIĄTKU

    10.00 – 14.00  W SOBOTĘ
```

PARTER	**PIERWSZE PIĘTRO**	**DRUGIE PIĘTRO**
MEBLE	ODZIEŻ MĘSKA / DAMSKA	TKANINY
OŚWIETLENIE	OBUWIE MĘSKIE / DAMSKIE	DYWANY
AGD	ARTYKUŁY DZIECIĘCE	FIRANKI / ZASŁONY
RTV	ZABAWKI	SPRZĘT SPORTOWY
SZKŁO	KOSMETYKI	SPRZĘT ELEKTRONICZNY
PORCELANA	BIELIZNA	
	BIŻUTERIA	

Kolory *(colours)*

czerwony *red*
niebieski *blue*
żółty *yellow*
zielony *green*
fioletowy *violet*
pomarańczowy *orange*
różowy *pink*

brązowy *brown*
granatowy *navy blue*
szary *grey*
popielaty *grey*
biały *white*
czarny *black*

Dla niej	For her	Dla niego	For him
spódnica	skirt	koszula	shirt
bluzka	blouse	garnitur	suit
garsonka	suit	marynarka	jacket
żakiet	jacket	krawat	tie
sukienka	dress	skarpety	socks
rajstopy	tights		
pończochy	stockings		

Dla obojga	For them both
spodnie	trousers
sweter	jumper
płaszcz	coat
jesionka	light overcoat
kamizelka	waistcoat, sleeveless pullover
szalik	scarf
czapka	cap
kurtka	short coat
rękawiczki	gloves
buty	shoes

Komentarz

Buying clothes in Poland

When shopping in Poland, you should bear in mind that certain items, such as underwear, cannot be exchanged. This may strike you as unfair, as most shops will not allow you to try things on, either. It is left to your knowledge, skill and judgement – or to your good luck – to find the size that fits you. With items that you can try on, you will be directed to the fitting room (**przymierzalnia**). The Polish for *cut* is **krój**, and *style* in this context is **fason**.

The transition from state ownership to a free market economy is proving painful and slow. Both retailers and customers are learning the rules of the new trading game as they go along. One of the results of this situation is that consumer rights are a minefield. Consumers are becoming more conscious of their rights, and pressure on retailers has already caused a change in attitudes. But it never does any harm to be careful.

Don't let these comments put you off Polish shops. For example, if you like good-quality handmade goods, then Polish shops are definitely for you. Look out for amber beautifully set in silver. Unique articles crafted from wood, leather or glass are very good value for money.

materiał	*material*	**przymiotnik**	**zrobiony**
		(adjective)	*(made of)*
metal	*metal*	metalowy	z metalu
wełna	*wool*	wełniany	z wełny
plastik	*plastic*	plastikowy	z plastiku
srebro	*silver*	srebrny	ze srebra
drewno	*wood*	drewniany	z drewna
szkło	*glass*	szklany	ze szkła
skóra	*leather*	skórzany	ze skóry
żelazo	*iron*	żelazny	z żelaza
złoto	*gold*	złoty	ze złota
len	*linen*	lniany	z lnu

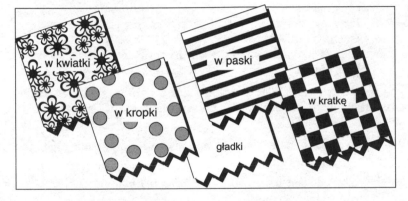

w kwiatki · w paski · w kropki · w kratkę · gładki

Language patterns

1 Bardzo

The word **bardzo**, though it translates the English word *very*, is often used in Polish in ways that *very* is not used in English.

Nie bardzo wiem.	*I don't really know. I don't have much idea.*
Dziękuję bardzo.	*Thank you very much.*
Przepraszam bardzo.	*I'm so sorry.*
Proszę bardzo.	*You're welcome.*
Bardzo proszę.	*I'd be most grateful.*
Bardzo się kochają.	*They love each other a lot.*
aż za bardzo	*too much, in fact*
To jest, wiesz, jakoś nie bardzo.	*I'm none too keen on that, frankly.*

2 Jest ci w tym do twarzy

The word **twarz** (*face*) is used in a common way of saying that something suits a person:

Jest ci do twarzy	
w tym kapeluszu.	*This hat suits you.*
w czerwonym swetrze.	*A red jumper . . .*
w jasnoniebieskiej apaszce.	*A pale blue scarf . . .*
w takim ciemnym kolorze.	*That dark colour . . .*
w białej bluzce.	*A white blouse . . .*

The colour or item of clothing that suits a person is in the locative form after the preposition **w**. The person who is suited is in the dative form (see also p. 230).

When you want to talk about things matching or fitting, then you need the verb **pasować**.

Nie pasują do siebie.	*They don't match.*
To pasuje do pana/pani.	*That's just like you.*
Klucz pasuje do zamka.	*The key fits the lock.*
Rękawiczki pasują do płaszcza.	*The gloves go with the coat.*
Garnitur pasuje na pana, nie na mnie (*emphasize* **na**).	*The suit fits you, not me.*

3 Mogą być? *(Can they be?)*

Don't be surprised, when you appear to have chosen what you want in a shop, when the assistant says **Mogą być?** (*Can they be?*). In this context, the expression means *Would you like these, then?/Are you taking these, then?*

4 Word families

You have probably noticed family resemblances between Polish words. For example, both **spódnica** (*skirt*) and **spodnie** (*trousers*) are related to **spód** (*bottom, underside*). Here are some expressions involving **spód**, followed by some related words.

od spodu	*from below*	pod spodem	*underneath*
spod spodu	*from underneath*	na spodzie/ u spodu	*at the bottom*
spod lady	*from under the counter*		
spodek	*saucer*	spodnium	*trouser suit*
spodniarz	*tailor specializing in trousers*	spódniczka	*skirt, kilt*

A flying saucer in Polish is usually **latający talerz** (*a flying plate*), but the building in Katowice that looks like a giant flying saucer is indeed often referred to as **Spodek** (*The Saucer*).

5 Który (which, that, or nothing)

Sally feels that a navy blue jacket will go well with lots of things she already has:

Granatowy żakiet będzie mi pasował do wielu rzeczy, które mam.

Forms of **który** (*which, that*) should not be omitted from Polish sentences, even though English is often happy to manage without *which* or *that*.

To są ci Polacy, których znasz.   *These are the Poles (that) you know.*
Pokążę ci zdjęcia, które   *I'll show you the pictures*
zrobiłem w Warszawie.   *(that) I took in Warsaw.*

6 Comparisons and comparatives

Polish has two ways of forming comparatives from adjectives and adverbs. Either the word itself is altered or extended, or **bardziej** (*more*) is used.

Ten sweter jest mały, ale tamten jest mniejszy.	*This jumper is small but that one is smaller.*
Mam lepszy pomysł.	*I've got a better idea.*
Jego żona jest od niego starsza.	*His wife is older than him.*
Ta apaszka jest ładniejsza.	*This scarf is nicer.*
Te buty są droższe, i ja wolę te tańsze.	*These shoes are more expensive, and I prefer the cheaper ones.*
Ten film jest ciekawszy/ bardziej interesujący.	*This film is more interesting.*
Wczoraj już było zimno, ale dziś jest jeszcze zimniej.	*It was cold yesterday, but today it's even colder.*
Będzie cieplej w sobotę.	*It'll be warmer on Saturday.*
Widelec jest miłym prezentem, ale pierścionek byłby milszy.	*A fork is a welcome present but a ring would be more welcome.*

Superlatives in Polish start with **naj-**:

Ten krawat jest najciemniejszy.	*This tie is darkest.*
Najbardziej mi się podoba granatowy.	*I like the navy blue one best.*

✔ ——————— Ćwiczenia ———————

1 Say what the following items are made of:

(a) Sweter jest . . . .

(b) Portmonetka (*coin purse*) jest . . . .

(c) Karta kredytowa jest . . . .

(d) Widelec jest . . . .

(e) Kolczyki są . . . .

(f) Pierścionek jest . . . .

Here is a reminder of some adjective endings.

	(inanimate) masculine	feminine	neuter	(non-virile) plural
nom.	dobry	dobra	dobre	dobre
acc.	dobry	dobrą	dobre	dobre
gen.	dobrego	dobrej	dobrego	dobrych
loc.	dobrym	dobrej	dobrym	dobrych

2 Give the Polish equivalents of the colours in brackets, remembering to put the colour words in the correct form.

(*a*) (*blue*)   Jest ci do twarzy w ....

(*b*) (*black*)   Chciałabym kupić ....żakiet i (*red*) ....
        bluzkę.

(*c*) (*navy blue*) Kupiłam mężowi nowy krawat, ... w białe
        kropki (*with white spots*).

(*d*) (*yellow*)   Nie znoszę .... sukienek.

3 Revision exercise. Put these sentences into Polish.

(*a*) My grandmother lives in a little wooden house.
(*b*) She lives alone.
(*c*) Her husband died seven years ago.
(*d*) I usually visit her twice a week.
(*e*) I always do the shopping for her.
(*f*) We often go for a long walk.

4 From the receipt, find out what Basia has bought.

kapelusz	3 zł
rękawiczki	2,80 zł
apaszka	1,50 zł
bluzka	10 zł
garsonka	38 zł
rajstopy	2,50 zł

5 Try this clothing crossword.

Poziomo *(across)*
- (1) a light overcoat
- (4) an overcoat
- (5) a waistcoat
- (8) a woman's suit
- (10) socks
- (11) a jacket or short coat

Pionowo *(down)*
- (2) a hat
- (3) a scarf
- (6) a delicate neck scarf
- (7) a jacket
- (9) a tie (zwis elegancki męski)

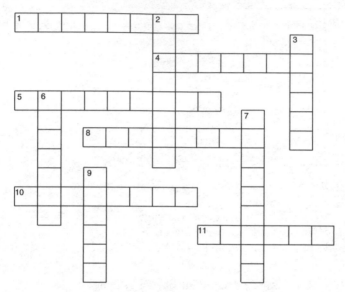

Now re-cap on how to:

● talk about sizes

Jaki jest twój/pani/pana rozmiar?
Ten żakiet jest o rozmiar za duży (one size too big).

● talk about colours

Jakiego koloru jest twoja spódnica?
Jasnoniebieska apaszka (*light blue lady's scarf*)
Ciemnozielony sweter (*dark green sweater*)

● talk about people's appearance and clothes

Wyglądasz/Pan(i) wygląda bardzo elegancko.

Jest pani/panu w tym do twarzy.   *It suits you.*

Apaszka pasuje do swetra.   *The scarf goes well with*
      the jumper.

Radzę ci/pani/panu kupić   *I advise you to buy these gloves.*
te rękawiczki.

- make comparisons

Ten płaszcz jest ładniejszy niż tamten.

Ten rozmiar jest mniejszy od tamtego.

- talk about what things are made of

Ten słoń jest z drewna.   *The elephant is made of wood.*

Nie, chyba z plastiku.   *No, plastic, I think.*

Scyzoryk (*penknife*) jest metalowy, może nawet srebrny.

15
WSZYSTKIEGO NAJLEPSZEGO!

All the best!

In this unit you will learn how to

- talk about months
- to express seasonal and other wishes
- to issue invitations
- to introduce guests
- to talk about things that your kind of people do
- to talk about the old days
- talk about namedays, birthdays and other celebrations

Dialog

It is Basia's nameday party. Sally has just arrived with a present and flowers for Basia. Now Basia is introducing her to her family and friends.

Sally Basiu, wszystkiego najlepszego z okazji imienin.
Basia Dziękuję bardzo.
Sally Proszę, oto mały drobiazg dla ciebie i kwiaty. (*wręcza Basi paczkę*)

wszystkiego najlepszego (wszystko, najlepszy) *all the best*	**oto mały drobiazg** *here is a small something*
z okazji imienin (okazja, imeniny) *for/on your nameday*	**dla ciebie** (ty) *for you*
okazja *occasion, opportunity, bargain*	**kwiaty** (kwiat) *flowers*

Basia (*do męża*) Tomku, czy możesz włożyć kwiaty do wody?
Sally Otwórz prezent. Bardzo jestem ciekawa, czy będzie ci się podobał?
Basia Na pewno. Ale rozbierz się i wejdź dalej do pokoju. Przedstawię ci resztę gości. (*do ludzi w pokoju*) To jest Sally, Angielka, z którą pracuję. Sally, pozwól, że ci przedstawię moich rodziców.
Sally Dzień dobry, bardzo mi miło.
Basia A to są rodzice Tomka.
Sally Witam państwa.
Basia Moja siostra Ewa i mój starszy brat Jędrek. A to jest moja ciocia i wujek.
Sally Bardzo mi przyjemnie.

---

możesz *you can*
włożyć do wody (wkładać/włożyć) *put in water*
otwórz (otwierać/otworzyć) *open*
czy będzie ci się podobał (podobać się, ty) *whether you'll like it*
rozbierz się (rozbierać/rozebrać sie) *take your things off*
wejdź dalej (wchodzić/wejść) *go on in*

pozwól, że przedstawię (pozwalać/pozwolić) *allow me to introduce*
przedstawię ci (przedstawiać/ przedstawić) *I'll introduce to you*
resztę gości (reszta, gość) *the rest of the guests*
moich rodziców (moi rodzice) *my parents*

The conversation round the table is about various celebrations in Poland and in Britain. Basia's uncle asks Sally what is traditionally celebrated in England.

Wujek Czy w Anglii obchodzi się imieniny?
Sally Nie, w Anglii tradycyjnie obchodzimy urodziny.
Basia Kiedy są twoje urodziny?
Sally Dwudziestego czwartego czerwca.
Wujek Wtedy są moje imieniny – Jana.
Sally Basiu, a kiedy ty obchodzisz urodziny?
Basia W październiku – dziesiątego października.

---

obchodzi się imieniny (obchodzić) *namedays are celebrated*
tradycyjnie (tradycyjny) *traditionally*
urodziny (plural) *birthday(s)*

wtedy *then*
czerwca (czerwiec) *of June*
w październiku (październik) *in October*

POLISH

The discussion continues.

Ciocia Czy w Anglii nie obchodzicie w ogóle imienin?
Sally Nie.
Jędrek Przecież to kraj protestancki.
Ewa Co ty mówisz! Tam jest dużo katolików. Sally, jesteś katoliczką?
Sally Nie, ale moja najlepsza koleżanka ze studiów jest katoliczką. Nie słyszałam, żeby ona obchodziła imieniny.
Basia Nie tylko katolicy obchodzą imieniny. Prawosławni też. Mam zaprzyjaźnionego Greka, który dawniej zapraszał mnie na przyjęcia imieninowe. I trzeba ci wiedzieć, że w Polsce wszyscy je obchodzą. Wszystko jedno, czy się jest wierzący czy nie.
Tomek Pamiętam tego Greka. Sympatyczny facet. Teraz pojechał do Szkocji.
Wujek Szkocja to najpiękniejsza część Anglii.
Sally Bardzo pana przepraszam, ale Szkocja nie jest częścią Anglii. Szkocja jest oddzielnym krajem.
Basia Tak jak Walia.
Ciocia Wiecie państwo, że Szkocja jest pod Bydgoszczą?
Wujek Racja. A Wenecja w samej Bydgoszczy.
Sally Czy w Szkocji bydgoskiej grają na kobzie?
Ciocia Nie słyszałam, żeby grali.
Basia W takim razie to nie jest prawdziwa Szkocja.

w ogóle nie *not at all*
kraj protestancki *a Protestant country*
co ty mówisz! *what are you talking about!*
dużo katolików (katolik) *a lot of Catholics*
katolik/katoliczka *a Catholic*
koleżanka ze studiów *friend from college days*
Nie słyszałam, żeby ona obchodziła imieniny *I never heard of her keeping a nameday*
prawosławni też (prawosławny) *Orthodox people, too*
Mam zaprzyjaźnionego Greka (zaprzyjaźniony Grek) *I have a Greek friend*

dawniej zapraszał mnie (zapraszać/zaprosić, ja) *used to invite me*
na przyjęcia imieninowe (przyjęcie, imieninowy) *to (his) nameday parties*
trzeba ci wiedzieć *you need to know*
wszyscy je obchodzą *everyone celebrates them*
wszystko jedno, czy się jest wierzący *it's all the same whether you are a believer*
pamiętam tego Greka (ten Grek) *I remember the Greek*
pojechał do Szkocji (Szkocja) *he's gone to Scotland*
najpiękniejsza część *the most beautiful part*

jest oddzielnym krajem (oddzielny, kraj) *is a separate country*
tak jak Walia *(just) like Wales*
wiecie państwo *you know* (less formal than **wiedzą państwo**)
że Szkocja jest *that there is a* Szkocja (Scotland)
pod Bydgoszczą (Bydgoszcz) *outside Bydgoszsz*
racja *that's right*
a Wenecja w samej Bydgoszczy

and a Wenecja (Venice) in Bydgoszcz itself
bydgoski *adjective from Bydgoszcz*
czy grają na kobzie? (kobza) *do they play the bagpipes?*
nie słyszałam, żeby grali *I've not heard of them playing*
w takim razie *in that case*
prawdziwa Szkocja *the real Scotland*

Komentarz

Imieniny *(nameday)*

Poland has the tradition of keeping namedays (**imieniny**) rather than birthdays (**urodziny**). This is closely linked to the Catholic church calendar, where each day is dedicated to one or more saints. Any Polish calendar will give you information about whose nameday is celebrated on a given day of the year. Many names have several saint's days scattered through the year. **Jan** (*John*) is a good example of this, and a Pole called Jan might celebrate on any one of them. The traditional resolution of this is to chose the date closest to your birthday. Namedays are a symbol of spiritual birth, whereas birthdays are viewed as a symbol of physical arrival in this world. The perfect compromise, chosen by more and more people, is to celebrate both **imieniny** and **urodziny**, giving an opportunity to receive two lots of presents, but also putting you to the expense of throwing two parties. Names printed on Polish calendars and in Polish diaries will be in the genitive form, as in *the day of*:

24 czerwca	Jana	(*nominative* Jan)
8 maja	Stanisława	(*nominative* Stanisław)

One of the nicest Polish traditions is to present people with flowers. Flowers, always an odd number of them, are given for birthdays, namedays and other special occasions, both to women and to men. In fact, a Pole does not need a special occasion to give flowers. It is always appreciated if you take flowers to the lady of the house when you go visiting. Flowers are also given to teachers at the end of a school year, as a gesture of gratitude.

If you are unable to see the **solenizant** (*man celebrating*) or **solenizantka** (*woman celebrating*) in person, then it is appropriate to send a card instead – **kartka imieninowa/kartka urodzinowa**. The Polish equivalent of *Happy Birthday to you* and *For (s)he's a jolly good fellow* rolled into one is the song that begins **Sto lat! Sto lat! Niech żyje żyje nam . . .** whose tune seems deliberately designed for rowdy singing. **Sto lat!** (*A hundred years*) is also one of the things you can say when somebody sneezes, the alternative being **Na zdrowie** (*For health*).

Namedays feature in many Polish proverbs and sayings, particularly ones which refer to the weather. Here are some examples:

Kiedy Barbara po lodzie,	*When it's frosty on St Barbara's*
Boże Narodzenie po wodzie.	*day (4 Dec), Christmas will be wet.*
Od świętej Anki zimne	*From St Ann's day (26 July)*
wieczory i ranki.	*mornings and evenings turn cold.*
Na świętego Macieja prędkiej	*On St Maciej's day (24 Feb)*
wiosny nadzieja.	*there is a hope of a quick Spring.*

Language patterns

1 A to jest moja ciocia i wujek *(And this is my aunt and uncle)*

Note that the singular verb **jest** (*is*) and the possessives **moja** both agree with the nearest noun **ciocia**. If **ciocia** and **wujek** had come before the verb, the verb would have been plural:

Ciocia i wujek już są.　　　　*Auntie and uncle are already here.*

2 Przecież to jest proste *(It's simple, isn't it?)*

Przecież to kraj protestancki (*It's a Protestant country, isn't it?*). Remember that when you expect your hearer to agree with you automatically, the word you need to slip in is **przecież**. Note that, unlike an English 'question tag' (*isn't it, haven't they*, etc.) the presence of

przecież in a sentence does not require a question mark at the end (in writing) or your voice to go up at the end (in speech).

3 A reminder of how to talk about months

styczeń	w styczniu	dwudziestego stycznia
luty	w lutym	pierwszego lutego
marzec	w marcu	trzynastego marca
kwiecień	w kwietniu	dwudziestego drugiego kwietnia
maj	w maju	trzydziestego maja
czerwiec	w czerwcu	osiemnastego czerwca
lipiec	w lipcu	siódmego lipca
sierpień	w sierpniu	trzeciego sierpnia
wrzesień	we wrześniu	piątego września
październik	w październiku	czwartego października
listopad	w listopadzie	dwudziestego siódmego listopada
grudzień	w grudniu	jedenastego grudnia

Naming a month, use the nominative dictionary form. For *in . . .* use **w** and the locative form. For saying *on the . . . of . . .*, use ordinal numerals in the genitive. Remember that the tens are in the ordinal form, even if they are not the last word. For example, *on the twenty-seventh of September* (**dwudziestego siódmego września**) translated word by word means *of the twentieth seventh of September*.

4 Exploring some Polish words

Though there are plenty of exotic words in Polish for the English learner, Polish is not afraid to borrow words from other languages, which means that some Polish words are quite familiar. **Prezent** (*present*) is a good example. Polish tends to adapt foreign words to its patterns quite quickly, so **prezent** spawns the affectionate form **prezencik** (*nice/little present*). Words borrowed from other languages co-exist with native Polish words having similar meanings. **Podarunek** or **podarek** (*gift*) is a native word, formed from **dar**, which also means *gift*, both in the sense of *present* and in the sense of *talent*. **Darowizna** is *gift* or *donation*. **Darmo** is *free of charge*. **Daremnie** is for *nothing, in vain, without success*. A small gift or a souvenir may also be called **pamiątka** or **upominek**, both of which belong to a family of words connected with remembering – **pamiętam** (*I remember*).

Ćwiczenia

1 See if you can match the cards with the occasion.

(i)
> Wesołych Świąt Bożego Narodzenia
> i
> Szczęśliwego Nowego Roku
>
> życzą
>
> Adam i Ewa

(a) nameday
(b) get well
(c) Christmas and New Year
(d) birthday
(e) Easter
(f) with sympathy
(g) wedding

(ii)
> **Radosnych Świąt**
> **Wielkanocnych**
> **życzy**
> **Basia z rodziną**

(iii)
> *Wszystkiego najlepszego*
> *z okazji imienin*
>
> *życzy*
>
> *Agnieszka*

(iv)
> Serdeczne życzenia szybkiego
> powrotu do zdrowia
>
> ślą
>
> Marysia i Jurek

(v)
> *Najserdeczniejsze życzenia*
> *urodzinowe*
>
> *przesyła*
>
> *Przemek*

(vii)
> *Serdeczne życzenia wszystkiego*
> *najlepszego na nowej*
> *drodze życia*
>
> *przesyłają*
>
> *Wanda i Zbyszek*

(vi)
> Wyrazy głębokiego współczucia
>
> przesyłają
>
> Przyjaciele

2   Write the following dates in words.

    (*a*)   13th December
    (*b*)   24th May
    (*c*)   31st August
    (*d*)   26th July
    (*e*)   19th March
    (*f*)   4th October
    (*g*)   1st January

3   Put the following into Polish.

    (*a*)   on the 20th of February
    (*b*)   on the 15th of June
    (*c*)   on the 11th of April
    (*d*)   on the 7th of September
    (*e*)   on the 17th of November
    (*f*)   on the 8th of May
    (*g*)   on the 28th of December

4   Put into English.

    (*a*)   Przyjechała jedenastego sierpnia.
    (*b*)   Przyjdzie pierwszego grudnia.
    (*c*)   Chciałbym przyjechać trzydziestego pierwszego lipca.
    (*d*)   Urodziłem się drugiego maja.
    (*e*)   A ja się urodziłam trzeciego listopada.
    (*f*)   To nie jest prawdziwa Wenecja.
    (*g*)   Irlandia jest oddzielnym krajem.
    (*h*)   Niech pan się rozbierze i wejdzie do pokoju.
    (*i*)   Zaraz panią przedstawię wszystkim gościom.

5   Distribute the words appropriately in the gaps.

dużo   żeby   zaprzyjaźnionego   się   że   tego

    (*a*)   Pamiętam .... Walijczyka.
    (*b*)   Nie słyszeliśmy, ... on grał na saksofonie.
    (*c*)   W naszym kraju też obchodzi .... imieniny.
    (*d*)   Tam jest .... katolików.
    (*e*)   Przepraszam, ... przerwałem.
    (*f*)   Mam .... architekta.

Now recap on how to:

- express seasonal and other wishes

  Składam najlepsze życzenia z okazji imienin.
  Wszystkiego najlepszego.
  Wesołych Świąt i Szczęśliwego Nowego Roku.
  Wesołego Alleluja! (*Happy Easter*)
  Z najlepszymi życzeniami
  Życzę/życzymy zdrowia i szczęścia.

- issue invitations

  Zapraszam panią/pana/panie/panów/państwa/cię na ...
  Zapraszam do siebie.　　*Come to my place.*

- introduce guests

  (Niech) pan(i) pozwoli, że przedstawię mojego brata.
  A to jest mój najlepszy kolega ze studiów.
  Bardzo mi miło.
  Bardzo mi przyjemnie.

- talk about things that your kind of people do

  U nas obchodzi się raczej urodziny.
  Tego się u nas nie robi.
  W naszym kraju nie ma takiego zwyczaju.
  Zaprasza się gości na Nowy Rok.
  W Polsce się przedstawia　　*In Poland all guests are*
  　wszystkich gości.　　　　*introduced.*

- talk about the old days

  Kiedyś byłem na przyjęciu　　*I was once at a party at a*
  　u Węgra.　　　　　　　　*Hungarian's*
  Dawniej pracowałam　　　　*I used to work in Warsaw.*
  　w Warszawie.

- talk about namedays, birthdays and other celebrations, and about age

  Moje imieniny/urodziny są dwudziestego ósmego marca.
  W tym roku obchodzimy　　*We celebrate our thirtieth*
  　trzydziestą rocznicę ślubu.　*wedding anniversary this year.*
  Kiedy się urodziłaś/urodziłeś/pan(i) się urodził(a)?
  Kiedy obchodzisz urodziny?

Ile masz lat? Ile ma pan(i) lat?
Mam trzydzieści jeden lat. Mam czterdzieści dziewięć lat.
Nasze dziecko ma rok.   *Our child is one.*
Nasza córka/Nasz synek ma dwa lata.
On jest w średnim wieku.
Mężczyzna w podeszłym wieku.

16
MAM KŁOPOT
I've got a problem

In this unit you will learn how to

- send for expert help
- express fears and wishes
- tell people not to worry

Dialog

Sally is having problems with her fridge. She asks Basia what to do.

Sally Basiu, mam okropny kłopot. Zepsuła mi się lodówka.
Basia Co ty powiesz! Kiedy?
Sally Wczoraj.
Basia Wezwałaś kogoś do naprawy?
Sally Jeszcze nie. Prawdę mówiąc, nie bardzo wiem, gdzie szukać pomocy.
Basia Zaczekaj chwilę, zaraz znajdę numer telefonu znajomego warsztatu.

---

okropny kłopot *a terrible problem*
zepsuła się (psuć się/zepsuć się) *has gone wrong*
Co ty powiesz! *Go on!*
wezwałaś kogoś (wzywać/wezwać, ktoś) *have you sent for anybody*
do naprawy (naprawa) *to repair it*

jeszcze nie *not yet*
prawdę mówiąc (prawda, mówić) *to tell the truth*
szukać pomocy (pomoc) *to look for help*
znajomego warsztatu (znajomy warsztat) *of a place/workshop I know*

While Basia is looking through her address book, Sally confides that the fridge is not the only device showing signs of distress.

Sally Wiesz, Basiu, mam wrażenie, że coś dziwnego dzieje się z moim komputerem. Boję się, żeby się nie popsuł.

Basia Może wirus dostał się do maszyny?

Sally Nie chcę nawet o tym myśleć. Żeby tylko dotrwał do końca mojego pobytu w Polsce.

Basia Załóżmy jednak, że to wirus, co wtedy zrobisz?

Sally Będę musiała zdobyć program antywirusowy. Albo obyć się bez komputera. Przecież nie kupię nowego. Do wyjazdu z Polski zostało tylko dwa tygodnie. Może jakoś przeżyję.

---

mam wrażenie, że *I have the impression*

coś dziwnego (dziwny) *something strange*

dzieje się z (dziać się) *is happening to*

z moim komputerem *with* (here: *to*) *my computer*

boję się, żeby (bać się) **się nie popsuł** (psuć się/popsuć się) *I'm afraid of it breaking down*

wirus *virus*

dostał się do maszyny (dostawać się/dostać się) *has got into the machine*

żeby tylko dotrwał (trwać/dotrwać) *as long as it lasts*

do końca mojego pobytu *till the end of my stay*

załóżmy jednak (zakładać/założyć) *but supposing*

zdobyć (zdobywać/zdobyć) *get hold of*

program antywirusowy *anti-virus program*

obyć się bez (obywać/obyć się) *do without*

do wyjazdu (wyjazd) *till my departure*

zostało (zostawać/zostać) *there is ... left*

jakoś przeżyję (przeżywać/przeżyć) *I'll survive somehow*

While Sally has been contemplating life without a functioning computer, Basia has found what she was looking for.

Basia No proszę, wreszcie znalazłam ten numer: „Naprawa sprzętu gospodarstwa domowego", telefon 25–43–35 [dwadzieścia pięć, czterdzieści trzy, trzydzieści pięć].

Sally Co ty mówisz? Komputer to nie AGD.

Basia Chodzi mi o lodówkę, a nie o komputer.

Sally Wiesz co? Tak się zdenerwowałam tym komputerem, że przez chwilę zapomniałam o lodówce. Powtórz, proszę, numer.

Basia Naprawdę jesteś zdenerwowana. 25–43–35.

Sally Zanotowałam. Stokrotne dzięki.

Basia Drobiazg. Nie ma za co.

no proszę *here we are*
wreszcie *at last*
znalazłam (znajdować/znaleźć) *I've found*
naprawa sprzętu (sprzęt) *repairs to equipment*
sprzęt gospodarstwa domowego (gospodarstwo, domowy) *domestic appliances*
AGD (artykuły gospodarstwa domowego) *domestic hardware*
chodzi mi o (+ acc.) (chodzić) *I mean*
zdenerwowałam się (denerwować się/zdenerwować się) *I've got worried*

tym komputerem *about the computer*
przez chwilę (chwila) *for a moment*
zapomniałam (zapominać/zapomnieć) *I had forgotten*
powtórz proszę (powtarzać/powtórzyć) *repeat, if you could*
naprawdę jesteś zdenerwowana (być, zdenerwowany) *you really are upset/worried*
zanotowałam (notować/zanotować) *I've written it down*
stokrotne dzięki (stokrotny) *thanks a million*

Komentarz

Computers found their way onto the Polish market quite quickly. Unfortunately, many of them came from dubious sources, and the same can be said for some of the software available in Poland. Always check and double-check your programs. Even programs from well-established companies may pre-suppose a specifically Polish set-up on your machine which can prove hard to duplicate on your machines back home. Poland is slowly joining other countries in the fight against software piracy. While thinking of modern office technology, it is worth mentioning that apart from the **komputer**, you will also come across various kinds of printer.

drukarka igłowa	*dot-matrix printer*
drukarka atramentowa	*ink-jet printer*
drukarka laserowa	*laser printer*

You may also need to know words like **skaner** (*scanner*), **dysk/dyskietka** (*disk*), **dysk kompaktowy** (*compact disc*), **klawiatura** (*keyboard*), **program** (*program*) and **pakiet oprogramowania** (*software package*).

If anything does go wrong with your equipment, you need to find a workshop (**warsztat**) that carries out repairs (**naprawa**).

naprawa sprzętu radiowo-telewizyjnego	*radio and TV repairs*
naprawa sprzętu gospodarstwa domowego	*electrical appliance repairs*
naprawa komputerów i drukarek	*computer and printer repairs*

Language patterns

1 Już nie mówiąc o . . . (Not to mention . . .)

Sally says that, to tell the truth, she does not really know where to look for help. **Prawdę mówiąc, nie bardzo wiem, gdzie szukać pomocy.** The form **mówiąc** (*speaking*) is an example of a useful form of Polish imperfective verbs. It is simply constructed by taking the they-form of an imperfective verb – **wychodzą, mówią, robią**, etc. – and adding -**c**.

Gwiżdżą.	*They whistle.*	Wyszedł gwiżdżąc.	*He went out, whistling.*
Znają.	*They know.*	Znając pana gust, . . .	*Knowing your taste . . .*

Mówiąc is one of the most common examples of this form, and also occurs in the way of saying *not to mention*.

. . ., już nie mówiąc o Rosjanach   . . ., *not to mention the Russians*

If you add adjective endings, -**y**, -**a**, -**e**, etc. to the form ending in -**c**, you can describe an action that distinguishes a person or thing.

śpiewają	*they sing*	ptaki śpiewające	*songbirds*
wierzą	*they believe*	wicrzący	*believer(s)*
palą	*they smoke*	paląca	*a woman who smokes*
pociągają	*they attract*	pociągający	*attractive*
wciągają	*they absorb*	wciągający	*absorbing*

These forms are sometimes called present adjectival participles. One you have known for quite a while is **interesujący** (*interesting*).

2 Past is past

Sally got so upset about her computer that she had forgotten about the fridge. **Tak się zdenerwowałam tym komputerem, że przez chwilę zapomniałam o lodówce**. Polish verbs in the past tense cover the meanings expressed in English by a variety of combinations:

zapomniałem *I forgot, I've forgotten, I'd forgotten*

3 I'm afraid . . .

If something is true and you regret it, then the best expression to use for *I'm afraid* is **Obawiam się, że**.

Obawiam się, że już nie ma kawy. *I'm afriad there's no coffee left.*

If you are afraid of something happening that may yet not happen, then you need **Boję się, żeby nie**.

Boję się, żeby się nie popsuł. *I'm afraid it might go wrong (and obviously I hope it won't).*

Here are some more examples of expressions used when you hope something won't happen.

Tylko żeby nie wirus. *As long as it's not a virus.*
Oby/Żeby się tylko nie popsuł. *Let's just hope it doesn't go wrong.*
Niech pan(i) się nie denerwuje. *Don't get upset.*

4 Please

Remember that if you want to ask someone to do something, you can use **Proszę** with the dictionary infinitive form of a verb.

Proszę siadać. *Please be seated.*
Proszę się uspokoić. *calm down.*
Proszę się nie irytować. *don't get annoyed.*
Proszę się nie denerwować. *don't get annoyed / upset.*
Proszę się nie martwić. *don't worry.*
Proszę się nie przejmować. *don't worry.*
Proszę się nie gniewać. *don't be angry.*
Proszę się nie śmiać. *don't laugh.*

Being polite and formal, you can use **Niech** with **pan**, etc.

Niech pan(i) siada/panie/panowie/państwo siadają.
Niech pan(i) się uspokoi/państwo się uspokoją.
Niech pan(i) się nie irytuje/państwo się nie irytują.
Niech pan(i) się nie denerwuje/państwo się nie denerwują.
Niech pan(i) się nie martwi/państwo się nie martwią.
Niech pan(i) się nie przejmuje/państwo się nie przejmują.
Niech pan(i) się nie gniewa/państwo się nie gniewają.
Niech pan(i) się nie śmieje/państwo się nie śmieją.

If you are talking to someone you are on familiar terms with, you use the simple imperative form, usually just consisting of the verb stem – what is left when endings are removed.

Siadaj. Uspokój się. Nie irytuj się. Nie denerwuj się. Nie martw się (*emphasize* **nie**). Nie przejmuj się. Nie gniewaj się. Nie śmiej się (*emphasize* **nie**).

To a group of people you are on familiar terms with, just add **-cie** to these forms:

Siadajcie. Nie denerwujcie się. Nie śmiejcie się.

To say *Let's* . . . add **-my** to the basic imperative form.

Siadajmy. Nie przejmujmy się. Nie gniewajmy się.

Dialog dodatkowy

Sally's worry about the fridge, which has gone wrong, and the computer, which may be going wrong, prompts a conversation about how we become reliant on various bits of equipment.

Basia Komputery i lodówki są podobne do siebie.
Sally Jak to podobne? Co masz na myśli? Że są drogie?
Basia Nie, człowiek się do nich tak przyzwyczaja, że nie pamięta, jak sobie dawał radę bez nich.
Sally Nie wiem, jak bym sobie radziła bez ciebie.
Basia Miejmy nadzieję, że cię nie zawiodę.
Sally Nie zawiedziesz.
Basia Zadzwoń do tego faceta od lodówki. Wszystko będzie dobrze.
Sally Trzymaj kciuki.

podobne do siebie (podobny) *alike, similar to each other*
jak to? *what do you mean (by that)?*
co masz na myśli (mieć, myśl) *what do you mean, what do you have in mind?*
że są drogie (drogi) *that they're expensive*
człowiek się do nich tak przywyczaja (przyzwyczajać/się/przyzwyczaić się, one *you get so used to them*
jak sobie dawał radę (dawać/dać rada) *how you (one) managed*
radziłabym sobie bez ciebie (radzić sobie/poradzić sobie) *I would manage without you*
miejmy nadzieję (mieć, nadzieja) *let's hope*
nie zawiodę cię (zawodzić/zawieść) *I won't let you down*
nie zawiedziesz *you won't let me down*
zadzwoń do tego faceta od lodówki (dzwonić/zadzwonić, facet) *ring the fridge man*
wszystko będzie dobrze *everything will be OK*
trzymaj kciuki (trzymać, kciuk) *keep your fingers crossed*

Komentarz

Cautious optimism

There are various ways of expressing cautious optimism in Polish. One common one is to say **Odpukać** (*Touch wood*) since the Polish custom is to knock on unpainted wood (literally: unpainted tree) (**odpukać w niemalowane drzewo**). As many conversations take place at table, you will find Poles reaching for the underside of the table when expressing cautious optimism in this way. The equivalent of keeping your fingers crossed is to hold your thumbs: **Trzymamy kciuki** (*We've got our fingers crossed*). You may just hope that something will happen: **Mam nadzieję, że nic mu się nie stało** (*I hope nothing's happened to him*). **Miejmy nadzieję, że nie** (*Let's hope not*).

Ćwiczenia

1 Deliveries to two shops have got mixed up. Write a list showing which products should be delivered to which shop. You may need to refer to the vocabulary at the back of the book.

czajnik elektryczny, żelazko, magnetofon, ekspres do kawy,
radio, słuchawki, kuchenka mikrofalowa, telewizor,
kasety wideo, lodówka, pralka, wideo, zamrażarka,
młynek do kawy, mikser, baterie, odtwarzacz kompaktowy

SPRZĘT RADIOWO-TELEWIZYJNY	SPRZĘT GOSPODARSTWA DOMOWEGO

2 Match the beginnings of sentences on the left with continuations on the right.

(a) Boję się, że

(b) Nie mam ochoty na

(c) Czy chciałabyś

(d) Nie znoszę

(e) Wolę

(f) Nie przypuszczałem, że

(1) ciastko z kremem.

(2) komarów, węży i szczurów.

(3) on jest takim bogatym człowiekiem.

(4) ona nie przyjdzie.

(5) coś zjeść?

(6) oglądanie telewizji.

3 Put the words in brackets in appropriate forms.

(a) (popsuć)   .... mi się mikser.

(b) (partner)   Szukam ....

(c) (żelazko)   Będą musieli obyć się bez ....

(d) (chwila)   Niech pan zaczeka ....

(e) (lodówka)   Nie bardzo wiem, gdzie szukać ....

(f) (zamrażarka)   Kupimy .... w sobotę.

(g) (ekspres do kawy) Chodzi mi o ...., a nie o kuchenkę mikrofalową.

(h) (kuchenka mikrofalowa)   Już widzę odpowiednią ....

4 Put into English.

(a) Niech pan wezwie kogoś do naprawy.
(b) Mam wrażenie, że nie chcą o tym myśleć.
(c) Zostanę do końca.
(d) Nie kupią nowej mikrofalówki. Nie mają przecież pieniędzy.
(e) Nie martw się. Przeżyjesz.
(f) Gdzie kupię kasety wideo?
(g) Tu się takich kaset nie kupi.
(h) Człowiek nie wie, gdzie szukać pomocy.
(i) Co się dostało do mojego komputera?

5 Put into Polish.

(a) There are only three weeks left till his departure from Poland.
(b) Have you called a doctor?
(c) He'll have to get a suitable software package.
(d) Our freezer's gone wrong.
(e) But suppose he's already arrived.
(f) The children really are upset.
(g) She made a note of the address and telephone number.
(h) Someone is getting angry.

6 Unravel the sentences.

Wreszcie numer tego nadzieję, tylko.
Mam warsztatu się końca stało.
Żeby nie do że komputery dotrwały nic im znalazłem miesiąca.

Now revise how to:

● express suspicions, fears and wishes

Podejrzewam, że . . .	*I suspect . . .*
Mam wrażenie, że . . .	*I have the impression . . .*
Boję się, że . . .	*I'm afraid that . . .*
Obawiam się, że . . .	*I'm afraid . . .*
żeby tylko nie . . .	

● tell people not to worry, and express cautious optimism

Proszę się nie martwić.
Nie denerwuj się.
Nie przejmujmy się.

- send for expert help, and describe what isn't working

Trzeba wezwać . . .
Zadzwonię do warsztatu.
Popsuł się komputer.
Popsuło się żelazko.
Popsuła mi się mikrofalówka (kuchenka mikrofalowa). *My microwave's gone wrong.*
Zepsuł się samochód.
Lodówka jest zepsuta.
Drukarka jest popsuta.
Złamała się narta./Narta jest złamana.   *My ski is broken.*
Wazon jest stłuczony/Wazon się potłukł.
. . . nie działa.   *. . . isn't working.*
. . . wysiadł(a/o).   *. . . has gone / packed up.*
Lodówka nie działa.
Akumulator w samochodzie (*car battery*) wysiadł.
Toaleta nieczynna.

---

złamać się *get broken*
potłuc się/stłuc się *get broken/smashed*
nieczynny *out of action, not working, closed*

awaria *breakdown*
wyjście awaryjne *emergency exit*
wazon *vase*

17

NIE WIEM, CZY ZDĄŻĘ

I don't know if I'll have time

In this unit you will learn how to

- talk more about travel
- talk more about definite plans and engagements
- talk about obligations and duties

———————————— Dialog ————————————

Sally is getting ready to go back to England.

Basia   Czy masz wszystko gotowe do wyjazdu?
Sally   Prawie.
Basia   O której masz samolot?
Sally   O czwartej po południu.
Basia   Przyjadę po ciebie w sobotę o pierwszej i odwiozę cię na lot-
          nisko.
Sally   Bardzo ci jestem za to wdzięczna. Te ostatnie dni będą
          strasznie męczące. Jest jeszcze tyle spraw do załatwienia.
Basia   Nie martw się. Odpoczniesz sobie w samolocie, a w Anglii
          będziesz miała wreszcie święty spokój.
Sally   Wątpię. Zaraz po powrocie mam spotkanie z szefem. Muszę
          także napisać obszerne sprawozdanie z pobytu w Polsce.
Basia   Będziesz więc bardzo zajęta.
Sally   Jeszcze jak!

wszystko gotowe (gotowy)
   everything ready
do wyjazdu (wyjazd) *for when you leave*
prawie *almost*
przyjadę po ciebie (przjeżdżać/
   przyjechać, ty) *I'll come to get you*
odwlozę cię na lotnisko
   (odwozić/odwieźć) *I'll take you to
   the airport*
jestem ci za to wdzięczna (ty,
   wdzięczny) *I'm grateful to you for
   that*
te ostatnie dni (ten ostatni dzień)
   the(se) last days
strasznie męczące (straszny,

(z)męczyć) *terribly tiring*
tyle spraw do załatwienia (sprawa,
   załatwi(a)ć) *so many things to do*
odpoczniesz sobie
   (odpoczywać/odpocząć) *you'll be
   able to enjoy a good rest*
w samolocie (samolot) *on the plane*
święty spokój *a bit of peace*
zaraz po powrocie (powrót) *the
   moment I get back*
obszerne sprawozdanie (obszerny)
   an extensive report
z pobytu (pobyt) *on my stay*
zajęta (zajęty) *busy*
jeszcze jak! *and how!*

Sally looks through her **kalendarzyk** (*diary*) to check what she still has to do:

poniedziałek	**piątek**
1000 spotkanie w szkole	*posprzątać mieszkanie*
1300 obiad z Basią	*dokończyć pakowanie*
	1900 do Basi na kolację?
wtorek	*kolacja u Basi*
zadzwonić do mamy!!!	**sobota**
środa	*1300 odjazd na lotnisko*
zakupy w Cepelii	*1600 odlot do Londynu*
kupić prezent dla Basi	**niedziela**
	w domu!!
czwartek	*zadzwonić do mamy*
zapakować duże rzeczy	*zadzwonić do Basi*
(komputer, kserokopiarka itd.)	*nie nastawiać budzika*
	NOTATKI
	zaplanować następny pobyt w Polsce

Basia Dużo masz jeszcze spraw do załatwienia?

Sally Bardzo dużo. Nie wiem, czy zdążę ze wszystkim. W poniedziałek mam spotkanie w szkole. We wtorek muszę zadzwonić do mamy. W środe robię ostatnie zakupy. W czwartek muszę spakować wszystkie duże rzeczy: komputer, drukarkę laserową, wszystkie książki i papiery. W piątek sprzątanie mieszkania i kolacja u ciebie, a w sobotę odlot.

Basia No to nie przeszkadzam ci. Do zobaczenia w poniedziałek.

Sally Na razie. Cześć.

---

dużo spraw do załatwienia *a lot of things to do*
sprawa *case, matter, business*
załatwiać/załatwić *see to, arrange*
zdążę (zdążyć) *I will manage/have time*
ostatnie zakupy *final shopping*

ostatni *last*
drukarka laserowa *laser printer*
to nie przeszkadzam ci
 (przeszkadzać/przeszkodzić)
 I won't disturb you, then
na razie *(cheerio) for now*
itd. *etc.*

Komentarz

Timekeeping

Poles have a very relaxed attitude to timekeeping. When arranging an appointment, bear in mind it will usually be '-ish'. You should add anything between fifteen minutes, which is known as **kwadrans akademicki** (*an academic quarter of an hour*), and eternity.

The **kwadrans akademicki**, as its name suggests, has its roots in the world of universities. It is the traditional length of time that students are expected to wait for a lecturer or tutor. A lecturer who is more than fifteen minutes late will probably find nobody there.

Ironically, though, this relaxed attitude to time co-exists with the saying 'time is money' – **czas to pieniądz**.

Here are some Polish expressions connected with making appointments. If you are meeting a friend you will have to **umówić się (na spotkanie)** (*fix a time and date (to meet)*). If you are going to visit a doctor you should **zamówić wizytę** (*book an appointment*). You can also **iść z wizytą** (*go to visit*) your friends or relatives.

Language patterns

1 Gdzie to mam? *(where is it?)*

Basia asks Sally **O której masz samolot?** (*What time is your plane?*)
Literally this means *At what time do you have a plane?* You might
also ask someone, **O której pan(i) ma odjazd/odlot?** (*What time do
you leave/take off?*) Forms of **mieć** (*to have*) are used very freely in
this sort of context. And if you know you have something somewhere,
and you are looking for it, perhaps in your handbag or in your pock-
ets, you might well ask yourself **Gdzie to mam?** Which condenses
neatly into three words the idea *I've got it somewhere here; now,
where is it?* Trying to remember where you put something, you might
ask **Gdzie to dałem/dałam?**, literally, *Where have I given it?*

You will also hear Poles say things like **Mam to zrobione** (*It's done*
or *I've got that done*). *I've done it*, by contrast, would be
Zrobiłem/Zrobiłam to or **Już zrobiłem/zrobiłam**.

2 Tyle spraw do załatwienia *(so many things to get done)*

Nearly all Polish verbs have a 'verbal noun' associated with them. For
example the pair **załatwiać/załatwić** (*to deal with, sort out*) have the
verbal nouns **załatwianie** (*process, habit of, sorting out, at least trying
to sort out*), and **załatwienie** (*dealing (successfully) with*). You have
met a number of verbal nouns, especially some that have taken on a life
of their own, almost independently of the verb that they come from:

mieszkać	*to live*	mieszkanie	*living; a flat*
zmęczyć	*to tire out*	zmęczenie	*tiring out; tiredness*
ubrać	*to dress*	ubranie	*dressing; clothes, suit*
spotkać	*to meet*	spotkanie	*meeting, rendezvous*
zebrać	*to collect together*	zebranie	*(formal) meeting*

3 *Some uses of* do *(to, for)*

Verbal nouns often appear in the genitive form preceded by the preposition **do**:

Mam coś do załatwienia.	*I've something I must do.*
krem do golenia	*shaving cream*
woda zdatna do picia	*drinking water*

---

golić się *to shave* **pić** *to drink*

In expressions like these, **do** normally corresponds to English *for*. The same goes for expressions like **pasta do zębów** (*toothpaste*, lit. *paste for teeth*). In other kinds of contexts, **do** is the usual word for *to*.

Nasz synek już chodzi do szkoły.	*Our little boy goes to school now.*
Wszedł do pokoju.	*He went into the room.*

Some words expect **na** for *to*, followed by an accusative form:

na lotnisko	*to the airport*
na pocztę	*to the post office*

Note: **na lotnisku** (*at the airport*) and **na poczcie** (*at the post office*).

If you use **do** with the genitive of these words that expect **na**, you will in fact be saying *as far as*.

Odwiozę cię na lotnisko.	*I'll take you to the airport.*
Dowiozę cię do lotniska.	*I'll take you as far as the airport.*

4 Other words derived from verbs – participles

The word **męczący** (*tiring*) is an example of a 'present active participle' derived quite regularly from **męczyć** (*to tire, exhaust, torment*). Remember, these participles are formed from imperfective verbs only.

Zajęty (*engaged, occupied, busy*) and **zmęczony** (*tired*) are examples of passive participles. Passive participles are adjectives that describe something in terms not of what is does, but in terms of what is or has been done to it.

zajmować/zająć *to occupy*	zajmowany *being occupied*
	zajęty *occupied, engaged, busy*

Zająć also gives the noun **zajęcie** (*activity, occupation, class*).

Zepsuty and **popsuty**, both meaning *broken*, are also passive participles, and so is **zmęczony** (*tired*). In fact **męczący** (*tiring*) and **zmęczony** (*tired*) are a good example of the difference between an active participle and a passive participle. (You are less likely to come across **męczony** (*being tortured*) – also a passive participle.)

Passive participles from imperfect verbs describe a thing in terms of what is regularly done, is being done at the moment, or what can be done to it.

składać/złożyć	*to fold*	krzesło składane	*a folding chair*
mówić	*to speak*	język mówiony	*spoken language*

Ćwiczenia

1 Write questions to the answers given below:

   (*a*) O trzeciej w nocy.
   (*b*) Nie wiem, czy będę miał(a) czas.
   (*c*) Po powrocie? Z szefem.
   (*d*) W środę robię ostatnie zakupy.
   (*e*) Zrobię je w czartek.
   (*f*) Pan będzie miał święty spokój dopiero w domu.

2 Put suitable words in the gaps.

   (*a*) Chciał(a)bym _____ wizytę u doktora Czarneckiego.
   (*b*) Basiu, czy możesz _____ mnie na lotnisko?
   (*c*) Daj mi święty _____ .
   (*d*) Mam jeszcze tyle spraw do _____ .
   (*e*) Jestem bardzo panu _____ za prezent i kwiaty.

3 Match the words from the left column with those in the right.

   (*a*) święty   (*1*) życzenia
   (*b*) zamówić   (*2*) zakupy
   (*c*) robić   (*3*) prezent
   (*d*) złożyć   (*4*) spokój
   (*e*) ofiarować   (*5*) sprawę
   (*f*) załatwić   (*6*) wizytę

4 The sentences below are grammatically correct but do not make sense. Replace one word in each to create a sensible sentence.

   (*a*) Mam jeszcze tyle kwiatów do załatwienia.
   (*b*) Zapakowałam już wszystkie psy.
   (*c*) Muszę napisać długie nożyczki dla mojego szefa.

(d) Mój brat poszedł z wizytą do toalety.

(e) Muszę spakować ciocię i papiery.

(f) Gdybym miał żelazko, kupiłbym lepszy samochód.

5 Complete your side of this conversation as suggested.

X   Czy pan ma wszystko spakowane?

You *Say no, not everything yet. You still have to pack small things.*

X   Ile panu zostało czasu?

You *Say you have three days left, and you have a lot to sort out.*

X   Kiedy pan ma odlot?

You *Say your flight is on Friday at nine. You don't know whether you'll have time for everything. You are very worried.*

X   Proszę się nie denerwować. Wszystko będzie dobrze.

You *Say, let's hope so. You will be very busy all the time (**cały czas**).*

X   Mogę pana odwieźć na lotnisko w piątek.

You *Say you would be very grateful.*

Now re-cap on how to:

- express gratitude

  Jestem ci/pani/panu bardzo wdzięczny/wdzięczna.

- tell others not to worry

  Nie martw(cie) się.
  Proszę się nie martwić.
  Niech się pan/pani nie martwi.
  Niech się panowie/panie/państwo nie martwią.

- reassure others that everything is all right

  Wszystko (jest) w porządku.
  Wszystko będzie dobrze.
  Będziesz mógł/mogła odpocząć.
  Pan(i) będzie miał(a) święty spokój.

- express your doubts

  Wątpię.   Wątpię, czy . . .

- express disbelief

  Nie do wiary!

Nie wierzę!
Nie chce mi się uwierzyć!

● express emphatic agreement

Jeszcze jak!

● talk about travel and about definite plans and engagements, obligations and duties

Mam odjazd we wtorek.
Kiedy masz odlot?
Odwiozę pana/panią na lotnisko/na dworzec kolejowy/na dworzec autobusowy.
Mam spotkanie z szefem.
Muszę napisać sprawozdanie.
Muszę zadzwonić do wujka.
Muszę spakować pozostałe (*remaining*) rzeczy.
Mam sprawę do załatwienia.

18
JAK TO SIĘ STAŁO?
How did it happen?

In this unit you will learn how to

- talk about past events
- talk about what you have seen and heard
- talk about certainty and uncertainty

Dialog

On one of her last days in Poland, Sally witnessed a street accident. She talks to a policeman about what happened.

Policjant   Niech mi pani powie, co pani widziała.
Sally   Zaraz, niech pomyślę. To wszystko stało się tak szybko. Czekałam na przystanku. W pewnym momencie zobaczyłam z daleka nadjeżdżający autobus. Nagle usłyszałam pisk hamulców, a kiedy odwróciłam się, żeby zobaczyć, co się stało, zauważyłam, jak jakiś facet przebiega przez jezdnię w kierunku przystanku, a nadjeżdżający samochód próbuje go ominąć. A potem zobaczyłam, jak samochód uderzył w tego mężczyznę. Facet upadł, a samochód odjechał, nie zatrzymawszy się.

Niech mi pani powie (ja, mówić/powiedzieć) *tell me*
Niech pomyślę (myśleć/pomyśleć) *let me have a think*

stało się (stać się) *it happened*
tak szybko (szybki) *so quickly*
czekałam (czekać/poczekać) *I was waiting*

na przystanku (przystanek) *at the stop*	**przebieć)** *running across*
w pewnym momencie (pewien, moment) *at one point*	**przez jezdnię** (jezdnia) *across the road(way)*
zobaczyłam (widzieć/zobaczyć) *I saw*	**w kierunku przystanku** (kierunek, przystanek) *in the direction of the stop*
z daleka (daleko) *in the distance, from a distance*	**nadjeżdżający** (nadjeżdżać/ nadjechać) *approaching*
nagle *suddenly*	**próbuje** (próbować/spróbować) *here: trying*
pisk hamulców (hamulec) *the screech of brakes*	**ominąć go** (omijać/ominąć) *to avoid him*
odwróciłam się (odwracać się/odwrócić się) *I turned around*	**uderzył w** (uderzać/uderzyć) *hit*
żeby zobaczyć *in order to see*	**upadł** (upadać/upaść) *fell down*
zauważyłam (zauważać/zauważyć) *I noticed*	**odjechał** (odjeżdżać/odjechać) *drove off*
jakiś facet *a guy, some chap*	**nie zatrzymawszy się** *without stopping*
jak ... przebiega (przebiegać/	

The policeman asks Sally for some more information.

Policjant Czy pamięta pani numer rejestracyjny, markę i kolor samochodu?

Sally Biały polonez. Nie jestem jednak pewna numeru rejestracyjnego, pierwszą cyfrą było pięć, a litery: W jak Witold, A jak Adam, Z jak Zenon, ale to wszystko. Przykro mi.

Policjant Nic nie szkodzi. To i tak dużo. Teraz tylko poproszę o pani nazwisko i adres.

Sally Nazywam się Sally Johnson i jestem obywatelką brytyjską. Niestety pojutrze odlatuję do Anglii, więc mój adres będzie nieaktualny.

Policjant To proszę podać swój adres angielski.

Sally Dobrze, może panu napiszę. (*pisze, starając się, żeby było najczytelniej*)

Policjant A proszę jeszcze paszport.

Sally Na szczęście mam przy sobie. (*podaje policjantowi paszport*)

(*Policjant zapisuje wszystkie dane, włącznie z numerem i terminem ważności paszportu.*)

Polcijant Dziękuję pani bardzo za pomoc. Do widzenia.

Sally Nie ma za co. Do widzenia.

markę (marka) *make*
polonez *Polonez (make of car),
polonaise (dance)*
nie jestem pewna numeru (być,
pewien, numer) *I'm not sure of the
number*
pierwszą cyfrą było (pierwszy,
cyfra) *the first digit was*
litery (litera) *the letters*
przykro mi (przykry, ja) *I'm sorry*
to i tak dużo *that's a lot as it is*
odlatuję (odlatywać/odlecieć)
I depart (by air)
starając się, aby było (starać
się/postarać się, być) *trying to
make it*

najczytelniej (czytelny) *most legible*
na szczęście *fortunately*
mam przy sobie (mieć) *I have it on
me*
podaje policjantowi
(podawać/podać, policjant) *she
gives the policeman her passport*
zapisuje (zapisywać/zapisać) *he
writes down*
wszystkie dane (wszystek) *all the
data*
włącznie z numerem i terminem
ważności (numer, termin,
ważność) *including the number
and expiry date*

Komentarz

Poland, once advertised as the country of empty roads, is now fast joining the world of too many cars, traffic jams and pollution. If you plan to drive a car in Poland it is worth considering a few points. The whole philosophy of driving in Poland is different from the traditional British one. Poles have little respect for the highway code and road safety. Many drivers treat speed restrictions as an unnecessary obstacle to their rapid journey. Crossing the road can be a harrowing experience, as not all motorists allow pedestrians priority on a zebra crossing. Traffic police attempt to curb the most serious motoring offences, but the best advice is simply to be extremely vigilant and use your common sense. If you are stopped for speeding (**przekraczanie szybkości**) – and your different-looking number plates make you an easy target to spot – you will be asked to pay a fine (**mandat**) on the spot. Always ask for a receipt when you pay a fine. You will be asked to show your driving licence (**prawo jazdy**), your registration document (**dowód rejestracyjny**) and your insurance (**ubezpieczenie**). Generally speaking, and with a few exceptions, Polish road signs are similar to British ones.

In Poland you will still drive mostly on a single carriageway (**droga jednopasmowa**) or a dual carrigeway (**droga dwupasmowa**). If there are no junctions (**skrzyżowanie**, *junction*) the road becomes a fast road (**droga szybkiego ruchu**). Motorways (**autostrada**, *motorway*) have yet to become common in Poland, but roads and the provision of filling stations (**stacja benzynowa**, *filling station*) are improving at an impressive rate. If there is something wrong with your car, look for a car repair workshop (**warsztat samochodowy**).

Language patterns

1 Where you wait and what you wait for

Czekać/zaczekać (*to wait*) uses **na** and an accusative form of the word for what you are waiting for.

Pan czeka na tramwaj? *Are you waiting for a tram?*
Czekałam na list z Łodzi. *I was waiting for a letter from Łódź.*

In the dialogue about the accident, Sally was waiting at the stop, and says **Czekałam na przystanku. Na przystanku** (*at the stop*) combines **na** with the locative form of **przystanek**.

2 Falling down and turning over

To fall down, stumble is **upadać/upaść.**

Kobieta upadła. *The woman hit the ground (when the car hit her).*

To fall, overturn is **przewracać się/przewrócić się.**

Świat się przewrócił do góry nogami. *The world has gone mad (literally, turned upside down).*

3 To powiedziawszy (having said that)

In the dialogue, Sally reports that the car drove off without stopping.

Samochód odjechał, nie zatrzymawszy się.

Expressions like **zatrzymawszy** are not common in spoken Polish, but it is important to be able to recognise them. They are formed from verbs of the perfective type only. Perfective verbs are the ones we quote second of a pair, and they have only future and past tenses. The -szy form is based on the past form, usually replacing the -ł- of the past form with wszy, but sometimes adding -szy to the -ł- if another consonant comes before the -ł-:

Samochód się zatrzymał	*The car stopped*
. . ., nie zatrzymawszy się.	*. . . , without stopping.*
Co powiedziała?	*What did she say?*
To powiedziawszy, wyszedł.	*So saying, he left.*
Przyszedłem do domu.	*I (male) came home.*
Przyszłam do domu.	*I (female) came home.*
Przyszedłszy do domu,	*When I got home I*
poszedłem/poszłam spać.	*(male / female) went to bed.*

4 Biały polonez *(a white Polonez)*: *a big car with a small letter*

Polish currently writes the names of makes of car with a small letter.

Duży fiat.	*A big Fiat.*
Nowy jaguar.	*A new Jaguar.*
Moi przyjaciele mają opla.	*My friends have an Opel.*

The last example shows that Poles talk about cars as if they were animate. They do the same with dances, with makes of cigarette, with units of currency, and with games. When the noun concerned is masculine, it follows the masculine animate pattern of borrowing the genitive form for the accusative.

Zapłaciłem funta.	*I paid a pound.*
Palił carmena.	*He was smoking a Carmen.*
Graliśmy w brydża.	*We were playing bridge.*
Tańczyli poloneza.	*They were dancing the polonaise.*

Perhaps this is why English calls the Polish dance by the name *mazurka*, when the Polish name of the dance is in fact **mazurek**.

To chyba mazurek.	*I reckon it's a mazurka.*
Tańczyli mazurka.	*They were dancing the mazurka.*

In English, *She's got a Jaguar* is ambiguous when you say it, because it sounds the same as *She's got a jaguar*. In Polish the written version **Ona ma jaguara** is just as ambiguous as the spoken.

5 Chaos would be the outcome – the outcome would be chaos.

Sally caught the first digit of the registration of the car involved in the accident she witnessed, it was five:

Pierszą cyfrą było pięć. *The first digit was five /*
Five was the first digit.

Polish is able to turn around the pattern X is Y, where Y comes in the instrumental form.

Paderewski był premierem. *Paderewski was the prime*
Premierem był Paderewski. *minister.*

6 A couple of reminders

Remember that **aktualny** means *current, up to date*. **Ewentualny** means *possible*, so that **ewentualnie** means *in the event, if necessary, come to that.*

Ten adres jest nadal aktualny? *Is this address still current?*
Możemy się spotkać ewentualnie *We can meet at my place,*
  u mnie. *for that matter.*

Termin can mean *term* as in terminology, or it can mean *time-limit, deadline.*

Nie znam tych terminów *I don't know these*
  gramatycznych. *grammatical terms.*
Oddali rękopis przed terminem. *They handed over the*
manuscript before the deadline.

Ważny can mean *important* or *valid*.

To chyba najważniejsze. *I think that's the most*
important thing.

Niestety pana paszport jest *I'm afraid your passport's*
  nieważny. *invalid.*
Termin ważności. *Expiry date (literally, validity*
deadline).

7 A case of giving – the dative revisited

When nouns form their dative, the majority patterns are:

Feminine nouns swap **a** for **e** and usually alter the preceding consonant, e.g. **kelnerka** becomes **kelnerce**.

Podał kelnerce kartę kredytową.	*He handed the waitress his credit card.*
Pomagaliście wszyscy matce?	*Have you all been helping your mother?*

Masculine nouns typically have a dative in **-owi**.

Sally podała policjantowi prawo jazdy.	*Sally handed the policeman her driving licence.*
Zrób Tadkowi herbaty.	*Make Tadek some tea.*
Nie przeszkadzaj hydraulikowi.	*Don't disturb the plumber.*

Masculine nouns like **kolega**, **turysta** follow the pattern typical of feminine nouns:

Pomóż no koledze.	*Go on, give your friend a hand.*
Nasz hotel się spodoba każdemu turyście.	*Any tourist will take a liking to our hotel.*

Neuter nouns typically replace their final **-o** or **-e** with **-u.**

Szkodzi zdrowiu.	*It's bad for you (harms your health).*

The dative plural ending is **-om**.

Dzień dobry panom/paniom.	*Good morning, gentlemen / ladies.*
Kupił rodzicom samochód.	*He's bought his parents a car.*

8 I saw how mummy kissed Santa Claus

Note that in Polish, when you want to say that you saw someone do or doing something, you say you saw how they did it.

Zobaczyłam, jak samochód uderzył w tego mężczyznę.	*I saw the car hit the man.*
Widziałem, jak mama całowała Świętego Mikołaja.	*I saw mummy kiss(ing) Santa Claus.*

Using **jak** in this sort of pattern does not suggest that you saw exactly how it happened, as using *how* in English does.

With verbs of the imperfective type (the ones mentioned first of the pair, that do not sum an action up), you may find a present form instead of a past in such patterns.

Widziałam, jak samochód uderza w dziewczynkę.	*I saw the car hit(ting) the little girl.*
Słyszałem, jak mamusia całuje Świętego Mikołaja.	*I heard mummy kissing Santa Claus.*

Ćwiczenia

1   Choose the correct form from the brackets.

(a) (pewien, pewna)   Tomku, czy jesteś .... , o której odjeżdża pociąg?

(b) (czekałam, zaczekałam)   .... na przystanku, kiedy zdarzył się wypadek.

(c) (widział, widziała)   Czy .... pani, co się stało?

(d) (odlatuję, odleciałam)   Jutro .... do Francji.

(e) (przystanki, przystanku)   Facet biegł w kierunku ....

(f) (policjantem policjantowi) Podała .... swoje prawo jazdy.

(g) (markę, marki)   Nie pamiętam .... samochodu.

2   Put into English.

(a) To wszystko stało się tak szybko.
(b) Nagle starszy pan upadł.
(c) Nie pamiętam ani marki ani koloru samochodu.
(d) Proszę podać termin ważności pani paszportu.
(e) To nie jest droga dwupasmowa.
(f) Autobus uderzył w kobietę.
(g) Nie widziałem, jak facet przechodzi przez jezdnię.
(h) W pewnym momencie usłyszałem zgrzyt gum (*a squeal of tyres*) na asfalcie.

3   Put into Polish.

(a) I saw the car hit a man.
(b) I'm sorry, but this is not my current address.

(c) Fortunately I have enough money.
(e) Have you got a pen on you?
(e) My name is Tomasz Wilkowski and I am a Polish citizen.
(f) Please give me your driving licence.

4 Participate in the dialogue, following the guidelines in brackets.

X Co pan(i) widziała?
You *Say you saw nothing.*
X Nie widziała pani/widział pan numeru rejestracyjnego samochodu?
You *Say yes (**owszem**), you saw the first digit. The first digit was six.*
X A nie widziała pani/widział pan liter?
You *Say you remember three letters. They were G for George, F for Freddie and H for Harry.*
X A może pan(i) pamięta, jakiego koloru był samochód?
You *Say you think the car was green, maybe an Opel. It was big.*
X Czy samochód się zatrzymał?
You *Say the car drove off without stopping. The old lady had fallen down and you wanted (**chciałem** if you're male / **chciałam** if you're female) to help her.*
X I ja również dziękuję za pomoc.
You *Say don't mention it.*

5 Distribute the words appropriately among the gaps.

**widział   jak   się   przystanek   przystanku
autobusem   autobusie**

(a) Zobaczyliśmy, ... autobus się przewraca.
(b) Stałem na .... i czekałem na tramwaj.
(c) Nie lubię czytać w ....
(d) Niech mi pan powie, co pan ....
(e) Tym razem (*this time*) przyjechaliśmy ....
(f) Jeszcze jeden ...., i wysiadamy.
(g) Nie warto .... denerwować.

Dialog

During her stay, Sally had a number of conversations with her neighbour Mr Wesołowski. Here are some more of them.

Pan Wesołowski Dzień dobry pani.
Sally Dzień dobry panu. Widzę, że się pan gdzieś spieszy.
Pan Wesołowski Czas to pieniądz, proszę pani.

---

widzę (widzieć) *I see/I can see*
że się pan gdzieś śpieszy (śpieszyć się/ pośpieszyć się) *that you're in a hurry (to get) somewhere*

Czas to pieniądz. *Time is money.*

Komentarz

Pieniądze (*money*) is usually plural.

Masz pieniądze? *Have you any money?*
Mają dużo pieniędzy. *They have a lot of money.*

In some generalized expressions such as this saying, though, **pieniądz** is used.

Tam tylko pieniądz się liczy. *All that counts there is money.*

Rankiem Sally spotyka pana Wesołowskiego spacerującego z psem. Jest dość chłodno.

Sally Dzień dobry panu. Chłodno dzisiaj.
Pan Wesołowski Nic dziwnego, proszę pani. Od świętej Anki zimne wieczory i ranki. Najważniejsze, żeby nie padało. Wczoraj lało jak z cebra. Zmokłem tak, że nie było na mnie suchej nitki.

---

rankiem (ranek) *in the morning*
spotyka (spotykać/spotkać) *meets*
spacerującego z psem (spacerować/ pospacerować, pies) *out walking the dog*
dość chłodno *quite cool*

nic dziwnego (dziwny) *nothing surprising*
Od świętej Anki zimne wieczory i ranki. (święty, Anka (Anna), zimny, wieczór, ranek) *From St Ann's day on the evenings and mornings are cold.*

---

najważniejsze, żeby nie padało
(ważny, ważniejszy, padać) *the most important thing is for it not to rain*
lało jak z cebra (lać, cebro) *it was bucketing (lit. pouring like from a bucket)*

zmokłem (moknąć/zmoknąć) *I got soaked*
tak, że nie było na mnie suchej nitki (być, ja, suchy, nitka (nić)) *to the skin (lit. so that there wasn't a dry thread on me)*

Pan Wesołowski zaprosił Sally na herbatę i makowiec. Sally czuje się trochę zmieszana wysiłkiem gospodarza.

Sally   Zadał pan sobie tyle trudu, a ja nie chciałam sprawiać panu kłopotu.

Pan Wesołowski Żaden kłopot, proszę pani. W Polsce, gość w dom, Bóg w dom.

---

zaprosił ... na (zapraszać/zaprosić) *has invited ... to/for*
makowiec (-wca) *poppy-seed cake*
zmieszana (zmieszać) *confused, embarrassed*
wysiłkiem (wysiłek) *by the effort(s)*
gospodarza (gospodarz) *of her host*
zadał pan sobie tyle trudu (zadawać/zadać, trud) *you've put yourself to so much trouble*

nie chciałam sprawiać panu kłopotu (chcieć, sprawiać/sprawić, kłopot) *I didn't want to cause you any trouble*
żaden kłopot *no trouble*
gość w dom, Bóg w dom (proverb) *a guest in the house is God in the house*

Pan Wesołowski czyta gazetę. Nagle poruszony czymś mówi do Sally:

Pan Wesołowski Kto to słyszał, proszę pani, żeby tak język zaśmiecać? No niech pani sama powie. „W tym miesiącu po raz pierwszy pojawił się na polskim rynku router Phillipsa," albo „Samochód może stać się mobilnym biurem". W ogóle nie rozumiem, o co chodzi.

---

nagle (nagły) *suddenly*
poruszony (poruszać/poruszyć) *stirred*
czymś (coś) *by something*

kto to słyszał, żeby tak ...
zaśmiecać (zaśmiecać/zaśmiecić) *who ever heard of polluting ... like that*
no *well, then*

---

niech pani powie (powiedzieć) *tell me*
sama (sam) *yourself*
na polskim rynku (polski rynek) *on the Polish market*
router *router*
może stać się (móc) *can become*

mobilnym biurem (mobilny, biuro) *a mobile office*
w ogóle *at all, in general*
nie rozumiem, o co chodzi (rozumieć/zrozumieć) *I don't understand what's going on/what it's about.*

Komentarz

Mr Wesołowski is puzzled by the word **mobilny**. The normal Polish word for *mobile* is **ruchomy**, as in the expression for *escalator* (i.e., mobile stairs): **schody ruchome**. He may also be in some doubt, not only about what **router** means, but also about how to pronounce it, since the combination of **o** with **u** is not a normal Polish one.

Now revise how to

- talk about past events

Samochód odjechał.	*The car drove away.*
Wyszła do miasta.	*She's gone out to town.*
Lecieliśmy do Warszawy.	*We were on the plane to Warsaw.*
Leciałyśmy do Warszawy.	*We were on the plane to Warsaw (no males in the party).*
Nie widziałem/widziałam, co się stało.	*I couldn't see what had happened.*
Gdzie byliście?	*Where have you lot been?*
Gdzie państwo byli?	*Where have you been (ladies and gentlemen)?*
Robiliśmy zakupy.	*We were shopping.*
Zrobili zakupy.	*They've done the shopping.*
Co powiedziałeś/powiedziałaś?	*What did you say?*
Nie mówiłem ci?	*Didn't I tell you so?*
A nie mówiłam?	*Told you so!*

- talk about certainty and uncertainty

Jestem pewien/pewna, że to była ona.	*I'm sure it was her.*
Jesteśmy pewni/pewne, że to był on.	*We're sure it was him.*

Nie jestem niczego pewien/pewna.	*I'm not sure of anything.*
Jestem przekonany/przekonana, że jest narkomanką.	*I'm convinced she's a drug addict.*
Z pewnością znajdzie pan coś odpowiedniego.	*You're sure to find something suitable.*
Oczywiście, że możesz przyjść!	*Of course you can come!*
To na pewno jakiś Polak.	*That's a Pole, no doubt.*

19
NA MNIE JUŻ CZAS

I've got to go

In this unit you will learn how to

- make promises
- send greetings
- thank people for specific things
- issue general invitations

Dialog

Sally and Basia are at Okęcie Airport in Warsaw. They are having a final chat and saying goodbye before Sally goes through passport control.

Basia Zadzwonisz do mnie po przyjeździe do Londynu?

Sally Oczywiście, że zadzwonię. I jak tylko znajdę chwilę wolnego czasu, to napiszę do ciebie.

Basia Mam nadzieję, że nie zapomnisz o mnie i będziemy pisać do siebie.

Sally Na pewno nie zapomnę. Dbaj o siebie i nie pracuj zbyt dużo.

Basia Ty też uważaj na siebie.

Sally Dobrze, będę uważała. Słuchaj, robi się późno, lepiej przejdę na drugą stronę. Jeszcze raz za wszystko ci dziękuję.

Basia Nie ma za co. Cała przyjemność po mojej stronie.

zadzwonisz do mnie? (dzonić/
zadzwonić, ja) *will you ring me?*
po przyjeździe do Londynu
(przyjazd, Londyn) *after your
arrival in London*
oczywiście, że zadzwonię *of course
I'll ring*
**jak tylko znajdę chwilę wolnego
czasu** (znajdować/znaleźć, chwila,
wolny czas) *as soon as I get (find)
a moment's free time*
to napiszę do ciebie (pisać/napisać,
tu) *then I'll write to you*
**mam nadzieję, że nie zapomnisz o
mnie** (mieć, nadzieja,
zapominać/zapomnieć, ja) *I hope
you won't forget (about) me*
będziemy pisać do siebie
(pisać/napisać) *we'll write (letters)
to each other*

na pewno nie zapomnę (zapomnieć)
I'm sure I won't (forget you)
dbaj o siebie (dbać/zadbać) *look
after yourself*
nie pracuj zbyt dużo (pracować)
don't work too hard
ty też uważaj na siebie (uważać)
you take care of yourself, too
będę uważał(a) *I will take care*
słuchaj (słuchać/posłuchać) *listen*
robi się późno (robić się/zrobić się)
it's getting late
lepiej przejdę (przechodzić/przejść)
I'd better go
na drugą stronę (drugi, strona) *to
the other side*
jeszcze raz *once again*
cała przyjemność po mojej stronie
(cały, mój, strona) *the pleasure's
entirely mine/it's been a pleasure*

The conversation continues.

Sally   Pozdrów ode mnie swoją rodzinę.
Basia   Dobrze, dziękuję. Pamiętaj, że nasz dom jest zawsze dla
ciebie otwarty. Jeżeli będziesz chciała kiedykolwiek przy-
jechać do Polski, to tylko daj mi znać.
Sally   Teraz twoja kolej. Musisz koniecznie przyjechać do Anglii.
Basia   Pomyślę o tym. Szczęśliwej podróży. Cześć.
Sally   Dziękuję. Hej!

pozdrów ode mnie swoją rodzinę
(pozdrawiać/pozdrowić, ja, swój,
rodzina) *say hello from me to your
family*
pamiętaj, że (pamiętać) *remember
that*
**nasz dom jest zawsze dla ciebie
otwarty** (być, ty) *you are always
welcome in our house*
**jeżeli będziesz kiedykolwiek
chciał(a)** (chcieć) *if you ever want*
przyjechać do Polski
(przyjeżdżać/przyjechać, Polska)
to come to Poland

to tylko daj mi znać (dawać/dać)
(then) just let me know
teraz twoja kolej (twój) *now its your
turn*
musisz koniecznie (musieć,
konieczny) *you must definitely*
konieczny *essential, necessary*
pomyślę o tym (myśleć/pomyśleć,
to) *I'll give it some thought*
szczęśliwej podróży (szczęśliwy,
podróż) *bon voyage*
cześć *cheerio, hi*
hej! *bye*

I'VE GOT TO GO

While Sally is waiting in the airport, she overhears people talking about friends they have seen in Poland. Two women are reviewing their people's state of health.

Pani Maria Nie przypuszczałam, że ona tak dobrze się trzyma. Naprawdę świetnie wygląda.

Pani Renata Ten pobyt na Mazurach dobrze jej zrobił. Ale za to ten jej syn wygląda okropnie. Nie wiem, czy dużo pracuje, czy po prostu wpadł w złe towarzystwo.

Pani Maria To się dopiero okaże. A jej mąż chory, czy co? Też taki blady.

Pani Renata Mąż jest na pewno przepracowany. Od dawna wygląda kiepsko. Wiesz, rzucił palenie, i już nie prowadzi samochodu.

---

nie przypuszczałam, że ona tak dobrze się trzyma (przypuszczać/przypuścić, trymać sie) *I hadn't expected her to be looking so well by now*

świetnie wygląda (świetny, wyglądać) *(s)he looks terrific*

ten pobyt w Mazurach (Mazury) *that spell in Mazury*

dobrze jej zrobił (ona, robić/zrobić) *did her good*

ale za to *but on the other hand*

ten jej syn *that son of hers*

wygląda okropnie (wyglądać, okropny) *looks awful*

czy dużo pracuje (pracować) *whether he works a lot*

po prostu *simply, it's just that*

wpadł w złe towarzystwo (wpadać/wpaść, zły) *he's got into bad company*

to się dopiero okaże (okazywać się/okazać się) *only time will tell*

okazywać się/okazać się *turn out*

a jej mąż chory, czy co? *and is her husband ill, or what?*

też taki blady *he's so pale too*

jest przepracowany *is (being) overworked*

od dawna wygląda kiepsko (kiepski) *he's looked poorly for a long time*

rzucił palenie (rzucać/rzucić) *he's given up smoking*

już nie prowadzi samochodu (prowadzić, samochód) *he doesn't drive (a car) any more*

Not far away, two men are discussing a friend's marriage.

Pan Mietek Ta jego druga żona mi się nie podoba.

Pan Leszek Nie musi się tobie podobać. Grunt, że się jemu podoba.

Pan Mietek I on jej. Ale właśnie o to mi chodzi. Mam wrażenie, że ona go wykorzystuje i po pewnym czasie porzuci go.

Pan Leszek Wiesz co? Ty jesteś przeciwnikiem kobiet. Może to on wykorzystuje ją. Przecież wszystko dla niego robi. Ja mam wrażenie, że ona go kocha aż za bardzo.

Pan Mietek Jesteś po prostu sentymentalny.

Pan Leszek A cóż w tym złego?

ta jego druga żona *that second wife of his*
jego żona mi się nie podoba (podobać się, ja) *I don't like his wife*
grunt, że *the point is that*
że się jemu podoba *that <u>he</u> likes her*
wykorzystuje go (wykorzystywać/wykorzystać, on) *is exploiting him*
po pewnym czasie (pewien czas) *after a certain time*
porzuci go (porzucać/porzucić, on) *will leave him, dump him*
wiesz co? (wiedzieć) *do you know what?*
jesteś przeciwnikiem kobiet (być, przeciwnik, kobieta) *you're a misogynist (an opponent of women)*

przeciwnik *enermy, opponent*
może to on wykorzystuje ją (wykorzystywać, ona) *maybe it's him that's using her*
przecież wszystko dla niego robi (on, robić) *she does everything for him, doesn't she?*
moim zdaniem (mój, zdanie) *in my opinion*
zdanie *opinion, sentence*
aż za bardzo *too much, in fact*
po prostu *simply*
sentymentalny *sentimental*
a cóż w tym złego? (to, zły) *and what's wrong with that, then?*

Meanwhile, Basia has waved Sally goodbye and is back in her car, when suddenly she spots an envelope on the seat next to her. It turns out to contain a note from Sally.

Warszawa 25 czerwca 1996

Kochana Basiu!

Piszę ten list, aby Ci jeszcze raz podziękować za wszystko, co dla mnie zrobiłaś w czasie mojego pobytu w Polsce. Czas, jaki spędziłam tutaj, był bardzo miły. Dziękuję za okazaną mi pomoc, serdeczność i gościnność. Mam nadzieję, że będziemy się mogły jeszcze kiedyś spotykać, a tymczasem obiecuję pisać tak często, jak to tylko będzie możliwe. Zapraszam Cię serdecznie do Anglii.

Uściski

Sally

kochana (kochany, kochać) *dear*
w czasie mojego pobytu (czas, mój pobyt) *during my stay*
czas, jaki spędziłam (spędzać/spędzić) *the time I've spent*
miły *nice, welcome, enjoyable*
za okazaną mi pomoc (okazywać/okazać, ja) *the help (you've) given me*
serdeczność *kindness, warmth, cordiality*
gościnność *hospitality*
jeszcze kiedyś *again sometime*

będziemy mogły (móc) *we'll be able to*
spotykać się (spotykać się/spotkać się) *meet up (more than once)*
a tymczasem *and meanwhile*
obiecuję (obiecywać/obiecać) *I promise*
tak często, jak to tylko będzie możliwe (być, możliwy) *as often as I possibly can*
zapraszam cię (zapraszać/zaprosić) *I invite you*
serdecznie (serdeczny) *warmly*
uściski (uścisk) *hugs*

Language patterns

1 Lepiej przejdę *(I'd better go across)*

English uses a rather tentative form for this. Polish says, literally, *better I will go* – a rather more confident prediction.

2 Na drugą stronę

Lepiej przejdę na drugą stronę (*I'd better go over to the other side*). **Drugi** means *second*. Where there are two things to choose from, **drugi** usually indicates *the other*. In other (different) contexts, the normal word for *other* is **inny**.

To jest zupełnie inna wersja.　　*That's a completely different version.*

On jest inny.　　*He's different.*

3 Nasz dom jest zawsze dla ciebie otwarty *(you're always welcome in our house)*

Otwarty dla ciebie means *open to you*. Polish often uses **dla** (*for*) where English would use *to*. Here are a couple more examples of **dla**.

Jesteś zbyt dobra dla mnie.   *You are too good to me.*
On jest bardzo ostry dla studentów. *He's very hard on students.*

4 How to tell people what to do – imperatives

If you want to ask someone to do something, and you are on formal terms, use **Niech** ... :

Niech pani mówi dalej.   *Do carry on (speaking).*
Niech państwo siadają.   *Do sit down.*

It is also polite to use **Proszę** with the infinitive dictionary form of a verb.

Proszę zgasić papierosa.   *Please put your cigarette out.*
Proszę mówić głośniej.   *Please speak up.*
Proszę powtórzyć.   *Please repeat that.*

When you are on familiar terms, use imperative forms. There are a lot of examples in this unit.

Zadzwoń.	*Ring.*	from	zadzwonić
Dbaj o siebie.	*Look after yourself.*		dbać
Nie pracuj.	*Don't work.*		pracować
Uważaj.	*Take care.*		uważać
Słuchaj.	*Listen.*		słuchać
Pozdrów.	*Greet, say hallo.*		pozdrowić
Pamiętaj.	*Remember.*		pamiętać
Daj mi znać.	*Let me know.*		dać
Przyjdź.	*Come.*		przyjść
Przyjedź.	*Come.*		przyjechać
Pomóż mu.	*Help him.*		pomóc
Nie przeszkadzaj jej.	*Don't get in her way.*		przeszkadzać
Nie martw się.	*Don't worry.*		martwić się
Nie denerwuj się	*Don't get upset.*		denerwować się
Pisz.	*Write (regularly / now).*		pisać
Napisz.	*Write a letter. Write it.*		napisać

If you want to address one of these requests or commands to more than one person with whom you are on familiar terms, add **-cie** to these forms: **zadzwońcie, dbajcie o siebie, nie pracujcie**, etc.

If you want to say *Let's* . . ., add **-my**: **zadzwońmy, dbajmy o siebie, nie pracujmy**, etc.

Remember, if you want to say *Let me*, you can use **Niech**:

Chwileczkę, niech pomyślę.   *Just a moment, let me think.*

5 Który *or* jaki?

In questions, **który** corresponds to *which* and **jaki** to *what*.

Którą gazetę czytasz?   *Which newspaper do you read /*
                          are you reading?

Jaką gazetę czytasz?   *What newspaper do you read /*
                          are you reading?

The newspaper (s)he reads / is reading would normally be **gazeta, którą czyta**. *The house we bought* would be **dom, który kupiliśmy** (or **dom, któryśmy kupili**). However, when emphasis is on type or quality, **jaki** may replace **który**.

dom, jaki kupiliśmy   *the (kind of) house we have bought*
czas, jaki spędziliśmy   *the (kind of good) time we have had.*

6 Dziękuję za okazaną mi pomoc *(thank you for the help)*

Okazywać/okazać pomoc komuś is to *give help to someone*. Sally's note to Basia says **Dziękuję za okazaną mi pomoc, serdeczność i gościnność** (*thank you for the help, warmth and hospitality shown to me*). Often words like **okazaną** here seem unnecessary when you translate into English. They seem to cover, very precisely, the ground covered vaguely but adequately by words like *your* and *the* in English.

Dziękuję za okazaną mi pomoc.   *Thank you for your help.*
sprawiony zawód   *the disappointment (caused)*
omawiany problem   *the matter (being discussed)*

7 Jak tylko znajdę chwilę *(as soon as I have a moment)*

Znajdę is a future form, since **znaleźć** is a perfective verb, and what looks like a present tense form of perfective verbs is in fact a future. Polish systematically uses future forms for conditions in the future, whereas English does not usually. Look at the clear difference between the two ways of saying in Polish *If you want to come, write*.

Jeżeli chcesz przyjechać, napisz. *If you want to come (now), write.*
Jeżeli będziesz chciał przyjechać, *If (in the future) you want*
napisz.   *to come, write.*

8 Coming to and arriving at a place

Whether **przyjeżdżać/przjechać**, **przychodzić/przyjść** and other similar verbs (**przylatywać/przylecieć**, **przypływać/przypłynąć**) mean *come* or *arrive*, they are still motion verbs, as far as Polish is concerned. In English, on the other hand, you arrive *in* a place (location), but come *to* a place (direction).

Tym razem przypłynęliśmy   *This time we came (by sea)*
do Gdańska.   *to Gdańsk.*
Przypłynęliśmy do Gdańska   *We arrived at / in Gdańsk*
we wtorek.   *on Tuesday.*

9 Does the time belong to the moment?

Notice that you say in Polish **Jak tylko znajdę chwilę wolnego czasu** (*As soon as I have* (lit. *will find*) *a moment's free time*). Polish talks of a moment of time, English of a moment's time.

10 Emphatic and unemphatic versions of pronouns

Ta jego druga żona mi   *I don't like that second wife*
się nie podoba.   *of his.*

The pronouns **mi**, **ci**, **go**, **mu** are not accentuated in any way. If you want to accentuate them, longer forms are available.

Mnie ona się nie podoba.   **I** *don't like her.*
Grunt, że się **jemu** podoba. *The important thing is that* **he**
                               likes her.

Komentarz

Formal and informal letters

Space prevents us from going into all the details of letter-writing in Polish. We must limit ourselves to the bare essentials. Private letters are laid out like this:

miejsce (*place*)	**data** (*date*)
Warszawa	5.10.1996 r. (**r** stands for a form of **rok**, *year*)

Nagłówek *(salutation)*

This is followed by an exclamation mark (**wykrzyknik**).

Kochany/Kochana then name.

> Kochana Anno!/Kochana Basiu!/Kochana Mamo!
> Kochany Wiesławie!/Kochany Mirku!/Tatusiu!

Note the use of vocative 'calling' forms of names.

Drogi/Droga is an alternative to **Kochany/Kochana**.

> Droga Zosiu!/Droga Barbaro!
> Drogi Janie!/Drogi Zygmuncie!/Drogi Tadeuszu!

For people with whom you are not on familiar terms (who you do not address as **ty**), it is normal to use one of the **pan** words with first name, often in an affectionate form:

> Droga Pani Zosiu!/Pani Barbaro!
> Drogi Panie Janie!/Panie Zygmuncie!/Panie Tadeuszu!
> Drodzy Państwo! (to a couple or group of people)

Note that you should never use someone's surname in this kind of salutation.

Note also that capital letters are used for all forms of **Ty**, **Wy**, **Pan**, **Pani**, etc. throughout a letter, including **Ci**, **Tobie**, **Wam**, **Twój**, **Pański**.

> Zapraszam Cię serdecznie do Anglii.

Zakończenie *(conclusion)*

very informal:

Całuję (Cię, Panią, Was wszystkich)	*I kiss (you (all)*
Ściskam Cię/Panią serdecznie	*I squeeze you cordially*
Uściski i serdeczności	*Hugs and expressions of affection*
Pozdrawiam Cię/Panią serdecznie	*I greet you cordially*

more formal:

Z poważaniem	*With respect*
Łączę wyrazy szacunku	*I attach expressions of respect*
Z wyrazami szacunku	*With expressions of respect*

When giving the names of men and women, the rule 'ladies first' applies:

Państwo Barbara i Tomasz Michalscy.   Ewa i Adam.

When writiing an address on the envelope use the letter **WP** before the name of the addressee. **WP** stands for **Wielmożny Pan/Wielmożna Pani/Wielmożni Państwo**.

```
WP

    Andrzej Zawiejski
    ul. Konwiktorska 5, m. 26
    00–350 Warszawa
    Polska
```

ul. stands for **ulica** *(street)*, **m.** for **mieszkanie** *(flat)*. Many Poles simply write **5/26** (read out as **pięć przez dwadzieścia sześć**) for **5, m. 26**.

Other abbreviations often used in addresses are: **pl.** *(squ.)* and **al.** *(Ave)*. The full versions are **plac** and **aleja** or sometimes in the plural **Aleje**.

------ **Ćwiczenia** ------

1 Part of this postcard has had paint splashed on it. Try to reconstruct the full text.

Ko .... Zosiu!

Najser ....e pozdrowienia z No.......... Jor......... przesy.......a

Wojtek ....

P.S. Dzisiaj zrobi..........m zak.......... na Piątej Al.......... . Pogoda jest ws.......a........a! Cały ....as świeci słońce. Jutro idę na k......... do Carnegie Hall. Do z.......... w Warsz........ .

2 Put an appropriate word in each blank space.

(a) Nie przypuszczałem, że ona tak dobrze się ....
(b) Słuchaj, robi się późno, muszę już ....
(c) Tomku, czy .... , o której odjeżdża pociąg?
(d) Jeszcze raz ci .... za wszystko.
(e) Mam .... , że nie zapomnisz o nas.
(f) Niech pan zadzwoni .... mnie .... przyjedzie .... Poznania.
(g) – Uważaj na przejściach.
   – Dobrze, ... uważał.
(h) Jeżeli będziesz czegokolwiek potrzebował (need), to tylko .... znać.
(i) Zapraszam .... serdecznie do Anglii. Nasz dom jest zawsze. .... otwarty.
(j) Dziękuję za ..... mi pomoc.
(k) Wygląda kiepsko. Na pewno jest ....

3 Do the following in Polish.

(a) Wish someone a safe journey.
(b) Ask them to take care of themselves.
(c) Ask them to write you a letter when they get back.
(d) Ask them to give your love to their mother.
(e) Tell them they're sentimental.

4 Write a short letter to your Polish hosts. Thank them for their hospitality and invite them to come and stay with you.

5 Respond appropriately to each of the following, said by someone who has become very attached to you and your friend.

(a) Napiszecie do nas po przyjeździe do domu?
(b) Mam nadzieję, że nie zapomnicie o nas.
(c) Musicie koniecznie przyjechać do nas jeszcze.
(d) Pozdrówcie od nas swoje rodziny.

(e) Mamy nadzieję, że ten pobyt w Polsce wam dobrze zrobił.
(f) Jeżeli będziecie kiedykolwiek chcieli/chciały przyjechać, to tylko dajcie znać.

Now revise how to:

● make promises

Obiecuję, że zadzwonię.
Oczywiście, że napiszę po przyjeździe do domu.
Obiecuję, że będę pisał(a).
Obiecuję, że będę uważał(a) na siebie.
Dobrze, będę dbał(a) o siebie i nie będę pracował(a) zbyt dużo.
Dobrze, mamusiu, będę uważał(a) na przejściach.
All right, Mum, I'll be careful on crossings.
Mam nadzieję, że nie zapomnimy o sobie.
Na pewno nie zapomnimy.
Jak tylko znajdę chwilę wolnego czasu, pójdę do twojego wujka i przekażę mu pozdrowienia od ciebie.
As soon as I have a moment, I'll go and see your uncle and give him your regards.
Będę pisał(a) tak często, jak to tylko będzie możliwe.

● send greetings

Piotr każe państwa pozdrowić. *Piotr sends his regards.*
Basia I James każą cię pozdrowić. *Basia and James send their regards.*
Proszę pozdrowić swoją rodzinę ode mnie.

● thank people for specific things

Jeszcze raz dziękuję za okazaną mi pomoc.
Dziękuję za kawę.
Dziękuję za wszystko, coś dla mnie zrobiła w czasie mojego pobytu w Polsce.

Note: remember, though, that **Ja dziękuję za herbatę** can mean *No tea for me, thank you.*

● issue open invitations

Jeżeli będziesz/pan(i) będzie czegoś potrzebował(a), to tylko daj mi znać/proszę mi dać znać.
Mój dom jest zawsze dla ciebie/pana/pani/panów/pań/państwa otwarty.
Zapraszam cię/pana/pania/panów/panie/państwa serdecznie.
Musisz/musicie/musi pan(i)/muszą panowie/panie/państwo koniecznie przyjechać do Ameryki.

20
CZY PODOBAŁO SIĘ —— W POLSCE?

Did you like it in Poland?

In this unit you will learn how to

- talk about how you liked a place
- talk about learning a language
- talk about the value of activities
- talk about enjoying activities
- pay and receive compliments

Dialog

Sally is on the London plane. The woman sitting next to her is Polish, and they start talking about Sally's stay in Poland.

Nieznajoma   Czy podobało się pani w Polsce?
Sally   O tak, bardzo. Życie tutaj jest zupełnie inne niż w Wielkiej Brytanii, ale tym bardziej interesujące dla mnie.
Nieznajoma   Pani mówi doskonale po polsku.
Sally   Bardzo dziękuję, ale proszę mi wierzyć, że mówienie po polsku wciąż jest dla mnie dość trudne.
Nieznajoma   Czy uczyła się pani polskiego przed przyjazdem do Polski?
Sally   Tak, trochę. Uważam, że znajomość języka jest bardzo ważna. To pozwoliło lepiej poznać kraj i ludzi. Teraz muszę tylko utrwalać tę wiedzę. A pani, czy pani mówi po angielsku?

Nieznajoma Niestety bardzo słabo. Właśnie jadę do Anglii na kurs
językowy. Łatwiej nabrać biegłości, kiedy trzeba bez
przerwy używać angielskiego.

Sally O tak. Z pewnością. Chociaż czasem męczące.
Zdarzają się trudne chwile, gdy trzeba dostosować się
do innego trybu życia. Ale warto. Mam nadzieję, że
spodoba się pani w Anglii.

Nieznajoma Jestem tego pewna. A przyjedzie pani znowu do
Polski?

Sally Oczywiście. Bardzo mi się spodobał wasz kraj.

---

nieznajoma (nieznajomy) *(female)*
stranger
życie tutaj jest zupełnie inne (być,
zupełny, inny) *life here is
completely different*
niż w Wielkiej Brytanii (Wielka
Brytania) *than in Great Britain*
tym bardziej interesujące (interesujący, interesować) *the more
interesting*
doskonale *excellently*
wierzyć (+ dative) (wierzyć/uwierzyć)
believe (a person)
mówienie po polsku (mówić)
speaking Polish
wciąż *still*
przed przyjazdem do (przyjazd)
before coming to
znajomość języka (język) *knowledge
of the language*
to pozwoliło (pozwalać/pozwolić)
it allowed
poznać (poznawać/poznać) *get to
know*
utrwalać tę wiedzę (utrwalać/
utrwalić, ten, wiedza) *fix,*

consolidate that knowledge
a pan(i)? *and what about you?*
właśnie jadę (jechać) *I'm on my way
(as it happens)*
łatwiej nabrać biegłości (łatwo,
nabierać/nabrać biegłość)
it's easier to acquire fluency
bez przerwy (przerwa) *all the time*
używać angielskiego (używać/użyć,
angielski) *to use English*
z pewnością (pewność) *certainly*
chociaż czasem męczące (męczyć,
męczący) *although tiring
sometimes*
zdarzają się (zdarzać się/zdarzyć
się) *there are*
trudne chwile (trudny, chwila)
difficult moments
**gdy trzeba dostosować się do
innego trybu życia**
(dostosowywać się/
dostosować się, inny tryb, życie)
*when you have to adapt to a
different lifestyle*
ale warto (wart) *but it's worth it*

Language patterns

1 Did you like Poland?

You have a choice of ways of asking whether someone liked a place.

Spodobała się pani Polska?	*Did you like Poland? Have you taken to Poland? Has Poland made a good impression on you?*
Podobało się pani w Polsce?	*Did you enjoy Poland? Did you enjoy it, being in Poland?*

2 Problems with tę

Teraz muszę tylko utrwalać tę wiedzę.	*Now I just have to consolidate that knowledge.*

Some people pronounce **tę** as if it were written **tą**, others consider it a mistake to pronounce **tę** like that. Whichever you say, you may find helpful people 'correcting' you. The pronunciation of **tę** as **tą** brings it (in speech, at least) into line with **tamtą**, the feminine accusative singular of **tamten** (*that ... over there*) and endings on adjectives used in the same pattern.

Znam tę panią.	*I know this/that/the lady.*
Znam tamtą panią.	*I know that lady (over there).*
Znają twoją siostrę.	*They know your sister.*
Masz dobrą pamięć.	*You have a good memory.*

3 Poznawanie – poznanie

Nouns formed from verbs reflect the perfective and non-perfective nature of the verbs they come from.

To pozwoliło na lepsze poznanie kraju i ludzi.	*It allowed me to get to know the country and people better. (It allowed a better result-of getting-to-know of the country and people.)*

Zdarzają się trudne chwile
związane z poznawaniem
innego trybu życia.

There are difficult moments
connected with the process
of getting to know a different
way of life.

4 Znać, znajomość, wiedzieć, wiedza

Remember that **znać** is *to know or be acquainted with*, while
wiedzieć is *to know (a fact)*. This difference is also reflected in two
words for knowledge: **znajomość** (*acquaintance with*) and **wiedza**
(*knowledge (about)*).

Back in England, James has had a letter from Maciek. Maciek has
some bad news about their Polish teacher Grzegorz.

Drogi Jamesie!

Mam nadzieję, że dojechałeś do domu bez większych przygód i że nie
musiałeś zapłacić za nadbagaż. Wyobraź sobie, że nasz lektor Grzegorz
miał wypadek. Przebiegał przez jezdnię, śpiesząc się do autobusu,
kiedy został potrącony przez samochód. Na szczęście okazało się, że nie
był ciężko ranny, ale któż by pomyślał, że może się to przytrafić
takiemu ostrożnemu facetowi! Ty uważaj na przejściach, dobrze?

Na razie

Maciek

---

dojechałeś do domu
(dojeżdżać/dojechać) *you got*
home
bez większych przygód (większy,
przygoda) *without major*
incident(s)
nie musiałeś (musieć) *you*
haven't had to
zapłacić za nadbagaż (płacić/
zapłacić) *pay for excess baggage*
wyobraź sobie (wyobrażać/
wyobrazić) *just imagine*
miał wypadek (mieć) *has had an*
accident
przebiegał (przebiegać/przebiec)

was running across
przez jezdnię (jezdnia) *across the*
roadway
śpiesząc się do autobusu (śpieszyć
się/pośpieszyć się) *hurrying to*
catch a bus
został potrącony (zostawać/zostać,
potrącać/potrącić) *got hit*
potrącony przez samochód *hit by a*
car
okazało się, że (okazywać
się/okazać się) *it turned out that*
ciężko ranny *badly injured*
któż by pomyślał (myśleć/pomyśleć)
who would have thought

przytrafić się takiemu ostrożnemu facetowi (przytrafiać się/przytrafić się, ostrożny facet) *happen to such a careful guy*	**ty uważaj** (uważać) *you be careful* **na przejściach** (przejście) *on crossings* **na razie** (raz) *for now, bye for now*

Language patterns

1 Któż by pomyślał, że *(who would have thought)*

This is the final appearance of the pattern you first met in **Chciał(a)bym** (*I should like*).

2 Został potrącony przez *(was hit by)*

Został potrącony przez samochód.	*He was hit by a car.*

Polish can form passives by combining the perfective verb **zostać** with passive participles also formed from perfective verbs.

Została zatrzymana przez policję.	*She was detained by the police.*

Passive participles from perfective and imperfective verbs can form passive constructions with forms of **być**:

Perfective:

Jej mąż jest przepracowany.	*Her husband is overworked.*

Imperfective:

Teatr jest dopiero budowany.	*The theatre is only now being built.*

Thanks to the flexibility of Polish word order, it is often unnecessary to use a passive construction, even where one would be likely in English.

Nasz dom kupił sąsiad.	*Our house was bought by a neighbour.*

Ćwiczenia

1 Choose the correct form from the selection given in brackets.

(a) (Uczyłam, Nauczyłam) . . . się języka polskiego
przez pięć lat.

(b) (mówienie, mówić) Jest mi trudno . . . po polsku.

(c) (potrącił, potrąciła) Starszego pana . . . ciężarówka
(*lorry*).

(d) (przechodzić, przejść, Trzeba uważać podczas . . .
przechodzenia) przez jezdnię.

(e) (potrącająca, Czy to prawda, że została . . .
potrącona) przez tramwaj?

2 Complete the sentences by matching the beginning and end from the two columns.

(a) Mam nadzieję, że (1) zawsze dla ciebie otwarty.
(b) Wyobraź sobie, (2) ale nie mówię po niemiecku.
(c) Będę pisała listy (3) czujesz się dobrze.
(d) Przykro mi, (4) tak często jak tylko możliwe.
(e) Nasz dom jest (5) Basia miała wypadek.

3 Distribute the words around the gaps.

wypełnić **uregulować** **odpowiada** **weźmiemy**
wymienić **dosłyszałam** **pojedziemy**

(a) Czy pokój panu . . . . . ?
(b) Chciałbym . . . . . funty na złotówki.
(c) Proszę . . . . . formularz.
(d) Przepraszam, ale nie . . . . pani nazwiska.
(e) Chcielibyśmy . . . . . rachunek.
(f) Najpierw . . . . . pociągiem, a potem . . . . . taksówkę.

4 Put the words in brackets in an appropriate form.

(a) (ciekawy) Katowice są . . . . . miastem.
(b) (wołowina) Nienawidzę . . . . . .
(c) (pieniądze) Potrzebuję więcej . . . . . na zakupy.
(d) (Wysłać) . . . . . wczoraj paczkę do ciebie.
(e) (potrzebować) Czy . . . . . pani pomocy?
(f) (zęby, szampon) Poproszę pastę do . . . . . i . . . . . .
(g) (zarobić) Odkąd (*since*) zaczęła pracować w tej
firmie, ... już fortunę.

(h) (zrozumieć)   Przepraszam, ale nie ....., proszę powtórzyć.
(i) (Szczęśliwy)   ..... podróży!
(j) (chodzić)   Taka piękna pogoda, ... na spacer.

5 Respond appropriately to the following.

(a) Najmocniej panią przepraszam.
(b) Co słychać?
(c) Napisz do mnie.
(d) Halo.
(e) Czy masz ochotę na kawę?

Now re-cap on how to:

● talk about how someone likes or liked a place

Czy podoba (podobało) się pani/panu/państwu w Warszawie?
Bardziej mi się podobało   *I liked it better in Bydgoszcz.*
  w Bydgoszczy.
Bardzo mi się spodobał Kraków.
Bardzo mi się podobało w Krakowie.

● talk about learning a language

Znajomość języka jest bardzo ważna.
Muszę utrwalać tę wiedzę.
Zdarzają się trudne chwile.
Łatwiej nabrać biegłości, kiedy   *It's easier to gain fluency when*
  trzeba bez przerwy używać   *you have to use the language*
  języka.   *constantly.*
Mówienie wciąż jest dla mnie dość trudne.

● talk about the value of activities

Warto się tego nauczyć.
Jest to czasem męczące.
To jest bardzo ważne.
Trzeba się do tego wszystkiego dostosować.

● talk about enjoying activities

Z przyjemnością posłucham.   *I'd like to listen to some.*
Uwielbiam czytać powieści.   *I adore reading novels.*
Chętnie chodzę do kina.   *I like going to the cinema.*
Lubię czytać do poduszki.   *I like reading at bedtime.*

- pay and receive compliments

Pan mówi doskonale po polsku.   *You speak excellent Polish.*
Bardzo dziękuję.
Pani wygląda bardzo młodo.   *You look very young.*
To bardzo miłe z pana strony.   *That's very kind of you.*

- encourage someone to think or react along certain lines

Proszę mi wierzyć.
Wierz mi.
Wyobraź sobie, że . . .
Proszę sobie wyobrazić, że . . .
Na szczęście . . .
Mam nadzieję, że
Miejmy nadzieję (*let's hope*), że

───── Komentarz ─────

In this final Komentarz maybe it is worth mentioning how you can extend your knowledge of Polish and find out more about Poland.

POSK, the Polish Social and Cultural Centre in Hammersmith in London, has a large library, a number of institutes and a bookshop.

Orbis Books Limited is a bookshop in London which stocks a vast number of publications in Polish and publications in English about Poland.

Many British towns have at least one Polish club. Turn to *Polish* in your local telephone directory.

The Internet is probably the fastest-growing source of up-to-date information about Poland.

Polish television is available via satellite. You have a choice of PolSat and TV Polonia, the latter aimed at Poles living abroad.

If you would like to study Polish in Poland you should contact one of the many Polish universities that organize language courses. Polish language courses are available, for example, in Katowice, Kraków, Lublin, Łódź, Warsaw and Wrocław, and there is a privately-run Sopot School of Polish.

KEY TO THE EXERCISES

Unit 1

1 (a) przyjaciółka (b) pomoc (c) słucham (d) przepraszam **2** Nazywam się... Mam na imię... Nie/Tak Tak/Nie **3** (a) 2 (b) 4 (c) 1 (d) 3 **4** (a) się (b) mi (c) w, jako (d) na (e) nie (f) w, na **5** No, I can help. I can't help. **6** (a) Nic nie szkodzi. (b) Proszę (c) Dobranoc (d) Nie ma za co

Unit 2

1 (a) Polski (b) języka polskiego (c) Hiszpankami (d) Polakiem (e) język polski **2** (2) 3 (b) 1 (c) 2 **3** (a) cudzoziemcami (b) pana (c) języka polskiego (d) przyjaciół (e) trudne (f) chwileczkę **4** (a) 7 (b) 8 (c) 11 (d) 3 (e) 2 (f) 6 (g) 4 (h) 5 (i) 10 (j) 1 (k) 9 **5** (a) Bardzo mi miło (pana/panią poznać (b) To bardzo trudne (słowo/nazwisko) **6** (a) My father is Czech. (b) All the poets are learning Polish. (c) I'm coming back from Wales. (d) Miss World is a waste of time (e) I'm flying to Russia.

Unit 3

1 (a) Dzień dobry, mówić (b) pomyłka (c) wewnętrzny

2 (a) dwadzieścia jeden (b) trzydzieści trzy (c) sześćdziesiąt osiem (d) czternaście (e) pięćdziesiąt sześć (f) siedemdziesiąt dziewięć (g) sto czterdzieści trzy (h) sto siedemnaście (i) sto osiemdziesiąt dwa (j) sto dziesięć **3** (a) Trudno się do pana dodzwonić. (b) Dzień dobry. Czy mogę mówić z Tomkiem? (c) Mówi Jurek. (d) Przepraszam, to pomyłka. **4** (a) Basi (b) Jurka (c) Warszawy (d) męża (e) telewizji (f) radia (g) domu **5** Tak, jest. Nie, nie ma Jurka. Nie ma po co/ Nie ma sensu. Nie mam czasu.

Unit 4

1 (a) w (b) na (c) nie (d) że (e) już (f) do (g) z (h) we (i) o (j) w **2** (a) 4 (b) 5 (c) 2 (d) 3 (e) 1 **3** zamek królewski szatniarz po prawej stronie zakaz parkowania **4** Nowym Światem mieszkaniu mówi zakaz mąż żony rozumiem **5** 1. Cały dzień słucham polskiego radia. 2. Nic się nie stało. 3. Przepraszam najmocniej. **6** describe the signs: zakaz wjazdu zakaz wstępu zakaz palenia zakaz parkowania

Unit 5

1 (a) apples (b) grapes (c) potatoes (d) reduced fare (e) there is no sales assistant (f) melons (g) fruit(s) (plural) (h) tea (i) bread (j) alcohol (k) alcoholic drinks (l) Is there any vodka? No, there isn't. But I can see the bottles. This isn't vodka, sir. It's mineral water. **2** (a) 9 (b) 3 (c) 7 (d) 6 (e) 5 (f) 2 (g) 8 (h) 1 (i) 4 (j) 10 **3** (a) 5 (b) 1 (c) 4 (d) 7 (e) 3 (f) 2 (g) 6 **4** pieczywo woda mineralna ekspedientka warzywa **5** Czy jest sałata? Czy jest piwo? Czy jest cielęcina? Nie ma Krakowskiej Nie ma cukru. Nie ma bananów. **6** James is going to the cinema. Sally is asking for strawberries. The sales assistant can't hear. There is no food here.

Unit 6

1 Wolę herbatę od kawy. Tak, lubię/ Nie, nie lubię. Podobaja mi się filmy przygodowe (komedie, kryminały, horrory etc.) Jestem kobietą/ mężczyną. Sample answers: Nie, wolałbym być Francuzem. Tak, chciałabym mieszkać w Warszawie. Bardzo chciałbym być milionerem. Nie wolę być kobietą. **2** Uwielbiam jeździć samochodem. Bardzo mi się podoba. Tak, słucham polskiego radia. Tak, jestem na wakacjach. Wolę lody waniliowe. Wolał(a) bym kawę. Nie, wolę

koty. Tak, uwielbiam koty. Nazywam się Clutterbuck. Mam na imię Joanna. W tej chwili raczej nie. Nie, w tej chwili nie mam ochoty śpiewać. **3** Wolę słuchać muzyki niż oglądać filmy. Najbardziej smakuje mi gruszka/ nektaryna/ śliwka itd. Najbardziej smakują mi winogrona Tak, palę/ Nie, nie palę/ Wolał(a) bym nie palić. **4** (a) 1 (b) 5 (c) 2 (d) 6 (e) 4 (f) 3 **5** fasoli/baraniny/wieprzowiny (b) fasoli/baraniny/wieprzowiny (c) cielęcinę, wieprzowiny/baraniny (d) sok, kompot

Unit 7

1 (a) 3 (b) 5 (c) 4 (d) 2 (e) 1 **2** 1. Tysiąc starych złotych 2. Trzeba podnieść słuchawkę. 3. Czy tu jest kantor? 4. Warto pójść na ten film. 5. To była długa rozmowa. **3** 1. I'd like to buy a helicopter. How much money have you got? 2. There is no need to talk about old zloties. Why not? 3. How long are you coming to Poland for (madam)? For eight months. 4. I've had an operation. I prefer not to talk about it. 5. Have we got time? Unfortunately it's all over. 6. Can I come and see you? Yes, of course. Perhaps tomorrow? **4** złotówki/ złotówek tysiące/ tysięcy tym karty cudzoziemcami jest są **5** pieniądz ochoty przyjemnością wypełnić podać/ napisać w banku/ kantorze

Unit 8

1 (a) I'd like to book a table for two for seven fifteen, please. (b) Is there any beer? (c) I'm very sorry but I didn't catch that. (d) You can buy a car if you've got money. (e) If I had the time I would go to Vienna. (f) Can I have Wiener Schnitzel and English tea? (g) He/she comes at four p.m. (h) He has never known an Englishwoman who has understood him. (i) Shall I bring you something to drink? (j) What can I get you ladies? (k) The waitress is very nice. (l) Is it far? (m) What were you doing last night (madam)? (n) I prefer to book a table in a restaurant.
2 (a) 1 (b) 3 (c) 4 (d) 2 3 (a) W takim razie poproszę o pani nazwisko i telefon. (b) Czy to pani odpowiada? (c) Czy mogłaby pani powtórzyć?

4 Poziomo   Pionowo
1. majeranek   1. macierzanka
3. szczypiorek   2. pietruszka
4. chrzan   3. szałwia
5. papryka   4. cynamon
6. sol   5. pieprz
7. koper
5 (a) razie (b) odpowiedzi (c) sobie (d) odpowiada (e) było (f) soku (g) osób 6 Chciał(a) bym przyjść o szóstej wieczorem. Z przyjemnością Wolę iść do kina Chciał(a) bym pójść na dreszczowiec albo na film historyczny. 7 (a) Wolę Wiedeń od Moskwy. (b) Nie lubię latać. (c) Nie mam ochoty na herbatę.

(d) Mamy czas iść do dobrej restauracji. (e) Masz ochotę na kawę? (f) Co robisz dziś wieczorem? Nic szczególnego. (g) Chciał(a)bym wymienić funty na złotówki. 8 siódma pierwsza jedenasta druga trzydzieści dwudziesta druga piętnasta dwadzieścia ósma trzydzieści dziewiąta dziesiąta trzydzieści dziesiąta trzydzieści pięć północ/ dwudziesta czwarta dziewiętnasta trzydzieści 9 o szóstej o szóstej trzydzieści o piątej trzydzieści pięć o wpół do pierwszej o siedemnastej o siedemnastej trzydzieści pięć o dwudziestej trzydzieści o dwudziestej trzydzieści cztery o czwartej o czwartej piętnaście o trzeciej dziesięć o czternastej 10 Wolę pomarańcze niż cytryny Wolę kawiarnie niż restauracje Wolę teatr niż kino Wolę konvert niż balet Wolę jeździć pociągiem niż autobusem Tak, palę/ Nie, nie palę. Jestem wierzący/ wierząca. / Nie, nie jestem wierzący / wierząca. Chciał(a)bym pojechać do Polski.

Unit 9

1 (a) 5 (b) 4 (c) 6 (d) 1 (e) 7 (f) 2 (g) 3 2 (a) zapowiada (b) weźmiemy (c) jedną (d) się (e) innymi (f) szybkie (g) której 3 (a) pociągiem → fontannie (b) powiesić → znaleźć (c) siódmą → pierwszą, drugą etc. (d) napiszemy → zorganizujemy (e)

nabiał → list (f) samolot →
butelkę/karton/szklankę (g)
stolika → e.g. Warszawy/
Krakowa etc. (h) miesiącem →
pociągiem /autobusem/
samochodem etc. **4** (a) pies i kot
(b) Tadeusz i Jurek (c) teatrem i
kinem (d) mąż i żona (e) Basia i
Sally **5** (a) karty telefonicznej
(b) barszczyk (c) metrem (d)
samochodem (e) zwiedzimy (f)
palący (g) palenia (h) kierunku
(i) Krakowa (j) okolicach **6**
Podróżowanie autokarem po
Europie jest bezpieczne. O której
byliśmy w Warszawie? Nie ma
pani truskawek? **7** If **8** (a) 3 (b)
1 (c) 2 (d) 5 (e) 4

Unit 10

1 (a) na emeryturze, lekarką (b)
po zakupy (c) co niedziela (d) za
pomoc (e) w pobliżu (f) najstarszy
(g) w przyszłości **2** (a) Skoczę po
butelkę wina (b) Niestety, mój
mąż zmarł w zeszłym roku. (c)
Helena Modrzejewska była
słynną polską aktorką. (d) Na
Wawelu są groby największych
poetów polskich, Mickiewicza i
Słowackiego (e) Czy znasz jakieś
polskie poetki? Wisława
Szymborska jest bardzo dobra.
Ogromnie mi się podoba. **3** 1.
uprzejmie 2. pomóc 3.
nauczycielem 4. dlaczego 5.
mieszka 6. zwiedzamy **4**
nauczyciel wczoraj uroczystści
dzieci córka lekarzem żyje **5** (a)

zdjęcia (b) dowcipy (c) ci (d)
znajomego (e) pamiętała (f)
Byłabym **6** (a) vi (b) v (c) ii (d) iii
(e) iv (f) i **7** (a) jej (b) ci (c) im (d)
mu (e) gazetę (f) sklepu (g) psem
8 ((a) Tak, mieszka niedaleko. (b)
Niestety, zmarł w ubiegłym roku.
(c) Był architektem w Warszawie.
(d) Jej brat mieszka z nią. Jest
prawnikiem. (e) Tak, mamy
trochę czasu. (f) Bardzo chętnie.
9 (a) Nie chciał(a)bym
pracować w nauczycielstwie. (b)
Ma czterdzieści lat, jest
prawnikiem i pracuje w dużej
firmie w Polsce. (c) Kursy mają
być bardzo dobre. (d) Nie chce
zostać architekłem. Chce zostać
lekarką. (e) A to jest moja
najmłodsza córka. Jest studentką.

Unit 11

1 (a) południe Francji (b)
wakacje, Mazurach (c) robiła (d)
głosi (e) wierzę **2** (a) Mieszkam
we wschodniej Anglii. (b)
Najlepsza pogoda jest zawsze na
północy Polski. (c) Chciał(a)bym
mieszkać w Ameryce
Południowej. (d) Będzie padać na
zachodzie. (e) W Afryce nie pada
śnieg. (f) Dlatego właśnie się
zatrzymujemy. (g) Trochę mi
głupio, że tak mało wiem o
Ameryce. (h) Jestem
pewien/pewna, że będzie
pan/pani miał(a) udany tydzień.
3 Chcę poznać różne zakątki
Polski. Szkoda, że ja nie mam

urlopu. Nie wiem dokładnie. **4**
(a) gdzieś (b) interesujących (c)
chłodno (d) ciepły (e) daleko **5**
(a) 4 (b) 3 (c) 1 (d) 5 (e) 2

Unit 12

1 (a) spędziła (b) czuję (c) Bolą
(d) leżeć **2** grypa ból głowy
wysoka gorączka ospa
reumatyzm **3** (a) 45 (okulista)
(b) 34 (stomatolog) (c) 40
(laryngolog) (d) 49 (ortopeda) (e)
46 (kardiolog) **4** (a) Boli mnie
głowa. (b) Mam gorączkę. (c) Źle
się czuję. (d) Boli ją ząb. (e)
Muszę wziąć tabletkę
przeciwbólową / proszek
przeciwbólowy. **5** Mały Tomek
zaraził się w szkole ospą.
Powinieneś poleżeć kilka dni w
łóżku. Nie mam temperatury, ale
boli mnie gardło i kręgosłup.

Unit 13

1 (a) braci (b) mieszka, pracuje
(c) żyją (d) jedziemy **2** brat,
rodzice, mama, pogoda,
słonecznie, zadzwonić, (może)
prawdopodobnie, południu. **3**
Staram się odwiedzać rodziców
dwa razy w miesiącu. Mój ojciec
jest fizycznie sprawny, ale mama
nie dba o siebie. Mam brata i
siostrę. Moja siostra mieszka w
Anglii, a brat mieszka w
Ameryce. **4** (a) całej (b) żadnego
(c) stacji (d) razy (e) zginął **5** O
ile dobrze pamiętam, nie ma tu

żadnej restauracji. Jej stryjek
mieszka niedaleko. Moja ciocia
przyjeżdża często do Centrum
Zdrowia Dziecka. **6** (a) Staram się
dbać o siebie. (b) Pan Wesołowski
jest fizycznie sprawny i chodzi na
spacery z psem. (c) Nie mamy
prawie żadnego kontaktu z moim
kuzynem w Anglii. (d) Nikt nie
zginął. (e) Gdzie powinniśmy /
powinnyśmy wysiąść?

Unit 14

1 (a) z wełny (b) ze skóry (c) z
plastiku (d) ze stali (e) ze srebra /
ze złota (f) ze srebra / ze złota / z
platny **2** (a) niebieskim (b)
czarny, czerwoną (c) granatowy
(d) żółtych **3** (a) Moja babcia
mieszka w (małym) drewnianym
domku. (b) Mieszka sama. (c) Jej
mąż zmarł siedem lat temu. (d)
Odwiedzam ją zazwyczaj dwa
razy w tygodniu. (e) Zawsze robę
dla niej zakupy. (f) Często
idziemy na długi spacer. **4** hat
gloves neckscarf blouse suit tights

5 Poziomo	Pionowo
1. jesionka	2. kapelusz
4. płaszcz	3. szalik
5. kamizelka	6. apaszka
8. garsonka	7. marynarka
10. skarpety	9. krawat
11. kurtka	

Unit 15

1 1. (c) 2. (e) 3. (a) 4. (b) 5. (d) 6.
(f) 7. (g) **2** (a) trzynasty grudnia

(b) dwudziesty czwarty maja (c)
trzydziesty pierwszy sierpnia (d)
dwudziesty szósty lipca (e)
dziewiętnasty marca (f) czwarty
października (g) pierwszy
stycznia **3** (a) dwudziestego
lutego (b) piętnastego czerwca (c)
jedenastego kwietnia (d)
siódmego września (e)
siedemnastego listopada (f)
ósmego maja (g) dwudziestego
ósmego grudnia **4** (a) She
arrived on the 11th of August. (b)
(s)he will come on the 1st of
December. (c) I'd like to arrive on
the 31st of July. (d) I was born on
the 2nd of May (male). (e) And I
(female) was born on the 3rd of
November. (f) It isn't the real
Venice. (g) Ireland is a separate
country. (h) Take your things off,
sir, and go into the room. (i) I'll
introduce you (madam) to all the
guests now. **5** (a) tego (b) żeby (c)
się (d) dużo (e) że (f)
zaprzyjaźnionego

Unit 16

1 sprzęt RTV   AGD
magnetofon   czajnik
                   elektryczny
radio   żelazko
słuchawki   ekspres do kawy
telewizor   kuchenka
                   mikrofalowa
kasety wideo   lodówka
wideo   pralka
baterie   zamrażarka
odtwarzacz   młynek do kawy
  kompaktowy   mikser

2 (a) 4 (b) 6 (c) 5 (d) 2 (e) 1 (f) 3 **3**
(a) popsuł (b) partnera (c) żelazka
(d) chwilę (e) lodówki (f)
zamrażarkę (g) ekspres do kawy
(h) kuchenkę mikrofalową **4** (a)
Get someone in to repair it. (b)
I've got a feeling that they don't
want to think about it. (c) I'll stay
till the end. (d) They won't buy a
new microwave. They haven't got
any money, have they? (e) Don't
worry. You'll survive. (f) Where
can I buy video tapes? (g) You
can't buy cassettes like that here.
(h) One doesn't know where to
look for help. (i) What has got into
my computer? **5** (a) (Po)zostało
już tylko trzy tygodnie do jego
wyjazdu z Polski. (b) Czy wezwała
pani lekarza? (c) Będzie musiał
dostać odpowiedni pakiet
oprogramowania. (d) (Nasza)
zamrażarka się popsuła. (e) Ale
załóżmy, że on już przyjechał. (f)
Dzieci się bardzo/naprawdę
zdenerwowały. (g) Zanotowała
sobie adres i numer telefonu. (h)
Ktoś się gniewa. **6** Wreszcie
znalazłem numer tego warsztatu.
Mam nadzieję, że nic się nie stało.
Żeby tylko komputer dotrwał do
kónca miesiąca.

Unit 17

1 (a) O której zadzwonił? (b)
Masz ochotę pójść jutro do kina?
(c) Z kim mam spotkanie? (d) Co
robisz w środę? (e) Kiedy zrobisz
ostatnie zdjęcia? (f) Kiedy
odpocznę? **2** (a) zamówić (7) (b)
odwieźć (7) (c) spokój (6) (d)

załatwienia (11) (e) wdzięczna (9)
3 (a) 4 (b) 6 (c) 2 (d) 1 (e) 3 (f) 5
4 (a) kwiatów → spraw (b) psy →
rzeczy (c) nożyczki →
sprawozdanie (d) toalety →
znajomych (e) ciocię → komputer
(f) żelazko → pieniądze **5** • Nie,
jeszcze nie wszystko. Muszę
jeszcze zapakować małe rzeczy.
• Zostało mi trzy dni i mam
jeszcze tyle spraw do załatwienia.
• Odlatuję w piątek o dziewiątej.
Nie wiem, czy zdążę ze
wszystkim. Bardzo się martwię.
• Miejmy nadzieję. Będę cały czas
bardzo zajęty/zajęta. • Był(a)bym
bardzo wdzięczny/wdzięczna.

Unit 18

1 (a) pewien (b) Czekałam (c)
widziała (d) odlatuję (e) przystanku
(f) policjantowi (g) marki
2 (a) It all happened so quickly.
(b) Suddenly the elderly
gentleman fell down. (c) I can't
remember the make or the colour
of the car. (d) Tell me the expiry
date of your passport please
(madam). (e) This is not a dual
carriageway. (f) The bus hit the
woman. (g) I didn't see the chap
crossing the road. (h) At one point
I heard the squeal of the tyres. **3**
(a) Widziałam, jak samochód
potrącił mężczyznę. (b) Przykro
mi, ale to nie jest mój aktualny
adres. (c) Na szczęście mam dość
pieniędzy. (d) Masz przy sobie
długopis? (e) Nazywam się
Tomasz Wilkowski i jestem

obywatelem polskim. (f) Poproszę
pana/pani prawo jazdy.
4 • Niczego nie widziałem/
widziałam. • Owszem, pierwszą
cyfrą było sześć. • Pamiętam trzy
litery. G jak Genowefa, F jak
Franek I H jak Halina.
• Samochód był chyba zielony,
może opel. Był duży. • Samochód
odjechał nie zatrzymawszy się.
Starsza pana upadła, i
chciałem/chciałam jej pomóc.
• Nie ma za co. **5** (a) jak (b)
przystanku (c) autobusie (d)
widział (e) autobusem (f)
przystanek (g) się

Unit 19

1 Kochana, Najserdeczniejsze,
Nowego Jorku, przesyła,
zrobiłem, zakupy, /Alei,
wspaniała, czas, koncert,
zobaczenia, Warszawie **2** (a)
trzyma (b) iść (c) wiesz (d)
dziękuję (e) nadzieję (f) do/go/do
(g) będę (h) daj mi (i) cię; dla
ciebie (j) okazaną (k) chory **3** (a)
Szczęśliwej podróży (b) Dbaj o
siebie/Niech pan/pani dba o
siebie. (c) Napisz list do mnie po
powrocie./Niech pan/pani napisze
do mnie. (d) Pozdrów/Nie
pan/pani pozdrowi swoją mamę
ode mnie. (e) Jesteś
sentymentalny/sentymentalna.
4 Drodzy ... Najserdeczniej Wam
dziękuję za gościnność.
Zapraszam Was serdecznie do
Anglii. **5** (a) Oczywiście, że
napiszemy. (b) Nie zapomnimy.

(c) (Z pewnością) przyjedziemy.
(d) Dziękuję, pozdrowimy. (e) Jak
najbardziej. (f) Dobrze, damy
znać.

Unit 20

1 (a) uczyłam (b) mówić (c)
potrąciła (d) przechodzenia (e)
potrącona **2** (a) 3 (b) 5 (c) 4 (d) 2
(e) 1 **3** (a) odpowiada (b)
wymienić (c) wypełnić (d)
dosłyszałam (e) uregulować (f)
pojedziemy/weźmiemy **4** (a)
ciekawym (b) wołowiny (c)
pieniędzy (d) wysłałem/wysłałam
(e) potrzebuje (f) zębów, szampon
(g) zarobiła (h) zrozumiałam/
zrozumiałem (i) chodź/chodźmy
5 (a) Nic nie szkodzi. (b) Nic
nowego./Wszystko w porządku. (c)
Na pewno napiszę (d) Mówi ... (e)
Tak, z przyjemnością Nie,
dziękuję. Mam ochotę, ale nie
mam czasu.

SŁOWNICZEK POLSKO–ANGIELSKI POLISH–ENGLISH VOCABULARY

Buy a phrasebook rather than a small dictionary. Buy a reasonably large dictionary. *Collins Polish Dictionary* in two volumes, Polish–English and English–Polish, edited by Jacek Fisiak, is new and clear.

Here, nouns are normally given in the nominative singular, with changes for genitive singular, and sometimes locative singular preceded by a preposition. After the semi-colon come the nominative plural and genitive plural changes. The asterisk marks the end of the part of the word that hyphenated changes should be added to.

Verbs are given first in the infinitive dictionary form, then normally first (and third) person singular present (imperfective verbs) or future (perfective verbs), and the basic imperative form. After the colon, sample past tense forms. Arrowheads point away from imperfective verbs and towards perfective verbs, e.g., czekać > poczekać, but roześmiać się < śmiać się.

a *and, but* a poza tym *and besides*
  a tymczasem *and meanwhile*
aby *(in order) to*
adresa*t, -ta, o -cie; -ci, -tów
  recipient
akademi*a, -i; -e, -i *academy*
akto*r, -ra, o -rze; -rzy, -rów *actor*
aktualnie *currently*
aktualny *current*
akumulator, -a; -y, -ów *battery*
akurat *as it happens*
albo *or* albo albo *either or*
album, -u, w -ie; -y, -ów *album*
ale *but* ale za to *but on the other*
  hand
ale*ja, -i; -je, -i *avenue*
alkohol, -u *alcohol* alkohol*e, -ów
  or -i *off licence*
alternacj*a, -i; -e, -i *alternation,*
  sound-swap
Amery*ka, -ki, w -ce *America*
  Amerykan*in, -ina, o -inie; -ie,
  -ów *American*
angiels*ki, *vir.* -cy *English* Angli*a,
  -i *England* Angli*k, -ka; -cy,
  -ków *Englishman* Angiel*ka, -ki;
  -ki, -ek *Englishwoman*
ani *not even;* ani ani *neither nor*
apara*t, -tu, przy -cie; -ty, -tów
  camera, device
apasz*ka, -ki, w -ce; -ki, -ek *scarf*
apetyt, -u *appetite*
arbuz, -a; -y, -ów *watermelon*
architek*t, -ta, o -cie; -ci, -tów
  architect
areszt*ować, -uję > (za)aresztować
  arrest
arty*sta, -sty, o -ście; -ści, -stów
  performer
aspiryn*a, -y, o -ie *aspirin*
au*to, -ta, w -cie; -ta, -t *car*
autobus, -, w -ie; -y, -ów *bus*
autoka*r, -ra or -ru, w -rze; -ry,

-rów *coach*
automa*t, -tu, o -cie; -ty -tów: a.
  telefoniczny *payphone*
autostra*da, -dy, po -dzie; -dy, -d
  motorway
auto*r, -ra, o -rze; -rzy, -rów *creator*
awari*a, -i; -e, -i *breakdown*
aż until, *so that, as much as* aż do
  + gen. *right up to, as far as*

babcia, -i *grandma*
bać się, boję, boi; bał (impf.) + gen.
  be afraid of
bada*nie, -nia; -nia, -ń *research,*
  observation, survey
banan, -u, o -ie; -y, -ów *banana*
bandaż, -ża or żu; -że, -ży or -żów
  bandage
bank, -u; -i, -ów *bank*
baranin*a, -y *mutton*
bardziej *more* bardzo *very (much)*
barszczyk, -u; -i, -ów *pet form of*
  barszcz, -u; -e, -y or -ów *Polish*
  clear beetroot soup
bar*wa, -wy, o -wie; -wy, -w *colour*
basen, -u, w -ie; -y, -ów *swimming*
  pool
bateri*a, -i; -e, -i *battery*
befszty*k, -ka or -ku, pod -kiem; -ki,
  -ków *beefsteak*
benzyn*a, -y, o -ie *petrol* stacja
  benzynowa *petrol station*
Berlin, -a, w -ie *Berlin*
bez + gen. *without*
bezpiecz*ny, vir. -ni *safe*
bia*ły, vir. -li *white*
bić, biję, bije, bij; bił > z- or po- *hit,*
  beat, strike
bie*c, -gnę, -gnie, -gnij; -gł > po- *run*
bied*ny, vir. -ni *poor*
biegłoś*ć, -ci *fluency*
bile*t, -tu, na -cie; -ty, -tów *ticket*
biur*ko, -ka; -ka, -ek *desk*

biu*ro, -ra, w -rze; -ra, -r *office*

blis*ki, vir. -cy *near, close, intimate*
   blisko + gen. *near (to), nearby*

bluz*ka, -ki, w -ce; -ki, -ek *blouse*

bł*ąd, -ędu, w -ędzie; -ędy, -ędów
   mistake, error

bo *because, or else*

bochen*ek, -ka, z -kiem; -ki, -ków
   loaf

bo*ciek, -ćka; -ćki, -ćków *pet form of*
   bocian *stork*

bocz*ek, -ku *bacon*

boleć, boli, bolą; bolał *hurt, ache*

Boż*e Narodzeni*e, -ego -a
   Christmas

Bóg, Boga, o Bogu, voc. Boże *God*

brać, biorę, bierze, bierz > wziąć,
   wezmę *or* zabrać, zabiorę *take*

brak*ować, -uje; -owało (impf.)
   + gen. *is missing*

bra*t, -ta, o -cie; -cia, -ci *brother* b.
   cioteczny / stryjeczny *(first)*
   cousin

brązowy *brown*

brudno *dirt(il)y* brud*ny, vir. -ni
   dirty

brytyjs*ki, vir. -cy *British*

brzyd*ki, vir. -cy *ugly, unpleasant,*
   nasty

bud*ować, -uję, -uje, -uj; -ował >
   z- *build*

buk, -u *or* -a; -i, -ów *beech tree*

buł*ka, ki, w -ce; -ki, -ek *roll*

bura*k, -ka, z -kiem; -ki, -ków
   beetroot

bu*rza, -rzy; -rze, -rz *storm*

bu*t, -ta, w -cie; -ty, -tów *shoe*

butel*ka, -ki, w -ce; -ki, -ek *bottle*

Bydgoszcz, -y, w -y *Bydgoszcz*

Byto*m, -mia, w -miu *Bytom*

byw*ać, -am, -a (impf.): -ają *often
   are, can be, visit, occur*

całkiem / całkowicie *entirely, quite*

cał*ować, -uję > po- *kiss*

cały, vir. cali *whole, all*

cebul*a, -i; -e, -i *onion*

cel, -u; -e, -ów *aim, purpose, target*
   celowo *on purpose*

ce*na, -ny, o -nie; -ny, -n *price*

central*a, -i; -e, -i *switchboard,
   exchange, central warehouse*

ch*cieć, chcę, chce; chciał, chcieli
   want, intend, mean

chętnie *willingly, with pleasure*

Chi*ny, do -n, w -nach *China*

chirur*g, -ga; -dzy, -gów *surgeon*

chleb, -a; -y, -ów *bread*

chłodny *cool, chilly*

chłop, -a; -i, -ów *peasant, farmer,
   lad, fellow* chło*piec, -pca; -pcy,
   -pców *boy*

chmu*ra, -ry, w -rze; -ry, -r *cloud*

choć / chociaż *(al)though*

cho*dzić, -dzę, -dzi, -dź *go (repeatedly
   or regularly), frequent, attend,
   walk around*

chor*ować, -uję > za- *be ill* cho*ry,
   vir. -rzy *sick, ill*

chow*ać, -am > s- *put away*

chor*oba, -oby; -oby, -ób *illness*

chrzan, -u, o -ie *horseradish*

chust*ka (do nosa), -ki, w -ce; -ki,
   -ek *(hand)kerchief*

chwi*la, -li, po -li; -le, -l *moment,
   while* chwileczkę *just a moment,
   for a moment* chwilowo *at the
   moment, temporarily*

chyba *I think, I suppose* chyba tak *I
   think so* chyba nie *I suppose not*

cia*ło, -ła, w ciele; -ła, -ł *body*

ciastecz*ko, -ka; -ka, -ek *pet form of*
   ciast*ko, -ka; -ka, -ek *cake,
   pastry*

ci*asto, -asta, w -eście *dough, pastry*

ciąg course w ciągu + gen *in the*

course of w dalszym ciągu *still*
ciąg*nąć, -nę, -nie, -nij; -nął, -nęli
> po- *pull, draw*
cicho *quietly* ci*chy, vir. -si *quiet*
ciebie gen. and acc. of ty *you
(familiar, to one person)*
cieka*wy, vir. -wi *curious,
interesting* ciekaw(a) jestem *I
wonder*
cielęcin*a, -y *veal* kotlet cielęcy *veal
cutlet*
ciemno *darkly, it's dark* ciemny
dark
cie*ń, -nia or -niu; -nie, -ni or -niów
shadow, shade
ciepło nam *we're warm* ciep*ło, -ła,
w -le *warmth* ciep*ły, vir. -li
warm
cierpi*eć, -ę, -i; -ał, -eli na + acc.
suffer from
cie*szyć się, -szę , -szy , -sz > u- *be
pleased* c. się z + gen. *be pleased
about* c. się + instr. *enjoy* c. się na
+ acc. *look forward to*
cięż*ki, vir. -cy *heavy, hard, difficult*
cio*cia, -ci; -cie, -ć *aunt* ciot*ka, -ki,
o -ce; -ki, -ek *aunt*
cisz*a, -y *silence, quiet*
cło, cła, na cle; cła, ceł *customs,
customs duty*
cmentarz, -a, na -u; -e, -y *cemetery*
co *what, every* po co? *what for?* co
za? *what sort of?*
codziennie *daily, every day*
codzienny *everyday, ordinary,
daily*
coraz + *comparative -er and -er:*
coś, czegoś *something*
cór*ka, -ki, o -ce; -ki, -ek *daughter*
cudzoziem*iec, -ca; -cy, -ców
foreigner cudzoziem*ka, -ki; -ki,
-ek *female foreigner* cudzy
someone else's

cuk*ier, -ru, w -rze *sugar* cukier*ek,
-ka; -ki, -ków *sweet, candy*
cynamon, -u, o -ie *cinnamon*
cytry*na, -ny, o -nie; -ny, -n *lemon*
czajni*k, -ka, z -kiem; -ki, -ków
kettle
czap*ka, -ki, w -ce; -ki, -ek *cap*
czarny *black*
czarowni*ca, -cy; -ce, -c *witch*
czas, -u; -y, -ów *time, tense* czasem /
czasami *sometimes*
czasopi*smo, -sma, w -śmie; -sma,
-sm *magazine*
Cze*ch, -cha; -si, -chów *Czech*
Cze*chy, do -ch *Bohemia, the
Czech Republic*
cokolwiek, czegokolwiek *anything
at all*
czek*ać, -am, -a, -aj; -ał > po- or za-
wait
czekola*da, -dy, w -dzie *chocolate*
czekolad*ka, -ki; -ki, -ek
chocolate sweet
czemu? / dlaczego? *why?*
czereś*nia, -ni; -nie, -ni *cherry,
cherry tree*
czerw*iec, -ca, w -cu *June*
czerwony *red*
cze*sać, -szę, -sze, -sz > u- *comb, do
the hair* c.>uc. się *have your hair
done*
cześć *hi, cheerio*
częściej *more often* częst*szy, vir. -si
more frequent częsty, vir. części
frequent
part*ść*ć, -ci, po -ci; -ci, -ci *part*
człowiek, -a; lu*dzie, -dzi, z -dźmi,
o -dziach *person (people)*
czterdziesty *fortieth* czterdzie*ści,
-stu *forty* czterechsetny *four
hundredth*
czterej (vir.) *four (men, boys, etc.)*
czternasty *fourteenth*

czterna*ście, -stu *fourteen*
czter*y, -ech *four* czteryst*a, -u *four
hundred*
czu*ć się, -ję, -je, -j > po- *feel*
czwart*ek, -ku; -ki, -ków *Thursday*
czwor*o, -ga *four* czworo dzieci *four
children*
czy *whether*
czy*j, -ja, -je, vir. -i *whose*
czynny *working, open, active*
czy*sty, vir. -ści *clean, pure*
czyt*ać, -am, -a, -aj; -ał > prze- *read*
ćm*a, -y, o -ie; -y, ciem *moth*
ćwicze*nie, -nia; -nia, -ń *exercise,
training, practising*
ćwier*ć, -ci; -ci, -ci a *quarter*

dach, -u; -y, -ów *roof*
dać, dam < dawać, daję *give, put, let*
dalej *further, on* dale*ki, vir. -cy
distant, far* Daleki Wschód *Far
East* daleko + gen. *a long way
away from*
damski *ladies'*
da*wać, -ję, -je, -waj; -wał > dać,
dam, da, dadzą, daj; dał *give,
let, put*
dawniej *formerly* dawno *for some time,
for a long time, a long time ago*
dąb, dębu *or* dęba; dęby, dębów *oak*
dbać, dbam, dba > za- o + acc. *look
after*
deka *(doesn't change) decagram*
delikates*y, -ów, w -ach *delicatessen*
denty*sta, -sty, o -ście; -ści, -stów
dentist*
dese*r, -ru, po -rze; -ry, -rów *dessert,
sweet*
deszcz, -u, na -u; -e, -ów *or* -y *rain,
shower*
diab*eł, *ła, o *le; *ły *or* *li, *łów *devil*
dialo*g, -gu, z -giem; -gi, -gów
dialogue*

dla + gen. *for, for the sake of, to
(e.g. kind to)*
dlaczego *why, for what reason*
dług, -u; -i, -ów *debt*
dłu*gi, vir. -dzy *long* długo *long, for
a long time*
do + gen. *to, into, (intended) for*
dob*a, -y, o -ie; -y, dób *day, 24-hour
period*
dobranoc *goodnight*
dob*ry, vir. -rzy (dla + gen.) *good
kind (to)* dobrze *well, properly,
(all) right, O.K.*
docho*dzić, -dzę, -dzi; -dził > doj*ść,
-dę, -dzie; doszedł, doszła do
+ gen. *to reach (on foot)*
dodatkow*y, vir. -i *additional*
dodzwon*ić się, -ię, -i do + gen. (pf.)
get through to*
dojeżdż*ać, am > do*jechać, -jadę,
-jedzie, -jedź; -jechał (aż) do
+ gen. *get to*
dokąd *where to*
dokładnie *exactly, precisely*
dokładn*y, vir. -i *precise*
dokończ*yć, -ę, -y < dokańcza*ć, -m
finish off*
dokto*r, -ra, o -rze; -rzy, -rów *doctor*
doli*na, -ny; -ny, -n *valley* dolny
lower*
dom, -u, w -u; -y, -ów *house, home*
dopiero wtedy *not until then*
doros*ły, vir. -śli *grown-up*
doskonale *splendidly*
dosłysz*eć, -ę, -y; -szał (pf.) *catch
(what's said)*
dostatecznie *sufficiently*
dosta*wać, -ę, -e, -aj > dosta*c, -ę,
-ie, -ń *get, receive, obtain* d. się do
+ gen. *get (in)to*
dostos*ować (się), -uję, -uje, -uj;
-ował < dostosow*ywać (się) -uję
do + gen *adapt (oneself) to*

dość / dosyć *fairly, enough*

dowcip, -u, o -ie; -, -ów *joke, wit*

dowiad*ywać się, -ję, -uje, -uj >
   dowi*edzieć się, -em , -e, -edz;
   -edział się, -edzieli *find out, make
   enquiries, learn*

dowo*zić, -żę, -zi > dowi*eźć, -ozę,
   -ezie; -óźł, -eźli do + gen. *take (all
   the way) to*

dow*ód, -odu, w -odzie; -ody, -odów
   proof, argument, card

dół, dołu, w dole; doły, dołów *hollow,
   hole, lower part, bottom* na dole
   downstairs

drewniany *wooden* drewn*o, -a *wood*

drobiaz*g, -gu, z -giem; -gi, -gów
   *trifle, small thing, don't
   mention it*

dro*ga, -gi, w -dze; -gi, dróg *road,
   route, trip, way*

dro*gi, vir. -dzy *dear* drogo *dearly,
   expensively*

dru*gi, vir. -dzy *second*

druk, -u, z -iem; -i, -ów *form, print*
   drukar*ka, -ki, w -ce; -ki, -ek
   printer

drze*wo, -wa, na -wie; -wa, -w *tree*

drzwi, drzwi, w drzwiach *door*

dużo + gen. *much, a lot of*

du*ży, vir. -zi *large, big*

dwa, dwu *or* dwóch *two*
   dwadzieścia, dwudziestu *twenty*

dwaj *two (men, boys, etc.)*
   dwanaście, dwunastu *twelve*
   dwie, dwu *or* dwóch (with fem.
   nouns) *two* dwieście, dwustu *two
   hundred*

dwoj*e, -ga dzieci *two children*

dwo*rzec, -rca, na -rcu; -rce, -ców
   station

dwudziesty *twentieth* dwunasty
   twelfth dwusetny *two hundredth*

dy*nia, -ni; -nie, -ń *pumpkin*

dyrekto*r, -ra, o -rze; -rowie or -rzy,
   -rów *manager, director,*
   headmaster dyrektor*ka, -ki, o
   -ce; -ki, -ek *headmistress*

dysk, -u; -i, -ów *disc, disk*

dyżu*r, -ru, -na, rze; -ry, row *(turn of)
   duty*

dziać się: co się dzieje *what is
   happening*

dziad*ek, -ka; -kowie, -ków
   grandfather

działa*ć, *m (impf.) *act*

dzie*cko, -cka; -ci, -ci, o -ciach, z
   -ćmi *child*

dziennik, -a; -i, -ów *daily newspaper*
   dziennikar*ka, -ki; -ki, -ek
   female journalist dziennikarz,
   -a; -e, -y *journalist*

dzień, dnia; dni or dnie, dni *day*

dziesiąty *tenth* dziesię*ć, -ciu *ten*

dziewcz*ę, -ęcia; -ęta, -ąt *girl,
   maiden* dziewczy*na, -ny, o -nie;
   -ny, -n *girl*

dziewczyn*ka, -ki, o -ce; -ki, -ek
   little girl

dziewiąty *ninth* dziewię*ć, -ciu *nine*
   dziewięćdziesi*ąt, -ęciu *ninety*
   dziewięćdziesiąty *ninetieth*
   dziewię*ćset, -ciuset *nine
   hundred* dziewięćsetny *nine
   hundredth* dziewiętnasty
   nineteenth dziewiętna*ście, -stu
   nineteen

dzięki + dat. *thanks, owing to*
   dzięk*ować, -uję, -uje, -uj; -ował
   > po- + dat. za + acc. *thank ... for ...*

dzi*ki, -ka, -kie, vir. -cy *wild*

dzisiaj / dziś *today*

dziu*ra, -ry, w -rze; -ry, -r *hole*

dzi*wić sie, -wię, -wi , -w > z- *be
   surprised, wonder at* dziwn*y,
   vir. -i *strange*

dzwon*ek, -ka; -ki, -ków *bell*

dzwo*nić, -nię, -ni, -ń > za- *ring,*
  ring up
dżokej, -a; -e, -jów *jockey*
dżudo *judo*

ekran, -u, na -ie; -y, -ów *screen*
ekspedien*t, -a, o -cie; -ci, -tów *sales*
  assistant ekspedient*ka, -ki, o
  -ce; -ki, -ek *saleswoman*
ekpres, -u, w -ie; -y, -ów *express*
eleganc*ki, vir. -cy *smart, elegant*
  elegancko *smartly, nicely*
emery*t, -ta, o -cie; -ci, -tów
  pensioner emeryt*ka, -ki, o -ce;
  -ki, -ek emerytu*ra, -ry, na -rze;
  -ry, -r *pension*
ewentualnie *come to that*

fabry*ka, -ki, w -ce; -ki, -k *factory*
face*t, -ta, o -cie; -ci, -tów *guy, fellow*
fałszyw*y, vir. -i *false*
fascynujący *fascinating*
fasol*a, -i *beans*
fatalny *dreadful, awful*
fiat, -a; -y, -ów *Fiat*
filiżan*ka, -ki, w -ce; -ki, -ek *cup*
film, -u, po -ie; -y, -ów *film*
fioletowy *violet*
fir*ma, -my; -my, -m *firm*
fontan*na, -ny, przy -nie; -ny, -n
  fountain
formularz, -a; -e, -y *form*
fotel, -a; -e, -i *armchair*
fotograf, -a; -owie, -ów *photographer*
  fotografi*a, -i; -e, -i *photograph,*
  photography
fragment, -u; -y, -ów *excerpt, extract,*
  detail
Francj*a, -i, we -i *France*
  francus*ki, -ka, -kie, vir. -cy
  French Francuz, -a; -i, -ów
  Frenchman
funt, -a; -y, -ów *pound*

galaret*ka, -ki; -ki, -ek *jelly*
garaż, -u; -e, -y or -ów *garage*
gard*ło, -ła, w -le; -ła, -eł *throat*
garson*ka, -ki, w -ce; -ki, -ek
  woman's suit
ga*sić, -szę, -si, -ś > z- *put out (fire)*
gaz*a, -y, w -ie *gauze*
gaze*ta, -ty, w -cie; -ty, -t *newspaper*
gąszcz, -u; -e, -y *thicket*
Gdańsk, do Gdańska, w Gdańsku
  Gdańsk
gdy *when* podczas gdy *while,*
  whereas
gdzie *where*
gi*nąć, -nę, -nie, -ń; -nął, -nęli > z- *be*
  killed
ginekolo*g, -ga; -dzy or -gowie, -gów
  gynaecologist
gładki *smooth, plain*
głębo*ki, vir. -cy *deep, profound*
głodn*y, vir. -i *hungry*
głos, -u, w -ie; -y, -ów *voice*
głosi(ła) legenda *legend has (had) it*
głośnie(j) *(more) loudly* głośny *loud*
gł*owa, -owy, po -owie; -owy, -ów
  head
gł*ód, -odu, po -odzie *hunger*
głów*ny, vir. -i *main, head, chief*
głu*pi, -pia, -pie; vir. -pi *stupid,*
  silly, daft głupio *stupidly* głupio
  mi (było) *I'm*
  (I was) embarrassed
gniewa*ć się, -m , -j na + acc. (impf.)
  be angry with
Gnie*zno, -zna, w -źnie *Gniezno*
godzi*na, -ny; -ny, -n *hour*
go*lić (się), -lę, -li, -l > o- *shave*
  (oneself)
gołole*dź, -dzi *black ice* go*ły, vir.
  -li *naked*
gorąco *hot(ly), it's hot* gorąc*y, -a, -e
  hot gorętszy, vir. gorętsi *hotter*
gorącz*ka, -ki, po -ce *fever*

gor*szy, vir. -si *worse, not so good*

gospodarst*wo, -wa, w -wie; -wa,
-w *household, farm* gospodarz,
-a; -e, -y *or* -ów *host* gospody*ni,
-ni; -nie, -ń *hostess, housekeeper,
housewife, landlady*

goś*ć, -cia; -cie, -ci *guest, visitor,
bloke* gościnnoś*ć, -ci *hospitality*

gotowy / gotów, vir. gotowi *ready,
willing, prepared* got*ować, -uję,
-uje, -uj; -ował > u- g. się > zag.
się *come to the boil*

gó*ra, -ry, w -rze; -ry, -r *mountain*
góral, -a; -e, -i *highlander (living
in the Tatras)* górny *upper* Górny
Śląsk *Upper Silesia*

gr*ać, -am, -a, -aj > po- *play*

gra*d, -du, po -dzie *hail*

gramaty*ka (stress second a), -ki,
w -ce *grammar*

granatowy *navy blue*

grani*ca, -cy, na -cy; -ce, -c
boundary, border
za -cą *(located) abroad*
za -cę *(going) abroad*

gratulacj*e, -i (pl.) *congratulations*

Gre*k, -ka; -cy, -ków *Greek*

grosz, -a; -e, -y *grosz*

grosz*ek, -ku, z -kiem; -ki, -ków *peas*

gro*zić, -żę, -zi; gróź > za- dat.
+ instr. *threaten with*

gr*ób, -obu, w -obie; -oby, -obów *grave,
tomb*

gru*dzień, -dnia *December*

grunt, że *the point is that*

gru*pa, -py; -py, -p *group*

gru*sza, -szy; -sze. -sz *pear-tree*
grusz*ka, -ki, w -ce; -ki, -ek *pear*

gryp*a, -y, po -ie *flu*

grzmi(ało) *it thunders (-ed)*

grzyb, -a; -y, -ów *mushroom*

gubić, gubię, gubi, gub > z- *mislay,
lose* g. się > zg. się *get lost*

guzik, -a; -i, -ów *button*

gwi*azda, -azdy, o -eździe; -azdy,
-azd *star*

gwi*zdać, -żdżę, -żdże; -zdał >
gwizdnąć, -zdnę, -zdnie; -zdnął,
-zdnęła *whistle*

haln*y, -ego *strong, warm wind in
the Tatras*

hamul*ec, -ca; -ce, -ców

hej *bye*

helikopte*r, -ra, w -rze; -ry, -rów
helicopter

herba*ta, -ty, w -cie *tea*

histori*a, -i; -e, -i *history, story*

Hiszpani*a, -i *Spain* Hiszpan, -a; -i,
-ów *Spaniard* hiszpańs*ki, vir.
-cy *Spanish*

horror, -u; -y, -ów *horror film*

hotel, -a, w -u; hotele, -i *hotel, hostel*
hotelowy *hotel, luxury*

i *and* i i *both and*

ile, ilu *how many*

ilustrowany *illustrated*

imieni*ny, -n *nameday*

imi*ę, -enia, w -eniu; -ona, -on *first
name*

tryb, -u, o -ie; -y, -ów *mode, mood* t.
życia *life(style)*

inn*y, vir. -i *different, other*

interes*ować się, -uję > za- + instr.
take an interest in

inżynie*r, -ra, o -rze; -rowie, -rów
engineer

Irlandi*a, -i *Ireland* Irlandczy*k,
-ka; -cy, -ków *Irishman*
Irland*ka, -ki, o -ce; -ki, -ek
Irishwoman

iść, idę, idzie, idź; szedł, szła, szło,
szli; szedłszy *go, be on the way
(on foot)*

jabł*ko, -ka; -ka, -ek *apple*

jagua*r, -ra, w -rze; -ry, -rów
jaguar, Jaguar

jajecz*ko, -ka; -ka, -ek *pet form of*
jaj*ko, -ka; -ka, -ek *egg*

jak *how, as, like, if, when* jak to?
what do you mean? jak tylko *as
soon as*

ja*ki, -ka, -kie, vir. -cy *what (sort
of), which* ja*kiś, vir. -cyś *some,
a, certain, some sort of*

jako *as* jakoś *somehow*

jarsk*i, -a, -ie *vegetable, vegetarian*

jarzy*na, -ny; -ny, -n *vegetable*

ja*sny, vir. -śni *clear, bright*

jechać, jadę, jedzie, jedź; jechał > pogo *(by some means of wheeled
transport)*

jed*en, -na, -no z + gen. *one of*

jedenasty *eleventh* jedena*ście, -stu
eleven

jednocześnie *simultaneously*
jednoosobowy *single, for one person*

jedyn*y, vir. -i *the only*

jesie*ń, -ni, w/na -ni *autumn*

jesion*ka, -ki, w -ce; -ki, -ek *light
overcoat*

jeszcze *still, again, more*

jeść, jem, je, jedzą, jedz; jadł, jedli
> z- *eat*

jezd*nia, -ni *roadway (as opposed to
pavement)*

jezio*ro, -ra, w -rze; -ra, -r *lake*

je*ździć, -żdżę, -ździ *go (regularly,
by some means of wheeled
transport)*

jeżeli *if*

język, -a; -i, -ów *tongue, language*
języki obce *foreign languages*

jodyn*a, -y, o -ie *iodine*

jutro *tomorrow* do jutra *see you
tomorrow*

już *already, now*

kabi*na, -ny, w -nie; -ny, -n *cubicle*

kac, -a *hangover*

kamie*ń, -nia, na -niu; -nie, -ni
stone

kamizel*ka, -ki, w -ce; -ki, -ek
waistcoat, sleeveless pullover

Kana*da, -dy, w -dzie *Canada*

Kanadyjczy*k, -ka; -cy, -ków
Canadian Kanadyj*ka, -ki, o -ce;
-ki, -ek *Candadian woman*

kanto*r, -ra, w -rze *bureau de
change*

kapelusz, -a; -e, -y *hat*

kapitan, -a, o -ie; -owie, -ów *captain*

kapu*sta, -sty, w -ście *cabbage*

ka*ra, -ry, o -rze; -ry, -r
punishment, fine

kardiolo*g, -ga; -dzy or -gowie, -gów
cardiologist

kar*ta, -ty, o -cie; -ty, -t *card*
kart*ka, -ki, w -ce; -ki, -ek *note,
greeting card*

kartof*el, -la, o -lu; -le, -li *potato*

ka*sa, -sy, w -sie; -sy, -s *booking
office, cashdesk, cash register*

kase*ta, -ty, o -cie; -ty, -t *cassette*

kasjer*ka, -ki, o -ce; -ki, -ek *(female)
cashier*

kasz*el, -lu; -le, -li or -lów *cough*

katar, -u *catarrh, cold, runny nose*

katoli*k, -ka; -cy, -ków *Catholic*
katolic*ki, vir. -cy *Catholic*

kawa, -y, w -ie *coffee*

kawał*ek, -ka; -ki, -ków *piece,
portion*

kawiar*nia, -ni; -ni, -ni or -ń
coffee-house, café

ka*zać, że, -że, -ż; -zał + dat. *tell
(someone to do something)*

każdy *each, every, any, everyone*

ką*t, -ta, w -cie; -ty, -tów *angle,
corner*

kciuk, -a, -iem; -i, -ów *thumb*

kelne*r, -ra, o -rze; -rzy, -rów *waiter*
   kelner*ka, -ki, o -ce; -ki, -ek
   waitress
kemping, -u; -i, -ów *campsite*
kiedy *when* kiedykolwiek *(when)ever*
kiełba*sa, -sy, w -sie; -sy, -s *sausage*
   (for slicing)
kieps*ki, vir. -cy *lousy*
kierowc*a, -y; -y, -ów *driver*
   kierowni*k, -ka; -cy, -ków
   manager kierun*ek, -ku; -ki,
   -ków *direction, trend*
kiesze*ń, -ni; -nie, -ni *pocket*
kilk*a, -u *several, a few*
   kilk*adziesiąt,
   -udziesięciu *a few dozen, between*
   20 and 90 kilkanaście,
   kilkunastu *between 11 and 19*
   kilkaset, kilkuset *several*
   hundred, 200 to 900
kilogram, -u; -y, -ów *kilogram*
ki*no, -na; -na, -n *cinema, film*
   theatre, film w programie kin *at*
   cinemas
kiosk, -u, instr. -iem; -i, -ów *kiosk*
kiś*ć, -ci, z -cią; -cie, -ći, z -ćmi
   bunch
kla*sa, -sy, w s-ie; -sy, -s *class, form*
klawiatu*ra, -ry, na -rze; -ry, -r
   keyboard
klaszto*r, -ru, w -rze; -ry, -rów
   monastery, convent
klepsyd*ra, -ry, o -rze; -ry, -r
   hourglass, obituary notice
klima*t, -tu, w -cie; -ty, -tów *climate*
klucz, -a; -e, -y *key*
kła*ść, -dę, -dzie, -dź; -dł > poł*ożyć,
   -ożę, -oży, -óż *put* kłaść się >
   położyć się *lie down*
kłopot, -u; -y, -ów *trouble, bother*
kmin*ek, -ku, z -kiem *caraway*
kobie*ta, -ty, o -cie; -ty, -t *woman*
koc, -a; -e, -ów *blanket*

koch*ać, -am, -a *love* -any, vir. -ani
   dear, (be)loved ukochan*y, vir. -i
   beloved
koktail, -u; -e, -i *cocktail, shake*
kolacj*a, -i; -e, -i *supper*
kolczyk, -a; -i, -ów *earring*
kole*ga, -gi, o -dze; -dzy, -gów
   friend, colleague
kole*j, -i; -je, -i *turn, railway* twoja
   -j *your turn* po -i *in turn* z -i *next*
   kolej*ka, -ki, w -ce; -ki, -ek
   queue, commuter railway k.
   linowa *cable railway*
koleżan*ka, -ki, o -ce; -ki, -ek
   (girl)friend k. ze studiów
   (girl)friend from college days
kolo*r, -ru, w -rze; -ry, -rów *colour*
kołnierz, kołnierza; kołnierze,
   kołnierzy *collar*
koło + gen. *near, by, about*
koma*r, -ra, o -rze; -ry, -rów
   mosquito
komedi*a, -i; -e, -i *comedy*
komentarz, -a; -e, -y *commentary*
kompot, -tu, w -cie *compote*
komunikacj*a, -i *transport ,*
   communication
ko*niec, -ńca, w -ńcu; -ńce, -ńców
   end koniecz*ny, vir. -ni *essential,*
   necessary
kontakt*ować się, -uję, -uje > s- z
   + instr. *get in touch with*
ko*ń, -nia, na -niu; -nie, -ni *horse*
koń*czyć, -czę, -czy, -cz > s- *finish*
   (something) k.>sk. się *come to*
   an end
kope*r, -ru, w -rze *dill* k. włoski
   fennel
kopn*ąć. -ę, -ie, -ij < kopać *kick*
korytarz, -a; -e, -y *corridor*
kost*ka, -ki, w -ce; -ki, -ek *packet,*
   piece, lump
kosz, -a; -e, -ów *basket*

koszt*ować, -uje (impf.) *cost*

koszu*la, -li; -le, -l *shirt*

kości*ół, -oła, w -ele; -oły, -ołów
church

koś*ć, -ci; -ci, -ci *bone*

kot, -a; -y, -ów *cat*

kotlet, -a; -y, -ów *cutlet*

k*oza, -ozy, o -ozie; -ozy, -óz *goat*

kraj, -u; -e, -ów *country*

Krak*ów, -owa, ku -owowi, w -owie
Cracow

krawa*t, -tu, w -cie; -ty, -tów *tie*

krem, -u, w -ie; -y, -ów *cream*

kres*ka, -ki, o -ce; -ki, -ek *accent*

kręgosłup, -a, w -ie; -y, -ów *spine*

krom*ka, -ki; -ki, -ek *slice*

krop*ka, -ki, o -ce; -ki, -ek *dot, full
stop*

kr*owa, -owy, o -owie; -owy, -ów *cow*

kr*ój, -oju; -oje, -ojów *cut, typeface*

król, -a; -owie, -i *king* królest*wo,
-wa; -wa, -w *kingdom* królews*ki,
vir. -cy *royal*

krótki, -ka, -kie *short, brief* krótko
briefly, for a short time krótszy
shorter

krymina*ł, -łu, w -le; -ły, -łów
detective story

krytyk*ować, -uję, > s- *criticize*

krze*sło, -sła, na -śle; -sła, -seł *chair*

krzy*czeć, -czę, -czy, -cz; -czał, -czeli
> krzyk*nąć, -nę, -nie, -nij; -nął,
-nęli *shout*

krzyżów*ka, -ki; -ki, -ek *crossword*

kserokopiar*ka, -ki, na -ce; -ki, -ek
photocopier

ksi*ądz, -ędza, dat. -ędzu; -ęża,
-ęży, z -ężmi *clergyman, priest,
you (addressed to a clergyman)*

książ*ka, -ki, w -ce; -ki, -ek *book*

księżyc, -a *moon*

kto, kogo *who* ktoś, kogoś *somebody*

któ*ry, vir. -rzy *who, which, that*

ku + dat. *towards, in the direction of*

kuchen*ka, -ki, w -ce; -ki, -ek *cooker*
k. mikrofalowa *microwave oven*

kuch*nia, -ni; -nie, -ni or -en
kitchen, cuisine

kukurydz*a, -y *maize*

kup*ować, -uję > ku*pić, -pię, -pi, -p;
-pił *buy*

kurtka *short coat*

kwadrans, -a; -e, -ów *quarter of an
hour*

kwiaciar*ka, -ki, o -ce; -ki, -ek
female flower-seller

kwi*at, -atu, w -ecie; -aty, -atów
flower

kwie*cień, -tnia, w -tniu *April*

kwi*t, -tu, o -cie; -ty, -tów *receipt*

kwitn*ąć, -ie, -ą > za- *blossom,
bloom*

lać, leję, leje, lej; lał (impf.) *pour*

laryngolo*g, -ga; -gowie or -dzy,
-gów *(ear, nose and) throat
specialist*

las, lasu, w lesie; lasy, lasów *forest*

lat*ać, -am, -a (impf.) *fly around, be
able to fly*

lato, lasu, w lecie; lata, lat *summer,
(pl.) years*

le*cieć, -cę, -ci, -ć; -ciał, -cieli > po-
fly

lek, -u, z -iem; -i, -ów *medicine, drug*
lekarst*wo, -wa; -wa, -w
medicine, medication lekarz, -a;
-e, -y *doctor, physician*

lekcj*a, -i; -e, -i *lesson*

lekk*i, -a, -ie *light*

lekto*r, -ra, o -rze; -rzy, -rów
instructor, announcer

leniw*y, vir. -wi *lazy*

len, lnu, o lnie; lny, lnów *flax, linen*

lepiej *better* lep*szy, vir. -si
(od + gen.) *better (than)*

letn*i, -ia, -ie *summer, lukewarm*
lewo: w lewo *to the left,*
   anticlockwise
   na lewo *on the left, on the side*
   lewy *left(hand)*
le*żeć, -żę, -ży, -ż > po- *lie*
liczn*y, vir. -i numerous liczne
   rodzeństwo *numerous siblings*
li*czyć, -czę, -czy, -cz > po- *count*
lini*a, -i; -e, -i *line*
lip*iec, -ca, w -cu *July*
li*st, -stu, w -ście; -sty, -stów *letter*
   listonosz, -a; -e, -y or -ów
   postperson listonosz*ka, -ki, o
   -ce; -ki, -ek *postwoman*
listopa*d, -da, w -dzie *November*
lite*ra, -ry; -ry, -r *letter, character*
   literatu*ra, -ry, w -rze *literature*
liter*ować, -uję > prze- *spell*
lit*r, -ra, w -rze: -ry, -rów *litre*
lniany *linen, flaxen*
lodów*ka, -ki, w -ce; -ki, -ek
   refrigerator lod*y, -ów *ice cream*
lokomocj*a, -i *transport*
Londyn, -u, w -ie *London*
lotniczy airmail lotni*k, -ka; -cy,
   -ków *airman, pilot* lotnis*ko,
   -ka, na -ku; -ka, -k *airport*
lód, lodu, na lodzie; lody, lodów *ice*
lub *or (else)*
lub*ić, -ię, -i > po- *like, be fond of*
lu*dzie, -dzi, z -dźmi *people, men*
   and women
lut*y, -ego, w -ym *February*
lżej *more lightly* lżejszy *lighter*
ładnie *nicely* ładny *nice, pretty*
łatwiej *more easily* łatwo *easily*
   łatwiejszy *easier* łatwy *easy*
łazien*ka, -ki, w -ce; -ki, -ek *bathroom*
łączność*ć, -ci *contact, (posts and*
   tele)communications
łą*czyć, -czę, -czy, -cz; -czył > po-
   connect

łok*ieć, -cia; -cie, -ci *elbow*
łódź, łodzi, w łodzi *boat*
łóż*ko, -ka; -ka, -ek *bed*
łyk, -u, z -iem; -i, -ów *swallow, gulp*
łyżecz*ka, -ki, o -ce; -ki, -ek
   teaspoon łyż*ka, -ki, o -ce; -ki,
   -ek *spoon*

magazyn, -u; -y, -ów *store*
magnetofon, -u; -y, -ów *tape recorder*
   m. kasetowy *cassette recorder*
maj, -a, w -u *May*
majeran*ek, -ku, z -kiem *marjoram*
makow*iec, -ca; -ce, -ców *poppyseed*
   cake
malarz, -a; -e, -y *painter* malar*ka,
   -ki; -ki, -ek *woman painter*
malina, -y, o -ie *raspberry*
mal*ować, -uję > na- / po- / u- *paint*
mało + gen. *not much* ma*ły, vir. -li
   little, small
ma*ma, -my, o -mie; -my, -m *mum*
march*ew, -wi; -wie, -wi *carrot*
marze*nie, -nia; -nia, -ń *(day) dream*
marz*yé, -e, -y o + prep. *dream of*
masełk*o, -a *pet form of* ma*sło
   -sło, -sła, w -śle *butter*
maszy*na, -ny, na -nie; -ny, -n
   machine
materia*ł, -łu, w -le; -ły, -łów
   material
mat*ka, -ki, o -ce; -ki, -ek *mother*
mazur*ek, -ka; -ki, -ków *mazurka*
mąd*ry, vir. -rzy *wise, intelligent,*
   clever mądrze *wisely,*
   intelligently
m*ąż, -ęża, o -ężu; -ężowie, -ężów
   husband
meksykańs*ki, -ka, -kie, vir. -cy
   Mexican
melon, -a, w -ie; -y, -ów *melon*
metal, -u; -e, -i *metal*
met*ro, -ra, w -rze *metro*

mę*czyć, -czę, -czy, -cz; > z- *tire,*
bother, torment

męs*ki, vir. -cy *men's, virile,*
masculine

mężczy*zna, -zna, o -źnie; -źni, -zn *mun*

mglisto mistily mglisty *misty, foggy*
mgliście *vaguely*

mg*ła, -ły, we -le; -ły, -ieł *fog, mist*

miastecz*ko, -ka; -ka, -ek *small*
town, funfair

mi*asto, -asta, w -eście; -asta, -ast
town, city

mieć, mam, ma, miej; miał, mieli
have mieć + infin. *be (supposed /*
alleged) to

miejs*ce, -ca; -ca, -c *spot, place, seat,*
space, room miejsców*ka,
-ki, o -ce; -ki, -ek *seat ticket*

miesi*ąc, -ąca; -ące, -ęcy *month*
miesięcznik, -ka *monthly*
magazine

mieszk*ać, -am, -a; -ał *live, reside,*
dwell mieszkanie, -nia; -nie, -ń
flat, dwelling, place to live
mieszkaniec, -ńca; -ńcy *(or -ńce*
of animals), -ńców *inhabitant*
mieszkan*ka, -ki, o -ce; -ki, -ek
female resident

między (+ acc. for motion, but + instr.
for location) *between, among*
międzynarodowy *international*

mię*so, -sa, po -sie *meat*

mi*jać, -jam, -ja, -jaj > mi*nąć, -nę,
-nie, -ń; -nął *pronounced* [-noł],
-nęła *pronounced* [-neła] *pass*

mikse*r, -ra, w -rze; -ry, -rów *mixer*

milion, -a; -y, -ów milione*r, -ra;
-rzy, -rów *millionaire*

mil*szy, vir. -si *nicer* będziej milej
it'll be nicer

miłoś*ć, -ci; -ci, -ci *love* miło *nicely,*
it's nice bardzo mi miło *nice to*
meet you mi*ły, vir. -li *nice,*

pleasant, kind, agreeable,
welcome, enjoyable

minist*er, -ra, o -rze; -rowie, -rów
minister

minu*ta, -ty, w -cie; -ty, -t *minute*

mis*ka, -ki, w -ce; -ki, -ek *bowl*

mizeri*a, -i; -e, -i *cucumber salad*

mleczarz, -a; -e, -y or -ów *milkman,*
dairyman

mlek*o, -a *milk*

mło*dy, vir. -dzi *young*

młodzież, -y (fem.sing.) *young people*

młyn*ek, -ka, za -kiem; -ki, -ków
mill

mniej *less, not as much* mniej*szy,
vir. -si *smaller, lesser*

mnóstw*o, -a + gen. *lots of*

mocn*y, vir. -i *strong*

mod*lić się, -lę, -li, módl; -lił się
> po- *pray*

mok*nąć, -nę, -nie, -nij; mókł, -łem
> z- *get wet*

mok*ry, vir. -rzy *wet*

morz*e, -a; -a, mórz *sea* nad -e *to the*
seaside nad -em *at the sea*

mo*st, -stu, na -ście; -sty, -stów
bridge over water

może *perhaps* można *it is possible,*
one may

móc, mogę, może; mógł, mogłem,
mogli *be able to*

mój, mo*ja, -je; -je, -i *my*

mó*wić, -wię, -wi, -w > powi*edzieć,
-em, -e; -edział, -edzieli *speak,*
say, tell

mrożon*ki, -ek *frozen products*

mr*óz, -ozu, po -ozie; -ozy -ozów *frost*

mu*cha, -chy, o -sze; -chy, -ch *fly*

mu*sieć, -szę, -si; -siał, -sieli, -siano
have to, must

musztar*da, -dy, w -dzie *mustard*

muzy*ka, -ki, w -ce (stress the u)
music

my*ć, -ję, -je, -j > u- *wash* myd*ło,
-ła, w -le; -ła, -eł *soap*
myśl, -i; -i, -i *thought* myś*leć, -lę,
-li, -l; -lał, -leli, -lano > po- *think*
mysz, -y; -y, -y *mouse*

na + acc. (motion) *or* + loc. (position)
on, at, to, for
nabia*ł, -łu, w -le *dairy products*
nabiera*ć, -m > nab*rać, -iorę,
-ierze
+ gen. *take in, develop, gain*
nad *above, over, at, to* (+ acc. for
motion,
+ instr. for position)
nadal *still*
nadawc*a, -y; -y, -ów *sender*
nadjeżdża*ć, -m > nad*jechać,
-jadę,
-jedzie *approach (transport)*
nadzie*ja, -i; -je, -i *hope, expectation*
miejmy -ję, że *let's hope*
nagle *suddenly* nagły *sudden*
nagłów*ek, -ka; -ki, -ków *salutation,
headline*
nagr*oda, -ody, po -odzie; -ody, -ód
prize, reward
najbardziej *most* najmniej *least*
napisać < pisać *write*
napiw*ek, -ku; -ki, -ków *tip*
nap*ój, -oju; -oje, -ojów or -oi *drink*
napraw*a, -y, w -ie *repair*
naprawdę *really*
narkoman, -a; -i, -ów *drug addict*
narkoman*ka, -ki; -ki, -ek *female
drug addict*
narzę*dzie, -dzia; -dzia, -dzi *tool*
narzeka*ć, -m na + acc. *complain
about*
nastawia*ć, -m > nastaw*ić, -ię, -i
set
następn*y, vir. -i *next*
nastolat*ek, -ka, z -kiem; -ki, -ków

teenager nastolat*ka, -ki, o -ce;
-ki, -ek *teenage girl*
nastr*ój, -oju; -oje, -ojów *mood*
nasz, -a, -e; vir. nasi *our, ours*
natychmiast *immediately*
natychmiastowy *immediate*
nauczuciel, -a; -e, -i *teacher*
nauczyciel*ka, -ka, o -ce; -ki, -ek
female teacher
nawet *even*
nazwis*ko, -ka; -ka, -k *surname*
nazywa*ć, -m > nazwać *call,
name*
nektary*na, -ny; -ny, -n *nectarine*
niebezpieczn*y, vir. -i *dangerous*
niebiesk*i, -a, -ie *blue*
nieb*o, -a; -iosa, -ios *sky, heaven*
niech panowie siadają *take a seat,
gentlemen*
nieczynny *out of action, not
working, closed* niedaleko + gen.
not far from niedługo *soon*
niedobrze *not (too) well, badly,
wrong*
niedzie*la, -li; -le, -l *Sunday*
niedźwie*dź, -dzia; -dzie, -dzi *bear*
niektóre, niektórych *some*
(particular individuals) niektórzy
some people
niełatwy *difficult*
Niemcy, do Niemiec, w Niemczech
Germany Niemiec, Niemca;
Niemcy, Niemców, o Niemcach
German
nienawidz*ić, -ę, -i; -ił + gen. >
z- *hate*
niepok*oić, -oję, -oi, -ój; -oił; -ojony,
-ojeni > za- *disturb, trouble* (za)n.
się *worry, be worried*
nieposłuszn*y, vir. -i *disobedient,
unruly*
niespodzian*ka, -ki, o -ce; -ki, -ek
surprise

niestety *unfortunately*

ni*eść, -osę, -esie, -eś, -ósł, -osłem,
-eśli; -esiony > za- *be carrying, be
bringing (on foot)*

niewygodny *uncomfortable,
inconvenient* niewyraźny
indistinct

nieznajom*y, vir. -i *strange(r)*
nieznany, vir. -i *unknown*

nigdy *never* nigdzie (indziej)
nowhere (else)

nieprzyjaci*el, -ela; -ele, -ół, z -ółmi,
o -ołach *enemy, opponent*

nikt, nikogo *nobody*

nim *before*

niski, vir. niscy *low, short* nisko *low*

nitka, nitki, o nitce; nitki, nitek *thread*

niż *than*

niżej *lower* niższy *lower* niższa
temperatura *lower temperature*

no *well, then* no to *well then*

noc, nocy; noce, nocy (fem.) *night*

noga, nogi, na nodze; nogi, nóg *leg*

normalny, vir. normalni *normal*

nos, -a, w -ie; -y, -ów *nose*

no*sić, -szę, -si, -ś; -sił (impf.) *carry
(about, on foot), wear*

notat*ka, -ki; -ki, -ek *note*

not*ować, -uję > za- *make a note of*

nowy, vir. nowi *new*

nożycz*ki, -ek *scissors*

nóż, noż*a; -e, -y *or* -ów *knife*

nud*a, -y *boredom*

nume*r, -u, o -ze; -y, -ów *number*

o + acc. *against*

o + loc. *about, of, with*

o ile wiem *as far as I know*

obaj *both (men)*

obawiam się, że *I'm afraid*

obćho*dzić, -dzę, -dzi > ob*ejść, -ejdę,
-ejdzie; -szedł, -eszła *walk round,
evade, celebrate*

obi*ad, -adu, na -edzie; -ady, -adów
*midday meal (up to 4 p.m.) lunch,
dinner*

obiec*ywać, -uję, -uje, -uj; -ywał
> obieca*ć, -m, (+ dat. + acc.)
promise (someone something)

obejm*ować, -uję, -uje > objąć, -ę,
-ie, -ij; obj*ął, -ęła; -ęty *embrace,
cover*

obowiąz*ywać, -uję, -uje; -ywał
(impf.) *apply, oblige, be in force*

obraz, -u; -y, -ów *picture*

obserwatori*um, -um; -a, -ów
observatory

obsłu*ga, -gi, o -dze *service, use*
instrukcja -gi *instructions for
using*

obsuwa*ć się, -m > obsu*nąć się,
-nie się; -nięty *sink, slide, cave in*

obszerny *extensive*

obywa*ć się, -m > ob*yć się, -ędę,
-ędzie bez + gen. *do without*

obywatel, -a; -e, -i *citizen*

oc*et, -tu *vinegar*

och *oh, ah*

ochot*a, -y *desire, inclination* mieć
-ę na + acc. *feel like*

oczywisty *obvious* oczywiście *of
course*

od + gen. *from, since*

odchodz*ić, -ę > od*ejść, -ejdę,
-ejdzie, -ejdź; -szedł, -eszła *he,
she left, went away*

odda*wać, -ję, -je, -waj; -wał >
odd*ać, -am, -a, -adzą, -aj; -ał
give back, return

oddzi*ał, -ału, o -ele; -ały, -ałów
department oddzielny *separate*

odj*azd, -azdu, po -eździe; -azdy,
-azdów *departure* odjeżdża*ć, -m
> od*jechać, -jadę *drive off,
drive away*

odkąd *since*

odlat*ywać, -uję > odle*ci, -cę, -ci;
-ciał, -cieli *depart (by air), fly away*

odlot, -tu, po -cie; -ty, -tów *departure
by air*

odpoczywa*ć, -m > odpocz*ąć, -nę,
-nie *rest*

odpowiada*ć, -m > odpowi*edzieć,
-em, -e, -edział, -edzieli na + acc.
reply to, answer jeśli to panu
odpowiada *if that suits you*

odpowied*ni, -nia, -nie, vir.
-ni *suitable*

odtwarzacz kompaktow*y, -a -ego
compact disc player o. kasetowy
cassette player

odwiedza*ć, -m > odwie*dzić, -dzę,
-dzi, -dź *visit (people)*

odw*ozić, -ożę, -ozi, -óź or -oź;
odwi*eźć,
-ozę, -ezie; -ózł, -ozłem *take, give a
lift to*

odwraca*ć się, -m > odwró*cić się,
-cę, -ci; -cony -ceni *turn away,
turn round*

ofiarow*ywać, -uję, ofiarowuje
> ofiar*ować, -uję *offer*

ofice*r, -ra, o -rze; -rowie, -rów
(army) officer

og*ień, -nia, w -niu; -nie, -ni *fire*

ogląda*ć, -m > obejrz*eć, -ę, -y, -yj;
-al, -eli *watch, see, look at*

ogon*ek, -ka, z -kiem; -ki, -ków
queue, tail

ogólnie mówiąc *generally speaking*
ogólny *general*

ogór*ek, -ka; -ki, -ków *cucumber*

ogrodni*k, -ka; -cy, -ków *gardener*
ogr*ód, -odu, w -odzie; -ody,
-odów *garden*

ohydny *revolting*

oj*ciec, -ca, ku -cu, voc. -cze; -cowie,
-ców *father* ojczy*zna, -zny, o
-źnie; -zny, -zn *motherland*

okazj*a, -i, przy -i; -e, -i *occasion,
opportunity, bargain*

okaz*ywać się, -uje > oka*zać się,
-że *turn out* o. pomoc + dat. *to
give help to*

ok*no, -na; -na, -ien *window*

oko, oka; oczy, oczu or ócz *eye*

okoli*ce, -c *surrounding districts*

okropnie *terribly* okropn*y, vir. -i
terrible

okuli*sta, -sty, o -ście; -ści, -stów *eye
specialist*

ołów*ek, -ka; -ki, -ków *pencil* -kiem *in
pencil*

omawiać > omówić *discuss*

omija*ć, -m > omi*nąć, -nę, -nie, -ń;
-nął, -nęła *avoid*

opatrun*ek, -ku; -ki, -ków *dressing,
bandage*

op*el, -la *Opel*

operacj*a, -i; -e, -i *operation*

opini*a, -i; -e, -i *reputation,
evaluation, opinion*

opowiada*ć, -m > opowi*edzieć,
-em, -e, -edz; -edział, -edzieli
relate, recount opowiada*nie,
-nia; -nia, -ń *story*

opuszcza*ć, -m > opu*ścić, -szczę,
-ści; -szczony, -szczeni *leave*

organiz*ować, -uję > z- *organise*

ortope*da, -dy; -dzi, -dów *orthopedic
surgeon*

osiem, ośmiu *eight* osiemdziesiąt,
osiemdziesięciu *eighty*
osiemdziesiąty *eightieth*
osiemnasty *eighteenth*
osiemnaście, osiemnastu
eighteen osiemset (stress o),
ośmiuset *eight hundred*
osiemsetny *eight hundredth*

os*oba, -oby; -oby, -ób *person* mało
-ób *not many people* osobno
separately osobny *separate*

osobowy *local (train)*
osp*a, -y, po -ie *smallpox* o.
 wietrzna *chicken pox*
ostateczny *final, eventual*
 ostatecznie *eventually, finally*
ostatn*i, -ia, -ie, vir. -i *last* ostatnio
 recently
ostrożnie *carefully* ostrożn*y, vir. -i
 careful
ost*ry, vir. -zy *sharp, severe*
oto *here is*
otrzym*ywać, -uję > otrzyma*ć, -m
 receive
otwarcie *openly* otwar*ty, vir. -ci
 open otwiera*ć, -m > otw*orzyć,
 -orzę, -orzy, -órz; -orzył *open
 (something)*
owoc, -u; -e, -ów *fruit*
owszem *(oh) yes*
oziębiło się *it has got cooler*

ósmy *eighth*

pacz*ka, -ki, w -ce; -ki, -ek *packet,
 parcel*
pada*ć, -m > pa*ść, -dnę, -dnie; -dł
 fall
pakie*t, -tu, w -cie; -ty, -tów *packet,
 package*
pak*ować, -uję > s- *pack*
paleni*e, -a *smoking* rzucić palenie
 give up smoking pa*lić, -lę, -li, -l;
 -lił > s- *smoke, burn* p./sp. się *be
 on fire, burn down*
pałac, -u; -e, -ów *palace, grand house*
pamię*ć, -ci *memory* pamięta*ć, -m
 > za- *remember*
pan, pana, o panu, voc. panie;
 panowie, panów *(gentle)man, sir,
 Mr, lord, you*
pani, pani; panie, pań *lady, woman,
 Mrs, Miss, Ms, you*
pan*ować, -uję *reign, rule*

państwo, państwa, o państwie;
 państwa, państw *state*
państwo, państwa, o państwu (+
 plural verb) *Mr and Mrs, ladies
 and gentlemen, you* (formal to a
 mixed group or couple) ci
 państwo *that couple, those people*
papie*r, -ru, w -rze; -ry, -rów *paper*
papieros, -a; -y, -ów *cigarette*
papryk*a, -i *paprica*
pa*ra, -ry, w -rze; -ry, -r *pair, couple*
paragon, -u, o -ie; -y, -ów *till receipt*
parasol, -a; -e, -i *umbrella*
par*ę, -u *a few* przed paroma laty *a
 few years ago*
parking, -u, za -iem; -i, -ów *car park*
 park*ować, -uję > za- *park*
 parkowanie *parking*
partne*r, -ra, o -rze; -rzy, -rów
 partner partner*ka, -ki, o -ce;
 -ki, -ek *female partner*
Paryż, -a *Paris*
pasj*a, -i; -e, -i *passion, anger*
pas*ować, -uję (impf.) *suit*
pa*sta, -sty, o -ście; -sty, -st *paste,
 cream*
paszpor*t, -tu, w -cie; -ty, -tów
 passport
pasztecik, -a, z -iem; -i, -ów *savoury
 pastry*
patrz*eć or -yć, -ę, -y, -; -ył > po-
 look p. na + acc. *look at*
paw, -ia; -ie, -i *peacock*
październik, -a *October*
pediat*ra, -ry, o -rze; -rzy, -rów
 pediatrician
pełny (or pełen) *full*
peron, -u, przy -ie; -y, -ów *railway
 platform*
pew*ien or -ny, -na, -ne, vir. -ni (a)
 certain, reliable pewnie *surely*
pęt*la, -li, w -li; -le, -li *loop*
piąt*ek, -ku; -ki, -ków *Friday*

piąty *fifth*

picie *drinking* pi*ć, -ję, -je, -j; -ł
> wy- *drink*

piechotą / na piechotę / pieszo *on foot*

piec, -a; -e, -ów *stove, oven*
pieczyw*o, -a *bread, bakery*
piekarz, -a; -e, -y *baker*
pielęgniar*ka, -ki; -ki, -ek *nurse*
pielęgniarz, -a; -e, -y *male nurse*
pieni*ądz, -ądza; -ądze, -ędzy *coin*
(sing.) *money* (pl.)

pieprz, -u *pepper*

pierścion*ek, -ka, z -kiem; -ki, -ków *ring*

pierw*szy, vir. -si *first*

pies, psa, ku psu, o psie; psy, psów *dog*

pietruszk*a, -i *parsley*

pi*ęć, -ęciu *five* pięćdziesi*ąt, -ęciu *fifty* pięćdziesiąty *fiftieth*

pięćset, pięciuset *five hundred*
pięćsetny *five hundredth*

pięknie *beautifully* piękn*y, vir. -i *beautiful, fine*

piętnasty *fifteenth* piętna*ście, -stu *fifteen*

pięt*ro, -ra, na -rze; -ra, -er *floor, storey*

pilo*t, -ta; -ci, -tów *pilot*

pió*ro, -ra, o -rze; -ra, -r *pen* -rem *in pen*

pi*sać, -szę, -sze, -sz > na- *write*

pisarz, -a; -e, -y *writer* pisar*ka, -ki; -ki, -ek *woman writer*

pisk, -u, z -iem; -i, -ów *screech, squeak, squeal* piskl*ę, -ęcia, o -ęciu; -ęta, -ąt *chick*

pi*smo, -sma, na -śmie; -sma, -sm *(hand)writing, periodical*

pisua*r, -ru, przy -rze; -ry, -rów *urinal*

pis*ywać, -uję *write from time to time*

pi*wo, -wa; -wa, -w *beer*

plan, -u, w -ie; -y, -ów *plan*

plast*er, -ra, w -rze; -ry, -rów *plaster* plaster*ek, -ku; -ki, -ków *slice*

plastik, -u, z -iem; -i, -ów *plastic, plastic bag*

pła*cić, -cę, -ci, -ć; -cił > za- *pay*

pła*kać. -czę, -cze, -cz; -kał *cry*

płaszcz, -a; -e, -y or -ów *overcoat*

płatn*y, vir. -i *paid*

pły*nąć, -nę, -nie, -ń; -nął, -nęła > po- *flow, sail, swim along*
pływać, -m (impf.) *swim around, know how to swim*

po + acc. *for, to get*

po + loc. *after, (all) over*

poby*t, -tu, po -cie; -ty, -tów *stay*

pochmurno *it's cloudy* pochmurny *cloudy*

pochodzeni*e, -a *origin*

pociąg, -u; -i, -ów *train* -iem *by train*
pociągający *attractive*

począt*ek, -ku; -ki, -ków *beginning, start*

poczekalni*a, -i; -ie, -i *waiting room*

pocz*ta, -ty, na -cie *post, post office*

poczuci*e, -a *sense* poczucie humoru *sense of humour*

pod + acc. *(moving) under* pod górę *uphill*

pod + instr. *(located) under, outside*

poda*wać, -ję, -je, -waj; -wał
> po*dać, -dam, -da, -dadzą, -daj *pass, hand, serve, give*

podchodz*ić, -zę > pod*ejść, -ejdę, -ejdzie, -ejdź; -szedł, -eszła do +
gen. *go up to, approach (on foot)*

podejrzewam, że *I suspect*

podeszły: w podeszłym wieku *getting on a bit*

pod*łoga, -łogi, na -łodze; -łogi, -łóg *floor*

podmiejsk*i, -a, -ie *suburban*
podno*sić, -szę, -si > podni*eść, -osę,
  -esie, -eś; -ósł, -osłem, -eśli;
  -esiony *raise, lift*
podobać się > s- *please*
podobno *apparently, they say*
  podobn*y, vir. -i do + gen
  similar to
podróż, -y; -e, -y *journey* p. poślubna
  honeymoon podróż*ować, -uję
  (impf.) *travel*
podusz*ka,-ki, na -ce; -ki, -ek *pillow*
poe*ta, -ty, o -cie; -ci, -tów *poet*
  poet*ka, -ki; -ki, -ek *female poet*
pogo*da, -dy, o -dzie *weather, good
  weather*
pojutrze *the day after tomorrow*
pok*ój, -oju; -oje, -ojów or -oi *room,
  peace*
Pola*k, -ka z -kiem; -cy, -ków *Pole*
pol*e, -a; -a, pól *field*
Pol*ka, -ki; -ki, -ek *Polish girl,
  woman*
polonez, -a; -y, -ów *polonaise, Polonez*
Pols*ka, -ki, w -ce *Poland* pols*ki,
  vir. -cy *Polish*
połącze*nie, -nia; -nia, -ń *connection*
połow*a, -y, w -ie *half, mid-point*
poł*ożyć, -ożę, -oży, -óż < kła*ść,
  -dę, -dzie; -dł *put*
południ*e, -a, na -u *south, noon*
pomaga*ć, -m > pom*óc, -ogę, -oże,
  -óż, -ógł, -ogłem + dat. *help*
pomarań*cza, -czy; -cze, -cz or -czy
  orange sok pomarańczow*y, -u
  -ego *orange juice*
pomido*r, -ra, w -rze; -ry, -rów
  tomato
pomiędzy + acc. *(going) between,
  among* pomiędzy + instr.
  (situated) between, among
pomnik, -a; -i, -ów *monument*
pomoc, -y; -e, -y *help, assistance*

pomóc < pomagać *help*
pomył*ka, -ki, o -ce; -ki, -ek *mistake,
  wrong number*
pomyśleć < myśleć *think*
poniedział*ek, -ku; -ki, -ków
  Monday
ponieważ *since, because, for*
poniżej zera *below zero*
pończo*cha, -chy, w -sze; -chy, -ch
  stocking
popielaty *grey*
popielnicz*ka, -ki, w -ce; -ki, -ek
  ashtray
poprawia*ć, -m > popra*wić, -wię,
  -wi, -w; -wił *correct, put right,
  mark (exercises)*
popsuć się < psuć się *go wrong*
popularn*y, vir. -i *popular*
poradz*ić sobie, -ę, -i < radzić sobie
  manage, cope
portmonet*ka, -ki, w -ce; -ki, -ek
  purse
porusz*ony, vir. -eni *stirred*
po*ra, -ry, o -rze; -ry, pór *season,
  time*
porząd*ek, -ku, w -ku; -ki, -ków
  order
porzecz*ka, -ki, w -ce; -ki, -ek
  currant
porzuca*ć, -m > porzu*cić, -cę, -ci,
  -ć; -cił *leave, abandon, ditch*
posłuszn*y, vir. -i *obedient*
posprząta*ć, -m < sprzątać *tidy up*
posyła*ć, -m > po*słać, -ślę, -śle,
  -ślij; -słał *send*
pośpiech, -u, w -u *hurry, haste*
  pośpieszny *fast*
poświęca*ć, -m > poświę*cić, -cić,
  -cę, -ci, -ć; -cił (+ dat.) *devote,
  dedicate to*
potem *afterwards, later, then*
potrąca*ć, -m > potrą*cić, -cę, -ci;
  -cony, -ceni *hit, knock*

potrzebn*y, vir. -i *necessary*
potrzeb*ować, -uję (impf.) + gen.
need potrzeba mi (było) *I
need(ed)*
powie*dzieć, -m < mówić *tell, say*
powieś*ć, -ci; -ci, -ci *novel*
powietrz*e, -a *air*
powin*ien, -na, -no *he, she, it ought
to, should* -ienem (był), -nam
(była) *I ought to (have)* -no się
one should
powrotny *return*
Powstani*e Warszawski*e, -a -ego
The Warsaw Uprising
powszechny *universal*
powtarza*ć, -m > powtó*rzyć, -rzę,
-rzy, -rz; -rzył *repeat*
pozdrawia*ć, -m > pozdr*owić,
-owię, -owi, -ów *send regards to*
pozna*wać, -ję, -je, -waj; -wał
> pozn*ać, -am, -a, -aj *get to know*
pozosta*ły, vir. -li *remaining*
pozwala*ć, -m > pozw*olić, -olę, -oli,
-ól; -olił + dat. *allow, permit*
pożycza*ć, -m > poży*czyć, -czę,
-czy, -cz; -czony *lend, borrow*
pójść, pójdę, pójdzie, poszedł, poszła
(pf.) *go, get there (on foot)*
półgodziny *half an hour*
północ, na -y *north (also midnight)*
późno *late* za / zbyt późno *too late*
późny *late*
pra*ca, -cy; -ce, -c *work, task, job*
prac*ować, -uję (impf.) *work*
pracowni*k, -ka; -cy, -ków *employee*
prać, piorę, pierze, pierz > wy- or
u- *wash, launder*
Praga, Pragi, na Pradze Praga *(part
of Warsaw)* Praga, Pragi,
w Pradze *Prague*
pral*ka, -ki, w -ce; -ki, -ek *washing
machine*

pral*nia, -ni; -nie, -ni *laundry,
washery*
pras*a, -y, w -ie *press*
pras*ować, -uję, > wy- or u- *iron*
praw*da, -dy, o -dzie; -dy, -d *truth*
prawdopodobnie *probably*
prawdopodobny *probable*
prawdziw*y, vir. -i *real, true*
prawie *almost*
prawni*k, -ka; -cy, -ków *lawyer*
praw*o, - *right* p. jazdy *driving
licence*
prawo: w prawo *to the right* na
prawo *on the right* prawosławny,
vir. prawosławni *Orthodox*
prawy *right(hand)*
prędki *quick, early*
premie*r, -ra, o -rze, -rzy, -rów
prime minister
prezen*t, -tu, w -cie; -ty, -tów
present
problem, -u, o -ie; -y, -ów *matter*
profeso*r, -ra, o -rze; -rowie, -rów
professor
progno*za, -zy; -zy, -z *forecast*
program, -u, w -ie; -y, -ów *program*
prom, -u, na -ie; -y, -ów *ferry*
pro*sić, -szę, -si, -ś; -sił; -szony,
-szeni > po- (o) + acc. *ask for*
prosi*ę, -ęcia, o -ęciu; -ęta, -ąt *piglet*
prosto *straight on* pro*sty, vir. -ści
straight, simple prościej *more
simply*
prowa*dzić, -dzę, -dzi, -dź (impf.)
lead, carry out, carry on, drive
prób*ować, -uję > s- *try*
przebiega*ć, -m > przebie*c, -gnę,
-gnie, -gnij; -gł *run across, run
through*
przechadza*ć się, -m > prze*jść się,
-jdę się, -jdzie się *have a stroll*
przecież *but, after all*
przeciw(ko) + dat. *against*

przeciwni*k, -ka; -cy, -ków *enemy, opponent*

przed + acc. *(moving) in front of* iść
przed siebie *go ahead*

przed + instr. *(situated) in front of, outside, before*

przedstawia*ć, -m > przedsta*wić, -wię, -wi, -w + acc. + dat. *introduce ... to ...*

przedtem *previously, before that*
przedwczoraj *the day before yesterday* przedzimi*e, -a *beginnings of winter*

przedwiośni*e, -a *early spring*

przejmować się > przejąć się + instr. *worry about*

prze*jść się, -jdę się; -szedł się
< przechadzać się *have a walk*

przekaz*ywać, -uję > przeka*zać, -żę *pass on*

przeprasza*ć, -m > przepro*sić, -szę, -si, -ś; -sił (za + acc.) *apologize*

przerywa*ć, -m > przer*wać, -wę, -rwie *interrupt*

przesiada*ć się, -m > przesi*ąść się, -ądę, -ądzie, -adł, -edli *change, find another seat*

przesiadk*a *changing buses, trains, etc.*

przestawać, -ję, -je, -waj; -wał
> przesta*ć, -nę, -nie, -ń; -ł
+ impf. verb *stop, ccasc*

przeszkadza*ć, -m > przeszko*dzić, -dzę, -dzi + dat. *to hinder*

przez + acc. *across, through*

przeżywa*ć, -m > przeży*ć, -ję, -je; -ł *live through, survive*

przy + loc. *by, at*

przycho*dzić, -dzę, -dzi, -dź >
przy*jść, -jdę, -jdzie, -jdź; -szedł, -szła *come, arrive*

przychod*nia, -ni *out-patient centre, surgery*

przyg*oda, -ody, po -odzie; -ody, -ód *adventure*

przygotowan*y, vir. -i *prepared*

przyjaci*el, -ela; -ele, -ół, ku -ołom, z -ółmi, o -ołach *friend*

przyjaciół*ka, -ki, o -ce; -ki, -ek *(girl)friend*

przyj*azd, -azdu, po -eździe; -azdy, -azdów *arrival (by wheeled transport)*

przyj*echać, -adę, -edzie, -edź
< przyjeżdża*ć, -m *arrive (by some means of wheeled transport)*

przyjemniej*szy, vir. -si *nicer*

przyjemnoś*ć, -ci; -ci, -ci *pleasure*
przyjemn*y, vir. -i *agreeable, pleasant*

przyjść < przychodzić *come*

przykro mi (było) *I am (was) sorry*
przykry *unpleasant*

przylat*ywać, -uję > przyle*cieć, -cę, -ci, -ć *arrive by air, fly in*

przymierzal*nia, -ni; -nie, -ni *fitting-room* przymierzać
> przymierzyć, przymierzę *try on*

przymr*ozek, -ozku or -ozka; -ozki, -ozków *light frost, groundfrost*

przynajmniej *at least*

przyno*sić, -szę, -si, -ś; -sił >
przyni*eść, -osę, -esie, -eś; -ósł, -osłem, -osła, -eśli *bring (by hand on one's person)*

przypływać > przypłynąć *come, swim in*

przypra*wa, -wy, o -wie; -wy, -w *seasoning*

przypuszcza*ć, -m > przypu*ścić, -szczę, -ści, -ść *suppose*

przysł*owie, -owia; -owia, -ów *proverb*

przystan*ek, -ku, za -kiem; -ki,

-ków *stop*

przysz*ły, vir. -i *future (next)*

przytrafiać się > przytrafić się
+ dat. *happen to*

przywo*zić, -żę, -zi, -ź > przywi*eźć,
-ozę, -ezie, -eź; -ózł, -ozłem, -eźli;
-eziony *bring (by some means of
wheeled transport)*

przyzwyczaja*ć się, -m >
przyzwycza*ić się, -ję się, -ić się
do + gen. *get used to*

ptak, -a; -i, -ów *bird*

pudeł*ko, -ka; -ka, -ek *box*

puka*ć, -m > za- do drzwi *knock at
the door*

punkt piąta *(at) five o'clock on the dot*

pytać (się) > s- o + acc. *ask about*
pyta*nie, -nia; -nia, -ń *question*

rachun*ek, -ku, pod -kiem; -ki,
-ków *bill*

racj*a *that's right* mieć -ę *be right*

rad, -a, vir. radzi *glad*

rad*a, -y *advice, tip, council* nie
dam rady *I can't cope*

radi*o, -a, w -u *radio*

radoś*ć, -ci; -ci, -ci *joy*

radz*ić, -ę, -i (impf.) *advise* r. sobie
manage

rajsto*py, -p *tights*

rami*ę, -enia, na -eniu; -ona, -on *arm*

ran*ek, -ka, -kiem; -ki, -ków
morning

rano *in the morning*

raz *once* od razu *at once* w takim
razie *in that case* razem *together,
altogether*

recepcjonist*ka, -ki; -ki, -ek
receptionist

recep*ta, -ty, o -cie; -ty, -tów
prescription, recipe

regularnie *regularly* regularny
regular

regul*ować, -uję > u- *settle (bill)*

relaks, -u, o -ie *relaxation*

religi*a, -i; -e, -i *religion*

renomowan*y, vir. -i *famous*

republi*ka (stress u), -ki, w -ce; -ki,
-k *republic*

restaurac*ja, -ji; -je, -ji *restaurant,
restoration*

resz*ta, -ty, o -cie *rest, change*

reumatyzm, -u, po -ie *rheumatism*

rewolucj*a, -i; -e, -i *revolution*

rezerw*ować, -uję > za- *reserve*

reżyse*r, -ra, o -rze; -rzy (or -rowie),
-rów *(film) director*

ręcznik, -a; -i, -ów *towel* rę*ka, -ki,
w -ce; -ce, rąk *hand* rękawicz*ka,
-ki, w -ce; -ki, -ek *glove* rękaw, -u;
-y, -ów *sleeve*

robić, -ię, -i, rób > z- *do, make* r.>zr.
się *become, get*

rob*ota, -oty; -oty, -ót *work*
robotni*k, -ka; -cy, -ków
workman

roczni*ca, -cy; rocznice, -c
anniversary r. ślubu *wedding a.*

rodza*j, -ju; -je, -jów or -i *kind, type*

rodzic*e, -ów *parents* rodzi*na, -ny;
-ny, -n *family*

rok, -u; lata, *last year*

rolni*k, -ka; -cy, -ków *farmer*

ro*snąć, -snę, -śnie, -śnij; rósł,
-słem, -śli > wy- *grow*

rozbiera*ć, -m > roz*ebrać, -biorę,
-bierze *undress (someone)*

rozchorow*ywać się, -uję >
rozchor*wać się, -ję *fall ill*

roześmiać się (pf.) *burst out
laughing*

rozległy *extensive*

rozmaity *various*

rozmawia*c, -m > po- *converse, talk*
rozm*owa, -owy; -owy, -ów *talk,
call*

rozpłakać się (pf.) *burst into tears*

rozsian*y, vir. *i *scattered*

roztargni*ony, vir. -eni *absentminded*

rozumi*eć, -em, -e; -ał, -eli > z- *understand*

rozw*ód, -odu,; -ody, -odów *divorce*

ruch, -u; -y, -ów *movement, traffic, exercise*

róg, rogu, na rogu; rogi, rogów *horn, corner*

róża, róży; róże, róż *rose* różowy *pink*

różn*y, vir. -i *various*

rujn*ować, -uję > z- *ruin*

rumsztyk, -u; -i, -ów *rump steak*

Rumuni*a, -i *Romania*

ry*ba, -by, o -bie; -by, -b *fish*

ryba*k, -ka; -cy, -ków *fisherman*

ryż, -u; -e, -ów *rice*

rzadko *seldom* rzadziej *less often* rzad*ki, vir. -cy *rare*

rz*ąd, -ądu, w -ądzie; -ądy, -ądów *government*

rzecz, -y, o -y; -y, -y *thing*

Rzeczpospolit*a *(stress second o)*, -ej *Republic*

rzeczywiście *really, indeed* rzeczywisty *real, actual*

rze*ka, -ki, -ce; -ki, -k *river* nad -kę *to the river*

rzuca*ć, -m > rzu*cić, -cę, -ci, -ć; -cił *throw, give up*

saba*t, -tu, po -cie; -ty, -tów *(witches') sabbath*

sadz*a, -y *soot*

sała*ta, -ty; -ty, -t *lettuce*

sam, -a, vir. -i *alone* ten sam, taki sam *the same*

samoch*ód, -odu, w -odzie; -ody, -odów *car* -odem *by car*

samolo*t, -tu, w -cie; -ty, -tów *plane*

-tem *by air*

sanatori*um, -um, w -um; -a, -ów *convalescent home*

sądzić (impf.) *think*

sąsi*ad, -ada, o -edzie; -edzi, -adów *neighbour*

schod*y, -ów *stairs*

schronis*ko, -ka; -ka, -k *hostel*

scyzoryk, -a, -iem; -i, -ów *penknife*

sekretarka *secretary* sekretarz *(male) secretary*

sens, -u, w -ie *sense, meaning, point*

sentymentaln*y, vir. -i *sentimental*

se*r, -ra, po -rze; -ry, -rów *cheese*

ser*ce, -ca; -ca, -c *heart* serdecznie *cordially* serdeczność *warmth, cordiality* serdeczny *kind, sincere*

serwet*ka, -ki, w -ce; -ki, -ek *serviette*

setny *hundredth*

siada*ć, -m > usi*ąść, -ądę, -ądzie, -ądź; -adł, -edli *sit down, take a seat*

siedem, siedmiu *seven*

siedemdziesi*ąt, -ęciu *seventy* siedemdziesiąty *seventieth*

siedemna*ście, -stu *seventeen* siedemnasty *seventeenth*

siedemset *(stress on first syllable)*, siedmiuset *700* siedemsetny *seven hundredth*

sie*dzieć, -dzę, -dzi, -dź; -dział, -dzieli *be sitting*

sie*ń, -ni; -nie, -ni *hallway, vestibule*

sierp*ień, -nia *August*

si*ostra, -ostry, o -ostrze; -ostry, -óstr *sister, you (to a nurse or a nun)*

siódmy *seventh*

skane*r, -ra, o -rze; -ry, -rów *scanner*

skansen, -u; -y, -ów *heritage park,*

open air museum
skarpety *socks*
skąd *from where*
składać, -m > złożyć *fold* krzesło
składane *folding chair*
sklep, -u, w -ie; -y, -ów *shop*
skoczę po rozmówki *I'll nip and get
a phrasebook*
skó*ra, -ry, o -rze *leather*
skręca*ć, -m > skręc*ić, -ę *turn*
skrzyżowa*nie, -nia; -nia, -ń
crossing, junction
słabo *weakly* słab*y, vir. -i *weak,
faint*
sło*ń, -nia; -nie, -ni *elephant*
słoń*ce, -ca; -ca, -c *sun* słonecznie
sunnily słoneczny *sunny*
słownicz*ek, -ka; -ki, -ków *small
dictionary, vocabulary, glossary*
słownik, -a; -i, -ów *dictionary*
sł*owo, -owa; -owa, -ów *word*
słów*ka, -ek *vocabulary*
słuchać, -m > po- + gen. *listen to,
obey* słuchacz, -a; -e, -y *listener*
słuchaw*ka, -ki; -ki, -ek *receiver,
(head)phone*
słup telegraficzn*y, -a -ego
telegraph pole
słu*żyć, -żę, -ży, -ż; -żył (impf.)
+ dat. *serve (to) someone*
słychać *(there) can be heard*
sły*szeć, -szę, -szy; -szał, -szeli
> u- *hear*
smakuje mi + nom. *I like (the taste
of)* smakowało państwu? *did you
like it?*
smoking, -a *or* -u; -i, -ów *dinner-
jacket*
smutniej*szy, vir. -si *sadder* smutno
sadly smutn*y, vir.
-i *sad*
sob*ota, -oty, o -ocie; -oty, -ót
Saturday

solenizan*t, -ta; -ci, -tów *man
celebrating* solenizant*ka, -ki,
o -ce; -ki, -ek *woman* c.
sól, soli *salt*
spacer*ować, -uję > po- *stroll, be out
walking*
spadać, -m > spa*ść, -dnę, -dnie,
-dnij; -dł *fall down*
specjali*sta, -sty, o -ście; -ści,
-stów *expert*
spędzać, -m > spę*dzić, -dzę, -dzi,
-dź *spend (time)*
spod + gen. *from under* spod lady
(from) under the counter spod
spodu *from underneath* spod*ek,
-ka, z -kiem; -ki,
-ków *saucer* spodni*um, -um, w
-um; -a, -ów *trouser suit*
spodn*ie, -i *trousers*
spodobała się pani Polska? *did you
like Poland?*
spodziewać się, -m + gen. *expect*
spokojn*y, vir. -i *quiet, peaceful,
calm*
sponso*r, -ra, o -rze; -rzy, -rów
sponsor
spor*t, -tu, o -cie; -ty, -tów *sport*
sporo + gen. *a fair amount / number of*
spory *good-sized*
spotyka*ć, -m > spotkać, -m *meet
(someone, something)* s. się (z +
instr.) *meet, get together (with)*
spożywczy: artykuły spożywcze
groceries
spód, spodu *underneath, underside*
spódni*ca, -cy, w -cy; -ce, -c *skirt*
spódnicz*ka, -ki, w -ce; -ki, -ek
skirt, kilt
spóźniać się, -m > spóź*nić się,
-nię, -ni, -nij; -nił *be late*
spra*wa, -wy; -wy, -w *matter, affair,
case, business, problem*
sprawdza*ć, -m > sprawdz*ić, -ę,

-i *check*
sprawia*ć, -m > spra*wić, -wię
+ dat. + acc. *cause, give*
sprawn*y, vir. -i *fit, efficient*
sprzeda*wać, -ję, -je, -waj; -wal
> sprzeda*ć, -m, -dzą, -j *sell*
sprzęt, -u *equipment, appliances*
sprzyjać, -m + dat. *work for, be in favour of*
srebrny *silver* sreb*ro, -ra, o -rze *silver*
stacj*a, -i; -e, -i *station*
stać się *happen* nic ci się nie stanie *you'll be OK*
st*ać, -oję, -oi, -ój; -ał *stand*
stale *constantly*
stamtąd *from there*
Stan*y Zjednoczon*e, -ów -ych *The United States*
starać się, -m > po- o + acc. *try to get*
star*szy, vir. -si *older, senior, elderly* sta*ry, vir. -rzy *old*
stat*ek, -ku; -ki, -ków *ship, vessel*
stawiać, -m > posta*wić, -wię, -wi, -w *put, stand*
staż, -u *period (of training, work, etc.)*
stąd *from here* stąd też *and that's why*
stek, -u, pod -iem *steak*
sto, stu *a hundred* stokrotny *hundredfold*
stolik, -a; -i, -ów *small table*
stomatolo*g, -ga; -dzy or -gowie, -gów *dentist*
st*ół, -ołu, na -ole, przy -ole; -oły, -ołów *table*
strach, -u; -y, -ów *fear, scarecrow* strasznie *terribly* straszn*y, vir. -i *terrible*
straż pożarn*a, -y -ej *fire brigade* straża*k, -ka; -cy, -ków *fireman* strażni*k, -ka; -cy, -ków *guard*
stro*na, -ny; -ny, -n *side, page, direction*

stróż, -a *caretaker, watchman*
stryj, -a; -owie, -ów *paternal uncle*
studen*t, -ta, o -cie; -ci, -tów *undergraduate student* student*ka, -ki, o -ce; -ki, -ek
studi*a, -ów *undergraduate study* po studiach *a graduate*
studi*ować, -uję *study*
stwórc*a, -y *creator*
stycz*eń, -nia, w -niu *January*
sukien*ka, -ki, w -ce; -ki, -ek *dress* suk*nia, -ni; -nie, -ni or -ien *dress, frock*
surowo *strictly* surow*y, vir. -i *strict*
surów*ka, -ki, w -ce; -ki, -ek *side salad*
suszar*ka, -ki, o -ce; -ki, -ek *dryer*
swet*er, -era, w -rze; -ry, -rów *sweater, jumper*
swój, swoja, swoje, nom. vir. pl. swoi *my, etc., own*
sympatyczn*y, vir. -i *nice, pleasant*
syn, -a, o -u; -owie, -ów *son*
szaba*s, -su, o -sie or -t, -tu, o -cie *(Jewish) Sabbath*
sza*fa, -fy; -fy, -f *cupboard, wardrobe*
szale*t, -tu, w -ci; -ty, -tów *public convenience*
szalik, -a; -i, -ów *scarf*
szał*wia, -wi; -wie, -wi *sage*
szampon, -u; -y, -ów *shampoo*
szary *grey*
szanown*y, vir. -i *honourable*
szatn*ia, -i, w -i; -ie, -i *cloakroom* szatniarz, -a; -e, -y *cloakroom attendant*
szczątk*i, -ów *fragments, debris, remains*
szczególnie *particularly* szczególny *particular* szczegó*ł, -łu, o -le; -ły, -łów *detail*

szczę*ka, -ki, o -ce; -ki, -k *jaw*
szczęśliw*y, vir. -i *happy*
szczu*r, -ra, o -rze; -ry, -rów *rat*
szczypior*ek, -ku, ze -kiem *chives*
szczy*t, -tu, na -cie; -ty, -tów
 summit, top, height
szef, -a; -owie, -ów *superior, boss*
szero*ki, vir. -cy *wide, broad*
szesnastoletni *sixteen-year-old*
 szesnasty *sixteenth* szesna*ście,
 -stu *sixteen* sześ*ć, -ciu *six*
 sześćdziesi*ąt, -ęciu *sixty*
 sześćdziesiąty *sixtieth* sześcior*o,
 -ga dzieci *six children* sześ*ćset,
 -ciuset *six hundred* sześćsetny
 six hundredth
szklan*ka, -ki, w -ce; -ki, -ek *glass,
 tumbler* szk*ło, -ła, w -le *glass*
szkoc*ki, -ka, -kie, vir. -cy *Scottish*
 Szko*t, -ta, o -cie; -ci, -tów *Scot*
szk*oda, -ody; -ody, -ód *waste,
 shame* szko*dzić, -dzę, -dzi, -dź;
 -dził > za- *harm*
szk*oła, -oły, w -ole; -oły, -ół *school*
szósty *sixth*
szpital, -aje, -i *hospital*
szpinak, -u *spinach*
szukać, -m > po- + gen. *look for*
Szwajcari*a, -i *Switzerland*
Szwe*d, -da; -dzi, -dów *Swede*
szybciej *more quickly, faster* szybko
 quickly szybki *quick*
szy*ja, -i; -je, -j *neck*
szyn*ka, -ki, na -ce *ham*
ściska*ć, -m > ści*snąć, -snę, -śnie;
 -snął, -snęła *hug, squeeze*
śliczny *lovely, sweet, delightful*
śliw*ka, -ki, o -ce; -ki, -ek *plum*
śmi*ać się, -eję, -eje, -ej; -ał, -ali
 > po- > roze- *laugh*
śnić się: śni mi się + nom. *I dream
 about*
śniada*nie, -nia; -nia, -ń *breakfast*

śnieg, -u *snow* śnieżyca *blizzard*
śp. (świętej pamięci) *the late*
śpiący, vir. śpiący *sleepy*
śpie*szyć się, -szę, -szy, -sz; -szył się
 > po- *hurry*
śpiewać, -m > za- *sing* śpiewa*k,
 -ka; -cy, -ków *singer*
średn*i, -ia, -ie, vir. -i *average,
 middle*
śr*oda, -ody, o -odzie; -ody, śród
 Wednesday
środ*ek, -ka, w -ku; -ki, -ków
 *middle, centre, inside, way,
 means*
świadect*wo, -wa; -wa, -w
 certificate, school report
świ*at, -ata, na -ecie; -aty, -atów
 world
świat*ło, -ła, w świetle; -ła, -eł *light*
świe*cić, -cę, -ci, -ć > za- *illuminate*
świetnie *splendidly, very well*
 świetn*y, vir. -i *fine, great,
 excellent*
świeżo *freshly* świeży *fresh*
świ*ęto. -ęta; -ęta, -ąt *(church or
 public) holiday* w pierwszym
 dniu Świąt *on Christmas Day*
świę*ty, vir. -ci *holy, sacred, saint*

tak *yes, so, this way* tak często,
 jak *as often as* tak jak *(just) like*
 tak zwany *so called*
ta*ki, -ka, -kie, nom.vir. -cy *that
 sort of, like this, like that*
taksów*ka, -ki, w -ce; -ki, -ek *taxi*
 postój -ek *taxi rank* -ką *by taxi*
 taksówkarz, -a; -e, -y *taxi driver*
także *also* także nie *neither*
talerz, -a; -e, -y *plate*
tam *there* tam*ten, -ta, -to, -tego,
 etc. *that (over there)*
tang*o, -a *tango*
tan*i, -ia, -ie, nom.vir. -i *cheap*

taniej *more cheaply* tanio *cheaply*
tańszy, vir. tańsi *cheaper*
tańcz*yć, -ę, -y *dance*
tatu*ś, -sia *daddy*
teat*r, -ru, ku -rowi, w -rze; -ry,
 -rów *theatre*
telefon, -u; -y, -ów *telephone*
telefon*ować, -uję > za-
 telephone, call up
telewizj*a, -i, w -i *television*
 telewizo*r, -ra, o -rze; -ry, -rów
 television set
temperatur*a, -y *temperature*
temp*o, -a *rate*
tenisistka *female tennis player*
teraz *now*
teściow*a, -ej *mother-in-law*
też *also*
tłuc, tłuczę, tłucze; tłukł > s- *or*
 po- *break, smash*
tłum, -u; -y, -ów *crowd*
toale*ta, -ty, w -cie; -ty, -t *toilet*
tom, -u; -y, -ów *volume*
to*r, -ry, na -rze; -ry, -rów *track, lane*
towarzysz*yć, -ę, -y (impf.) + dat.
 accompany
tra*cić, -cę, -ci, -ć > s- *lose*
tradycyjnie *traditionally* tradycyjny
 traditional
trafia*ć, -m > trafi*ć, -ę do + gen.
 get to trafić na + acc. *run into*
trakto*r, -ra, na -rze; -ry, -rów
 tractor
tramwa*j, -ju; -je, -jów *or* -i *tram*
transpor*t, -ty, w -cie; -ty, -tów
 consignment, haulage
trochę / troszkę / troszeczkę *a little
 (bit), some*
troj*e, -ga dzieci *three children*
trudno *with difficulty, it's tough*
 trudny *difficult*
truskaw*ka, -ki *strawberry*
trzeba *one must*

trzechsetny *three hundredth* trzec*i,
 -ia, -ie *third*
trzej *three (men, boys, etc.)* trz*y,
 -ech *three* trzydzie*ści, -stu *thirty*
 trzydziesty *thirtieth*
trzyma*ć, -m > po- *hold, keep*
trzynasty *thirteenth* trzyna*ście,
 -stu *thirteen* trzyst*a, -u *three
 hundred*
tu(taj) *here*
Turcj*a, -i *Turkey*
tury*sta, -sty, o -ście; -ści, -stów
 tourist, walker turyst*ka, -ki;
 -ki, -ek *female tourist*
tuż *just, right (here)*
tuzin, -a; -y, -ów *dozen*
twar*dy, vir. -dzi *hard, tough*
twarz, -y, na -y; -e, -y *face* twarzowy
 suitable
tw*ój, -oja, -oje, vir. -oi *your
 (familiar, to one person)*
ty *you (familiar, to one person)*
ty*dzień, -godnia; -godnie, -godni *week*
tyle *so much* tyle ile *as much as*
tylko *only, solely*
tymian*ek, -ku *or* -ka *thyme*
tysi*ąc, -ąca; -ące, -ęcy *thousand*

u + gen. *at (somebody's house)*
ubezpieczeni*e, -a *insurance*
ubiera*ć, -m > ub*rać, -iorę,
 -ierzesz, -ierz; -rał *dress
 (someone)* u. się *dress (oneself),
 get dressed*
ubikacj*a, -i; -e, -i *toilet*
ubo*gi, vir. -dzy *poor*
ubra*nie, -nia; -nia, -ń *clothes, suit
 of clothes*
ucho, ucha, ucha; uszy, uszu *or*
 uszów *ear*
uczenni*ca, -cy; -ce, -c *pupil, schoolgirl*
ucz*eń, -nia; -niowie, -niów *pupil,
 disciple, schoolboy*

uczu*cie, -cia; -cia, -ć *feeling,
   emotion*
uczyć, uczę, uczy, ucz > na- *teach*
   u./nau. się + gen. *learn*
udaje mi się *I succeed* uda mi się
   I will succeed udany *successful,
   good, happy*
uderzać > uderzyć *hit*
uj*rzeć, -rzę, -rzy, -rzyj; rzał, rzeli
   (pf.) *see, catch sight of*
ul*ga, -gi, po -dze *relief* ulgowy
   reduced-rate
uli*ca, -cy, na -cy; -ce, -c *street*
umawia*ć się, -m > umówi*ć się, -ę
   *make a date, make an
   appointment*
umi*eć, -em, -e, -eją, -ej; -ał, -eli *be
   able to, know how to*
uniwersyte*t *(stress first e in nom.
   sing.)*, -tu, na -cie; -ty, -tów
   university U. Poznański *The
   University of Poznań*
upada*ć, -m > upa*ść, -dnę, -dnie,
   -dnij; -dł *fall down*
upar*ty, vir. -ci *stubborn*
uprzednio *previously*
uprzejmie *politely* uprzejm*y, vir. -i
   polite, kind
uroczystoś*ć, -ci; -ci, -ci *festivity*
urodzi*ny, -n *birthday(s)*
urządza*ć, -m (impf.) *arrange, suit*
urzędnicz*ka, -ki; -ki, -ek *female
   clerk*
urzędni*k, -ka; -cy, -ków *official*
usłyszeć < słyszeć *hear*
ustęp*ować, -uję > ustąpi*ć, -ę
   miejsca + dat. *give up one's
   seat for*
ustęp, -u, w -ie; -y, -ów *toilet, paragraph*
utrwala*ć, -m > utrwal*ić, -ę; -ony
   consolidate, fix
uważa*ć, -m (impf.) *consider, take
   care*

uwielbia*ć, -m (impf.) *adore, love*
uzdrowis*ko, -ka; -ka, -k *spa town*
użyci*e, -a *use*
używa*ć, -m > uży*ć, ję *use*

w, we + acc. *into, on*
w, we + loc. *in*
wa*ga, -gi, na -dze *weight, scales*
wakacj*e, -i *(summer) holidays*
Wali*a, -i, w -i *Wales* Walijczy*k,
   -ka; -cy, -ków *Welshman*
waliz*ka, -ki; -ki, -ek *suitcase*
waria*t, -ta, o -cie; -ci, -tów
   madman
Warszaw*a, -y *Warsaw*
   warszawia*nin,
   -nina; -nie, -n *Varsovian*
warsztat samochodow*y, -u -ego *car
   repair shop*
warto + infin. *it's worth*
warunk*i atmosferyczn*e, -ów -ych
   weather conditions
warzy*wo, -wa; -wa, -w *vegetable*
wa*ta, -ty, w -cie *cotton wool*
ważn*y, vir. -i *important, valid*
   termin ważności *expiry date*
waż*yć, -ę, -y > z- *weigh*
wąsk*i, -a, -ie *narrow* wąsko
   narrowly wąż, węża; węże, węży
   snake węższy *narrower*
wątpię, czy *I doubt if*
wąż, węża; węże, węży or wężów
   snake, hose
wcale nie *not at all*
wcho*dzić, -dzę, -dzi, -dź; -dził >
   w*ejść, -ejdę, -ejdzie, -ejdź; -
   szedł, -eszła (usually do + gen.)
   enter, come in(to)
wciągający *absorbing*
wciąż *still*
wcze*sny, vir. -śni *early* wcześnie(j)
   early(-ier) wcześniej*szy, vir. -si
   earlier

wczoraj *yesterday*
wdzięczn*y, vir. -i *grateful*
według + gen. *according to* według
mnie *in my opinion*
wełn*a, -y *wool* wełniany *woollen*
wersj*a, -i; -e, -i *version*
wes*oły (-ół), vir. -eli *cheerful*
wewnętrzny *internal*
wędli*na, -ny; -ny, -n *cooked or
smoked meat*
wi*ać, -eję, -eje; -ał *waft*
wiadomoś*ć, -ci; -ci, -ci *piece of
news, message*
wi*ara, -ary, w -erze *faith, belief*
wi*atr, -atru, na -etrze; -atry,
-atrów *wind*
wią*zać, -żę, -że, -ż; -zał > za- tie,
bind
widać *evidently, is visible*
widel*ec, -ca; -ce, -ców *fork*
wideł*ki, -ek, na -kach *hook (phone)*
wideofon (magnetowid) *video
recorder* wideotelefon *video-
phone*
widocznie *apparently* dobrze
widoczny *clearly visible*
widz*ieć, -ę, -i; -iał, -ieli *see*
(> zobaczyć *or* ujrzeć)
wieczorny *evening (time)*
wieczorowy *evening (clothes)*
wiecz*ór, -ora or -oru; -ory, -orów
evening
wiedz*a, -y *knowledge*
wie*dzieć, -m, wie, -dzą, -dz; -dział,
-dzieli *know*
wiek, -u; -i, -ów *age, century*
wiel*e, -u *many, a lot of*
Wielkanoc, -y *Easter*
wiel*ki, -ka, -kie, vir. -cy *great*
wieprzowin*a, -y *pork*
wierząc*y, vir. *also* -y *believer*
wie*rzyć, -rzę, -rzy, -rz; -rzył > u-
believe, trust

wiesza*ć, -m > powie*sić, -szę, -si,
-ś *hang up*
wieś, wsi; wsi *or* wsie, wsi *village,
country*
wi*eźć, -ozę, -ezie, -eź > przy-eźć
*carry, bring (on wheeled
transport)*
więc *so*
więcej *more* więk*szy, vir. -si *bigger,
major*
wilgotny *damp*
win*da, -dy, w -dzie; -dy, -d *lift* w.
paciorkowa *paternoster*
win*ien, -na, -ne, vir. -ni *indebted*
winogron*o, -a *grape*
wios*ka, -ki, w -ce; -ki, -ek *small
village*
wio*sna, -sny, o -śnie; -sny, -sen
spring na -snę, (z) -sną *in spring*
wiot*ki, -ka, -kie, vir. -cy *limp*
wirus, -a, o -ie; -y, -ów *virus*
wita*ć, -m > po- *greet, welcome*
wj*azd, -azdu, o -eździe *entry (by
vehicle)* wj*echać, -adę, -edzie,
-edź < wjeżdża*ć, -m *drive in,
travel in*
wkłada*ć, -m > włoż*yć, -ę, -y *put
into, put on (clothes)*
władz*a, -y; -e, władz *power,
authority*
wła*sny, vir. -śni *own*
właściciel, -a; -e, -i *owner*
właściwie *actually* właśnie *just*
włącznie z + instr. *including*
włos, -a, na -ie; -y, -ów *hair*
Wło*ch, -cha; -si, -chów, o -chach
Italian Wło*chy, do -ch, we
-szech *Italy*
włożyć < wkładać *put in*
woda, wody, w wodzie; wody, wód
water nad wodą *at the waterside*
do wody *into the water*
woj*na, -ny; -ny, -en *war*

wojs*ko, -ka; -ka, -k *army, the forces, military training*

wol*eć, -ę, -i; -ał, -eli (od + gen. or niż) *prefer (to)* wolał(a)bym *I'd prefer*

wolniej *more slowly, freely* wolno *one may, slowly* woln*y, vir. -i *free, independent, not engaged, slow*

woła*ć, -m > za- *call, cry out*

wołowin*a, -y *beef*

wo*zić, -żę, -zi, -ź; -ził (impf.) *carry (repeatedly, by some means of transport)*

wód*ka, -ki, w -ce; -ki, -ek *vodka*

wóz, wozu; wozy, wozów *car, vehicle, cart*

wpaść > wpadać *drop in, pop in*

wpół do drugiej *half past one*

wprawdzie *admittedly*

wraca*ć, -m > wró*cić, -cę, -ci, -ć; -cił z + gen. *come back, go back, return from*

wreszcie *at last*

Wrocław, do -ia, we -iu *Wrocław*

wrze*sień, -śnia, we -śniu *September*

wspania*ły, vir. -li *splendid, magnificent*

wspólnie *jointly* wspólno*ta, -ta, we -cie; -ty, -t *community* wspólny *joint* współpasażer(ka) *fellow traveller, travelling companion*

wsta*wać, -ję, -je, -waj; wsta*ć, -nę, -nie, -ń *get up*

wstęp, -u, na -ie *entry (on foot), introduction*

wstydzić się, -dzę, -dzi, -dź > za- *be embarrassed, ashamed*

wszcząć: wszczęto śledztwo *an enquiry has been set up*

wszędzie *everywhere*

wszelki *any sort of* na wszelki wypadek *just in case*

wszys*cy, -tkich *everybody*

wszystk*ie dan*e, -ich -ych *all the details*

wszystk*o, -kiego *everything* wszystko jedno, czy *it's all the same whether*

wtedy *then*

wtor*ek, -ku; -ki, -ków *Tuesday*

wuj, -a; -owie, -ów *uncle, maternal uncle*

wybiera*ć, -m > wyb*rać, -iorę, -ierze, -ierz; -rał *choose* w. się *be on one's way, intending to go*

wybrze*że, -ża; -ża, -ży *coast, shore*

wyciąga*ć, -m > wyci*ągnąć, -ągnę, -ągnie, -ągnij; *pull out, draw* w. numerek *draw a number*

wycho*dzić, -dzę, -dzi, -dź > -*jść, -jdę, -jdzie; -szedł, -szła (z + gen.) *go out, come out (of)*

wyciecz*ka, -ki, po -ce; -ki, -ek *trip, excursion*

wyda*wać, -ję, -je, -waj; -wał > wyd*ać, -am, -a, -adzą, -aj *spend (money), give (change)*

wygląda*ć, -m (impf.) *look, appear*

wygodnie *comfortably, conveniently* wygodny *comfortable*

wyj*azd, -azdu, o -eździe; -azdy, -azdów *departure, going away*

wyjeżdżać, -m > wy*jechać, -jadę, -jedzie, -jedź; -jechał (z + gen.) *go away (on wheels), drive out (of)*

wyjm*ować, -uję > wyj*ąć, -mę, -mie, -mij, -ął, -ęli (z + gen.) *take out (of)*

wykła*d, -du, na -dzie; -dy, -dów *lecture*

wykorzyst*ywać, -uję > wykorzysta*ć, -m *exploit*

wykręcać > wykręcić numer *dial a number*

wykrzyknik *exclamation, exclamation mark*

wymieniać, -m > wymie*nić, -ę, -ni,
-ń *exchange, enumerate*
wyobrażać sobie > wyobrazić sobie
imagine
wypadek *accident just in case* jest
po wypadku *(s)he's had an
accident*
wypełnia*ć, -m > wypełn*ić, -ię, -i;
-iony *fill in, carry out*
wypogadza się *the weather is
clearing up* wypogodzi się *it will
clear up*
wyraźny *clear* wyraźnie *clearly*
wyraźniej *more clearly*
wyraźniejszy *clearer*
wyrost*ek, -ka, z -kiem *appendix*
wysiada*ć, -m > wysi*ąść, -ądę,
-ądzie *get out, get off, go flat*
wysił*ek, -ku *effort(s)*
wysoce *highly, greatly* wyso*ki, vir.
-cy *high, tall* wysoko *high up*
wysta*wa, -wy; -wy, -w *exhibition*
wysyła*ć, -m > wy*słać, -ślę, -śle,
-ślij *send, post*
wyżej *higher up, above* wyż*szy, vir.
-si *higher*
wzbrania*ć, -m > wzbro*nić, -nię,
-ni, -ń;
-niony *forbid*
wziąć, wezmę, weźmie, weź; wziął,
wzięli < brać, biorę *take*
wzywać > wezwać *send for*

z, ze + gen. *from, out of, off, made of*
z, ze + instr. *with, in the company of*
za + acc. *(going) behind, in 's time*
za co? *on what? for what?*
za + instr. *(located) behind*
za + *adverb or adjective too*
zabawny *amusing*
zabiera*ć, -m > zab*rać, -iorę, -ierze
take (away)
zachmurzeni*e, -a *cloud*

zach*ód, -odu, na -odzie *west*
zachodni *western*
zaczynać, zaczynam > zacząć,
zacznę, zacznie, zacznij; zaczął,
zaczęli *start (something)* z. +
infin. of impf. vb *start (doing
something)* z. się *begin, start*
zaczęło się w lipcu *it started in
July* od czego mam zacząć?
where am I to start?
zada*nie, -nia; -nia, -ń *exercise,
task, job* zadawać, zadaję, zadaje,
zadawaj > zadać, zadam, zada,
zadadzą, zadaj *ask, set (a
question or task)*
zadymka *blizzard*
zadzwonić < dzwonić *ring*
zaję*cie, -cia; -cia, -ć *occupation,
something to do, class*
zajm*ować, -uję; -owany > zaj*ąć,
-mę, -mie, -mij; -ął,
-ęła; -ęty, -ęci *occupy* z. się
+ instr. *occupy oneself with*
zakaz, -u, o -ie; -y, -ów *ban*
zakończeni*e, -a *conclusion*
Zakopane, Zakopanego, w
Zakopanem *Zakopane*
zakup*y, -ów *shopping*
zależeć: to zależy *that depends*
załatwia*ć, -m > załatw*ic, -ię, -i
deal with
załóżmy jednak, że *but supposing*
zamawia*ć, -m > zamó*wić, -wię,
-wi, -w; -wiony *order, book*
zam*ek, -ku, w -ku; -ik, -ków *castle,
lock*
zamie*ć, -ci *blizzard*
zamknię*ty, vir. -ci *closed*
zamrażar*ka, -ki, w -ce *freezer*
zamyka*ć, -m > zamk*nąć, -nę.
-nie, -nij;
-nął, -nęła *close, shut, lock*
zapala*ć, -m > zapa*lić, -lę, -li, -l

light up (a cigarette, fire, etc.)
zapał*ka, -ki, na -ce; -ki, -ek *match*
zapis*ywać, -uję > zapi*sać, -szę,
 -sze, -sz; -sał *write down*
zapomina*ć, -m > zapomn*ieć, -ę, -i,
 -ij; -iał, -ieli (o + loc.) *forget
 (about)* był(a)bym -iał(a) *I nearly
 forgot*
zapowiadać się > zapowiedzieć się
 promise to be
zaprasza*ć, -m > zapro*sić, -szę, -si,
 -ś; -szony, -szeni *invite*
zaprzyjaźni*ony, vir. -eni z + instr.
 friendly
zarabia*ć, -m > zar*obić, -obię, -obi,
 -ób; -obił *earn*
zaraz *at once*
zarażać się > zarazić się + instr.
 catch (illness)
zasta*wać, -ję, -je, -waj > zasta*ć,
 -nę, -nie *find at home (when
 calling)*
zaśmiecać > zaśmiecić *pollute*
zatrzym*ywać, -uję > zatrzyma*ć,
 -m *detain, keep, stop*
zauważa*ć, -m > zauważ*yć, -ę
 notice
zawartoś*ć, -ci *content(s)*
zawo*zić, -żę, -zi > zawi*eźć, -ozę,
 -ezie *give a lift*
zawsze *always*
zaziębieni*e, -a *cold, chill*
 zaziębion*y, vir. -i *bunged up
 with a cold*
zbierać się > zebrać się *gather
 together* zebra*nie, -nia, na -niu;
 -nia, -ń *meeting*
zbliża*ć się, -m > zbli*żyć się, -żę
 się, -ży się, -ż się *come close,
 approach, draw near*
zbrodn*ia, -i; -ie, -i *crime*
 zbrodniarz, -a; -e, -y *criminal*
zbyt *too*

zda*nie, -nia; -nia, -ń *sentence,
 opinion* tego samego -nia *of the
 same opinion* moim -niem *in my
 opinion*
zdarzać się > zdarzyć się *happen*
zdawać się (impf.) *seem* zdaje mi się,
 że *I think*
zdąż*yć, -ę, -y (pf.) *be in time*
zdejm*ować, -uję > zd*jąć, -ejmę,
 -ejmiesz, -ejmij; -jął, -jęła *take off,
 take down, remove*
zdenerwowa*ć się, -uję; -ny, -ni
 < denerwować *worry, upset*
zdję*cie, -cia; -cia, -ć *photograph*
zdobywa*ć, -m > zdob*yć, -ędę,
 -ędzie *get hold of*
zdrowi*e, -a *health* zdr*owy (-ów),
 vir. -owi *healthy*
zegar*ek, -ka, na -ku; -y, -ków
 watch
zepsuć się < psuć się go *wrong*
ze*ro, -ra; -ra, -r *zero, nought*
zgadza*ć się, -m > zgodzić się, -dzę,
 -dzi, -dź na + acc. / z + instr.
 agree to / with zgadza się
zgłasza*ć, -m > zgło*sić, -szę, -si, -ś
 declare z. się *turn up*
zgo*da, -dy, w -dzie *agreement*
zgubi*ć, -ę < gubić *lose, mislay*
ziarno *grain*
zielony *green*
zie*mia, -mi; -mie, -m *earth, soil,
 ground, land, province (of
 Poland)*
ziemniak, -a; -i, -ów *potato*
zi*ma, -my, w -mie; -my, -m *winter*
 zimno *it's cold* zimno mi *I'm cold*
 zimn*y, vir. -i *cold*
zlikwid*ować, -uję < likwidować
 close down
złamać: złamała się narta / narta
 jest złamana *the ski is broken*
złodzie*j, -ja; -je, -i or -jów *thief*

zło*to, -ta, w -cie *gold* złotów*ka,
-ki, o -ce; -ki, -ek or złot*y, -ego
Polish unit of currency
zły, vir. źli *bad, evil, wrong*
zmar*ł, -ła, -li *died* zmarły *dead*
zmęczenie *tiring out, tiredness*
zmęcz*ony, vir. -eni *tired*
zmienia*ć, -m > zmien*ić, -ię, -i,
zmień *change*
zmieszany *confused, embarrassed*
zna*ć, -m > poznać *know, be
acquainted with*
znacz*ek, -ka; -ki, -ków *stamp*
znacznie lepiej *much better*
znacz*yć, -y (impf.) *mean*
znajomoś*ć, -ci *acquaintance,
friendship, knowledge*
znajom*y, vir. -i *familiar, friend*
znakomit*y pomy*sł, -ego -słu
splendid idea
zna*leźć, -jdę, -jdzie, -jdź; -lazł,
-leźli, -leziony > znajd*ować,
-uję *find*
zno*sić, -szę, -si, -ś > zni*eść, -osę,
-esie, -eś; -ósł, -osłem, -eśli *put up
with, stand*
znowu (znów) *again* nie taki znów
stary *not as old as all that*
zobacz*yć, -ę, -y (pf.) *see, catch sight
of* (< widzieć)
zoper*ować, -uję < operować
operate on
zosta*ć, -nę, -nie, -ń < stać się
nauczycielem *become a teacher*
zosta*wać, -ję, -je, -waj; -wał > -ć,
-nę, -nie, -ń; -ł *stay, remain* został
(za)aresztowany *he was arrested*
zostawia*ć, -m; zosta*wić, -wię, -wi,
-w; -wił *leave, leave behind*
zresztą *anyway, by the way*
zrobić < robić do, *make*
zu*pa, -py, w -pie; -py, -p *soup*
zupełnie *quite* zupełnie nie *not at*

all nie zupełnie *not entirely*
zupełnie inny *completely
different* zupełny *utter*
zwany *called*
zwiedza*ć, -m > zwiedz*ić, -ę, -i *visit
(a place)* zwiedzanie *sightseeing*
zwierz*ę, -ęcia, o -ęciu; -ęta, -ąt
animal
zwłaszcza wtedy, kiedy *especially
when*
zwraca*ć się, -m > zwró*cić się, -cę
się, -ci się, -ć się do + gen.
address, turn to
zwycięst*wo, -wa; -wa, -w *victory*
zwykle *usually* zwykły, vir. zwykli
normal, usual, ordinary
zza + gen. *from behind*

źle *badly, wrong(ly)*
źród*ło, -ła, w -le; -ła, -eł *stream, source*

ża*ba, -by; -by, -b *frog*
żad*en, -na, -ne *none, no, not any*
żakie*t, -tu, w -cie; -ty, -tów *jacket*
żal mi, że *I regret that* żal mi się *go
zrobiło* *I felt sorry for him*
żar*t, -tu, o -cie; -ty, -tów *joke,
practical joke* żart*ować, -uję >
po- *joke*
żąd*ać, -am, -a, -aj > za- + gen.
demand żądany *desired*
że *that* żeby *in order to* / *so that*
żegna*ć się, -m się > pożegna*ć się,
-m *say goodbye*
żelaz*ko, -ka; -ka, -ek *iron (for
ironing)* żelazny *iron* żelazo, -a,
o -ie *iron*
żeński *feminine, female, ladies'*
żeton, -u, o -ie; -y, -ów *token*
żołnierz, -a; -e, -y *soldier*
żo*na, -ny; -ny, -n *wife*
żółty *yellow*
ży*ć, -ję, -je, -j (impf.) *live, be alive*

życi*e, -a *life*
życze*nie, -nia; -nia, -ń *wish*
życzliw*y, vir. -i *sympathetic, kind*
    życz*yć, -ę, -y (impf.) (+ dat. +
    gen.) *wish (someone something)*

A NOTE ON SOME
GRAMMATICAL TERMS

A typical Polish **noun** is used to refer to a person, place, thing or abstract concept (**Polak**, *Pole*, **szkoła** *school*, **fotel** *armchair*, **filozofia** *philosophy*, **chwila** *moment*). A Polish noun, even if it refers to an inanimate object, has a gender (**stół** is masculine, **restauracja** is feminine, **muzeum** is neuter, **ludzie** is virile, **dzieci** is non-virile). Nouns normally have a range of forms indicating their number and function in the sentence. So there will be singular and plural forms (**autobus** *bus*, **autobusy** *buses*), and various 'case' forms (**pies** *dog*, **psy** nominative, **psa**, **psów** genitive, **psu**, **psom** dative, **psem**, **psami** instrumental, etc.).

Cases are groupings of forms that indicate similar meanings or patterns of behaviour in sentences. For example, **z** *with* is followed by instrumental case forms: **pies** *dog* **z psem** *with the dog*, **kelnerka** *waitress* **z kelnerką** *with the/a waitress*, **Polacy** *Poles* **z Polakami** *with Poles*. The cases in Polish are: nominative, accusative, genitive, dative, instrumental and locative. Nouns may have separate vocative forms – adjectives use their nominative forms to accompany nouns in the vocative form: **Kochany panie Jacku!** *My dear Jack!* As the locative form is never used without a preposition, it is traditional to put a preposition, usually **o** *about*, before it in tables. For this reason, some people call this case the 'prepositional', though in this book it is called the locative (Polish **miejscownik**, from **miejsce** *place*).

Pronouns are words which refer to things without in any way naming them. Whereas **policjant** *policeman* is a noun, **on** *he* is a pronoun. There are personal pronoun, such as **oni** and **one** *they*, and other pronouns like **ktoś** *somebody*.

Adjectives are used to add to the description of what nouns refer to. **Dobry** *good*, **czerwony** *red* and **trudny** *difficult* are adjectives. While a Polish noun belongs to a gender, a Polish adjective offers a range of forms so that it can **agree** with different nouns and pronouns. **Dobry obiad** *a good dinner*, **dobra kolacja** *a good supper*, **dobre śniadanie** *a good breakfast*.

Adverbs are used to define the way, time, place, etc. in which action are performed, or to identify the circumstances of a situation. **Przyszedł za poźno** *He came (too) late*. **Mieszkają daleko** *They live a long way away*. **Trudno** *Tough (we'll just have to put up with it)*. **Jest słonecznie** *It's sunny*.

Verbs have forms for different tenses (mostly to do with times past, present or future), and for different 'persons' and number of persons (I, you, they, etc.), as well as other forms like the infinitive dictionary form and various participles. **Pali** *(s)he smokes*; **palą** *they smoke*; **palił(a)** *(s)he smoked*; **palili/paliły** *they smoked*; **palić** *to smoke*; **paląc** *(by, while) smoking* etc. Most forms of verbs have to agree with their subject. **Dziewczynka śpiewa** *The little girl is singing*. **Dziewczynki śpiewają** *The little girls are singing*. When a Polish verb cannot find anything to agree with, it normally keeps its options open by choosing a (neuter) singular form. **Było słonecznie** *It was sunny* – **słonecznie**, an adverb, has no number or gender.

Virile (masculine-personal) gender is a peculiarity of Polish. It is used in the plural when talking about a group containing one or more persons who are grammatically (!) masculine. **Dzieci spacerowały** *The children were out walking* (**dziecko** *child* is neuter), but **Chłopcy spacerowali** *The boys were out walking* (**chłopiec** *boy* is masculine). There are two words for *they*: **one** (non-virile) and **oni** (virile).

Aspect is a matter of how a verb presents an action or situation: summed up ('perfective verbs') or not ('imperfective or non-perfective verbs').

Perfective verbs in Polish have no present tense: **Zadzwonił(a)** *(S)he rang (me)*. **Zadzwoni** *(S)he'll give (me) a ring*. Imperfective verbs have a present tense, as well as a future and a past: **Dzwoni** *(S)he's ringing now / (S)he rings now*. **Dzwonił(a)** *(S)he was ringing / used to ring*. **Będę dzwonił(a) regularnie** *I'll ring regularly*. A verb has tenses, and belongs to an aspect.

Participles is the traditional term for forms that allow a verb to behave like an adjective or an adverb. **Kochający mąż** *loving husband*; **ogólnie mówiąc** *generally speaking*; **znając pana zainteresowania** *knowing your interests*; **nie zatrzymawszy się** *without stopping*.

GRAMMAR APPENDIX

Case forms of **kto** (*who*), **co** (*what*), **nikt** (*nobody*), and **nic** (*nothing*).

Nominative (dictionary form)	kto?	co?	nikt	nic
Accusative	kogo?	co?	nikt	nic
Genitive	kogo?	czego?	nikogo	niczego
Dative	komu?	czemu?	nikomu	niczemu
Instrumental	kim?	czym?	nikim	niczym
Locative	o kim?	o czym?	o nikim	o niczym

As the locative form is never used without a preposition, it is traditional to put a preposition, usually **o** (*about*), before it in tables.

Personal pronouns

	I	*you (fam., singular)*	*we*	*you (fam., plural)*
Nom. (kto?)	ja	ty	my	wy
Acc. (kogo?)	mię, mnie	cię, ciebie	nas	was
Gen. (kogo?)	mnie	cię, ciebie	nas	was
Dat. (komu?)	mi, mnie	ci, tobie	nam	wam
Instr. (kim?)	mną	tobą	nami	wami
Loc. (o kim?)	o mnie	o tobie	o nas	o was

Where two forms are given in the table above, the first of the two is unemphasized. For emphasis, or after a preposition, use the second, longer form, e.g. **Powiedz mi!** (*TELL me*), **Powiedz mnie!** (*Tell ME*).

	he/it	*it*	*she/it*	*they*	*they*
Nom.	on	ono	ona	oni	one
Acc.	go, jego	je	ją	ich	je
Gen.	go, jego	go, jego	jej	ich	ich
Dat.	mu, jemu	mu, jemu	jej	im	im
Instr.	nim	nim	nią	nimi	nimi
Loc.	o nim	o nim	o niej	o nich	o nich

Where two forms are given in the table above, the first of the two is unemphasized. For emphasis, use the second, longer form. Do not use the forms beginning with **i** or **j** with prepositions. Instead, substitute forms beginning with **ni**, eg. **do niego** (*to him*), **ku niej** (*towards her*), **bez nich** (*without them*).

Sample patterns

singular of this my terrible Polish film

		ten	mój	straszny	polski	film
Nom./Acc.		ten	mój	straszny	polski	film
Gen.		tego	mojego	strasznego	polskiego	filmu
Dat.		temu	mojemu	strasznemu	polskiemu	filmowi
Instr.		tym	moim	strasznym	polskim	filmem
Loc.	o	tym	moim	strasznym	polskim	filmie

plural of these my terrible Polish films

		te	moje	straszne	polskie	filmy
Nom./Acc.		te	moje	straszne	polskie	filmy
Gen.		tych	moich	strasznych	polskich	filmów
Dat.		tym	moim	strasznym	polskim	filmom
Instr.		tymi	moimi	strasznymi	polskimi	filmami
Loc.	o	tych	moich	strasznych	polskich	filmach

Jaki (*what sort of*) has similar endings to **polski**.

singular of one daft militiaman/poet

Nom.	jeden	głupi	milicjant	/ poeta
Acc.	jednego	głupiego	milicjanta	/ poetę
Gen.	jednego	głupiego	milicjanta	/ poety
Dat.	jednemu	głupiemu	milicjantowi	/ poecie
Instr.	jednym	głupim	milicjantem	/ poetą
Loc. o	jednym	głupim	milicjancie	/ poecie

plural of two daft militiamen/poets

Nom.	dwaj	głupi	milicjanci	/ poeci
Acc. / Gen.	dwóch/dwu	głupich	milicjantów	/ poetów
Dat.	dwu	głupim	milicjantom	/ poetom
Instr.	dwoma/dwu	głupimi	milicjantami	/ poetami
Loc. o	dwóch/dwu	głupich	milicjantach	/ poetach

Sample virile nouns with adjectives, in the nominative plural form

nom. plural		singular
tacy ludzie	people like that	taki człowiek
młodzi mężczyźni	young men	młody mężczyzna
polscy lekarze	Polish doctors	polski lekarz
bogaci bankierzy	rich bankers	bogaty bankier
byli komuniści	former communists	były komunista
wysocy profesorowie	tall professors	wysoki profesor
mili Francuzi	nice Frenchmen	miły Francuz
dobrzy studenci	good students	dobry student
zdolni aktorzy	talented actors	zdolny aktor
nasi wszyscy nauczyciele	all our teachers	nasz ... nauczyciel
którzy kelnerzy?	which waiters?	który kelner?
świetni dyrygenci	first-rate conductors	świetny dyrygent
ekspansywni Polacy	demonstrative Poles	ekspansywny Polak
smukli Włosi	slim Italians	smukły Włoch
zdrowi chłopcy	healthy lads	zdrowy chłopiec
śpiewający Węgrzy	singing Hungarians	śpiewający Węgier
nasi piłkarze	our footballers	nasz piłkarz
moi bracia	my brothers	mój brat
nasi ojcowie	our fathers	nasz (mój) ojciec
nasi mężowie	our husbands	mój mąż

sympatyczni Rosjanie   *nice Russians*   sympatyczny Rosjanin
życzliwi Ukraińcy   *kind Ukrainians*   życzliwy Ukrainiec

singular of this your one and only chair

Nom./Acc.	to	twoje	jedno	jedyne	krzesło
Gen.	tego	twojego	jednego	jedynego	krzesła
Dat.	temu	twojemu	jednemu	jedynemu	krzesłu
Instr.	tym	twoim	jednym	jedynym	krzesłem
Loc.	o tym	twoim	jednym	jedynym	krześle

plural of these our interesting chairs/museums

Nom./Acc.	te	nasze	ciekawe	krzesła	/ muzea
Gen.	tych	naszych	ciekawych	krzeseł	/ muzeów
Dat.	tym	naszym	ciekawym	krzesłom	/ muzeom
Instr.	tymi	naszymi	ciekawymi	krzesłami	/ muzeami
Loc.	o tych	naszych	ciekawych	krzesłach	/ muzeach

singular of this my one thick wall

Nom.	ta	moja	jedna	gruba	ściana
Acc.	tę	moją	jedną	grubą	ścianę
Gen.	tej	mojej	jednej	grubej	ściany
Dat./Loc.	tej	mojej	jednej	grubej	ścianie
Instr.	tą	moją	jedną	grubą	ścianą

plural of these my two beautiful daughters

Nom./Acc.	te	moje	dwie	piękne	córki
Gen.	tych	moich	dwóch	pięknych	córek
Dat.	tym	moim	dwom	pięknym	córkom
Instr.	tymi	moimi	dwiema	pięknymi	córkami
Loc.	o tych	moich	dwóch	pięknych	córkach

singular of that elderly gentleman/lady

Nom.	tamten	starszy	pan	tamta	starsza	pani
Acc.	tamtego	starszego	pana	tamtą	starszą	panią
Gen.	tamtego	starszego	pana	tamtej	starszej	pani
Dat.	tamtemu	starszemu	panu	tamtej	starszej	pani
Instr.	tamtym	starszym	panem	tamtą	starszą	panią
Loc.	o tamtym	starszym	panu	o tamtej	starszej	pani

plural of these elderly gentlemen/people, ladies

Nom.	ci	starsi	panowie/państwo	te	starsze	panie
Acc.	tych	starszych	panów/państwa	te	starsze	panie
Gen.	tych	starszych	panów/państwa	tych	starszych	pań
Dat.	tym	starszym	panom/państwu	tym	starszym	paniom
Instr.	tymi	starszymi	panami/państwem	tymi	starszymi	paniami
Loc.	tych	starszych	panach/państwu	tych	starszych	paniach

Nasz (*our*) and **wasz** (*your*) (familiar, plural) have similar endings to **starszy**, except that the nominative and inanimate accusative masculine singular forms are just the bare 'stem' **nasz** and **wasz** – without any ending.

The vocative

The vocative singular form of most masculine nouns is the same as the locative singular, though adjectives coupled with it will have the same form as the nominative singular. Nouns ending in **-a** in the nominative will normally end instead in **-o** in the vocative. Pet names ending in **-ia** will normally end in **-iu** in the vocative. Adjectives used with them will have the same form as the nominative singular. Neuter nouns have no special vocative forms, but use the nominative. No nouns have special vocative plural forms – again the nominative plural is borrowed.

Kochana Mamusiu!	*Dear Mum,*
Jurku, uważaj!	*Jurek, be careful.*
Ty świnio!	*You swine.*
Szanowny Panie!	*Respected Sir!*
O Boże!	*Oh God!*
Drodzy Państwo	*Dear Ladies and Gentlemen*
Towarzysze!	*Comrades!*
Siostro!	*Sister.*

Prepositions and the case forms that go with them

bez	(+ gen.)	*without*	bez mleka	*without milk*
dla	(+ gen.)	*for*	dla rodziny	*for the family*
do	(+ gen.)	*(in)to, for, till*	do Łodzi	*to Łódź*
			do rana	*till morning*
			pasta do zębów	*toothpaste*
ku	(+ dat.)	*towards*	ku mnie	*towards me*
koło	(+ gen.)	*next to*	koło domu	*by the house*
między	(+ acc.)	*between (motion)*	między drzewa	*between the trees*
między	(+ instr.)	*between (location)*	między domem a ogrodem	*between the house and garden*
na	(+ acc.)	*(on)to*	na pocztę	*to the post office*
na	(+ loc.)	*on, at*	na stole	*on the table*
nad	(+ acc.)	*to, above*	nad morze	*to the sea*
nad	(+ instr.)	*at, over*	nad morzem	*at the sea*
o	(+ loc.)	*about, at (time)*	o szóstej	*at six*
			o czym?	*what about?*
obok	(+ gen.)	*next to*	obok szkoły	*next to the school*
od	(+ gen.)	*from, since*	od czasu do czasu	*from time to time,*
			od stycznia	*since January*
po	(+ acc.)	*up to, to get*	po gazetę	*for a newspaper*
			po uszy	*up to his ears*
po	(+ loc.)	*after, around*	po obiedzie	*after lunch*
			po mieście	*around the town*
pod	(+ acc.)	*under (motion)*	pod stół	*under the table*
pod	(+ instr.)	*under (location)*	pod stołem	*under the table*
podczas	(+ gen.)	*during*	podczas pobytu	*during our stay*
przed	(+ acc.)	*in front of (motion)*	przed siebie	*ahead*
przed	(+ instr.)	*in front of (location)*	przed hotelem	*outside the hotel*
przy	(+ loc.)	*on, by*	przy oknie	*by the window*
			przy sobie	*on me, with me*
u	(+ gen.)	*at ...'s*	u syna	*at my son's*

w	(+ acc.)	*on (day)*	w sobotę	*on Saturday*
w	(+ loc.)	*in, at*	w lipcu	*in July,*
			w kieszeni	*in my pocket*
z	(+ gen.)	*(out) of, off, from*	ze skóry	*of leather,*
			ze szkoły	*from school*
z	(+ instr.)	*with*	z nami	*with us*
za	(+ acc.)	*behind (motion)*	idzie za dom	*she's going behind the house*
za	(+ acc.)	*in (time)*	za chwilę	*in a moment*
za	(+ instr.)	*behind (location)*	za kulisami	*behind the scenes*

The following alternative forms are sometimes used: **beze**, **nade**, **ode**, **pode**, **przede**, **we**, **ze**.

Sample verbs with -a in the third person (he/she/it) form

słuchać *(imperfective)*

Present
słucham
słuchasz
słucha
słuchamy
słuchacie
słuchają

posłuchać *(perfective)*

Perfective verbs have no present tense. Their future tense is formed in the same way as the present tense of imperfective verbs.

Future

będę słuchał(a)	posłucham
będziesz słuchał(a)	posłuchasz
będzie słuchał(a)	posłucha
będziemy słuchali/słuchały	posłuchamy
będziecie słuchali/słuchały	posłuchacie
będą słuchali/słuchały	posłuchają

Past

słuchałem/słuchałam	posłuchałem/posłuchałam
słuchałeś/słuchałaś	posłuchałeś/posłuchałaś
słuchał/słuchała/słuchało	posłuchał/posłuchała/posłuchało
słuchaliśmy/słuchałyśmy	posłuchaliśmy/posłuchałyśmy
słuchaliście/słuchałyście	posłuchaliście/posłuchałyście
słuchali/słuchały	posłuchali/posłuchały

Conditonal

słuchałbym/słuchałabym	posłuchałbym/posłuchałabym
słuchałbyś/słuchałabyś	posłuchałbyś/posłuchałabyś
słuchałby/słuchałaby/	posłuchałby/posłuchałaby/
słuchałoby	posłuchałoby
słuchalibyśmy/słuchałybyśmy	posłuchalibyśmy/posłuchałybyśmy
słuchalibyście/słuchałybyście	posłuchalibyście/posłuchałybyście
słuchaliby/słuchałyby	posłuchaliby/posłuchałyby

Imperative

słuchaj	posłuchaj
słuchajmy	posłuchajmy
słuchajcie	posłuchajcie

Active participles:

słuchając	posłuchawszy
słuchający, -ca, -ce	

Passive: słuchany, -na, -ne   posłuchany, -ny, -na, -ne

A small number of verbs with third person ending in **-e** follow a similar pattern to **słuchać**, e.g.

umiem, umie, umieją; (z)rozumiem, (z)rozumie, (z)rozumieją.

With these verbs, the letter **e** changes to an **a** before the **ł** of the past tense and the **n** of the passive participle, if there is one: **umiałem, umiały** (but **umieli**); **zrozumiany**.

The imperative of **rozumieć/zrozumieć** is slightly odd:

**rozumiej/zrozum, rozumiejcie/zrozumcie,
rozumiejmy/zrozumiejmy.**

Sample verbs with third person forms ending in -e

Present
piszę
piszesz
pisze
piszemy
piszecie
piszą

Future
napiszę
napiszesz
napisze
napiszemy
napiszecie
napiszą

Past

pisałem/pisałam, *etc.*
pisaliśmy/pisałyśmy, *etc.*

napisałem/napisałam, *etc.*
napisaliśmy/napisałyśmy

Conditional

pisał(a)bym, *etc.*

napisał(a)bym, *etc.*

Imperative

pisz
piszmy
piszcie

napisz
napiszmy
napiszcie

Active participles:

pisząc
piszący, -ca, -ce

napisawszy

Passive: pisany, -na, -ne

napisany, -ny, -na, -ne

Remember that verbs with a dictionary form ending in **-ować**, and a lot of verbs with dictionary forms ending in **-ywać** or **-iwać** follow this pattern, swapping **-ować/-ywać/-iwać** for **-uj** in the present (or future) tense.

pracować: pracuję, pracuje; pracowałem; pracuj
obsługiwać (*serve*): obsługuje
obowiązywać: obowiązuje

Sample verbs with third person ending in the letter -i

Present	*Future*
robię	zrobię
robisz	zrobisz
robi	zrobi
robimy	zrobimy
robicie	zrobicie
robią	zrobią

Past	
robiłem/robiłam, *etc.*	zrobiłem/zrobiłam, *etc.*
robiliśmy/robiłyśmy, *etc.*	zrobiliśmy/zrobiłyśmy

Conditional	
robił(a)bym, *etc.*	zrobił(a)bym, *etc.*

Imperative	
rób	zrób
róbmy	zróbmy
róbcie	zróbcie

Active participles:	
robiąc	zrobiwszy
robiący, -ca, -ce	

Passive: robiony, -na, -ne	zrobiony, -ny, -na, -ne

Sample verbs with third person forms ending in -y

Present	*Future*
słyszę	usłyszę
słyszysz	usłyszysz
słyszy	usłyszy
słyszymy	usłyszymy
słyszycie	usłyszycie
słyszą	usłyszą

Past	
słyszałem/słyszałam	usłyszałem/usłyszałam
słyszeliśmy/słyszałyśmy	usłyszeliśmy/usłyszałyśmy

Conditional
słyszał(a)bym
słyszelibyśmy

usłyszał(a)bym
usłyszelibyśmy/usłyszałybyśmy

The letter **e** of the dictionary forms **słyszeć/usłyszeć** is replaced by an **a** before the **ł** of past tense forms.

Active participles:
słysząc
słyszący, -ca, -ce

usłyszawszy

Passive: słyszany

usłyszany

Być (*to be*)

Present
jestem
jesteś
jest
jesteśmy
jesteście
są

Future
będę
będziesz
będzie
będziemy
będziecie
będą

Past
byłem/byłam
byłeś/byłaś
był/była/było
byliśmy/byłyśmy
byliście/byłyście
byli/były

Conditional
byłbym/byłabym
byłbyś/byłabyś
byłby/byłaby/byłoby
bylibyśmy/byłybyśmy
bylibyście/byłybyście
byliby/byłyby

Imperative
bądź
bądźmy
bądźcie

Active participles:
będąc
będący, -ca, -ce